Versiegelte Zeit

Das Buch

Die islamische Zivilisation befindet sich – vor allem in ihren arabischen Kernländern – in einer tiefgehenden Krise. Noch im Mittelalter der Christenheit überlegen, stagniert die Region des Vorderen Orients seitdem. An der dynamischen Entwicklung, die der Westen von der Frühen Neuzeit an genommen hat, war sie nur am Rande beteiligt. Das Resultat ist ein im religiösen Gewand auftretender politischer Radikalismus, begleitet von zaghaften Versuchen, Anschluss an die Moderne zu finden. Dan Diner gelingt es, die Ursachen dieser Entwicklungsblockade darzustellen und zu interpretieren: Der Stillstand ist weniger dem Islam als Religion geschuldet als vielmehr einer Allgegenwart des Sakralen auch in jenen Bereichen, aus denen es andernorts auf dem Weg in die Moderne verdrängt worden ist. Verbunden mit spezifischen Gegebenheiten des Vorderen Orients bildet diese religiöse Präsenz eine Barriere gegen den Wandel. Ein neuer, erhellender Blick auf eines der brisantesten Problemfelder unserer Zeit.

Der Autor

Dan Diner, geboren 1946, ist Professor für Neuere Geschichte an der Hebrew University in Jerusalem und Direktor des Simon-Dubnow-Instituts für Jüdische Geschichte und Kultur an der Universität Leipzig. Er gilt als einer der besten Kenner der nahöstlichen Konfliktlage. Von ihm stammen zahlreiche Publikationen zur politischen Geschichte des 20. Jahrhunderts, des Vorderen Orients und zur jüdischen Geschichte.

Dan Diner

VERSIEGELTE ZEIT

Über den Stillstand
in der islamischen Welt

List Taschenbuch

Besuchen Sie uns im Internet:
www.ullstein-taschenbuch.de

Mix
Produktgruppe aus vorbildlich bewirtschafteten
Wäldern und anderen kontrollierten Herkünften
www.fsc.org Zert.-Nr. GFA-COC-1223
© 1996 Forest Stewardship Council

Dieses Taschenbuch wurde auf FSC–zertifiziertem Papier gedruckt.
FSC (Forest Stewardship Council) ist eine nichtstaatliche,
gemeinnützige Organisation, die sich für eine ökologische und
sozialverantwortliche Nutzung der Wälder unserer Erde einsetzt.

Ungekürzte Ausgabe im List Taschenbuch
List ist ein Verlag der Ullstein Buchverlage GmbH, Berlin
1. Auflage Februar 2007
© Ullstein Buchverlage GmbH, Berlin 2005/Propyläen Verlag
Umschlaggestaltung: RME – Roland Eschlbeck und Kornelia Bunkofer
(nach einer Vorlage von Morian & Bayer-Eynck, Coesfeld)
Titelabbildung: Masterfile/Daryl Benson
(Moschee Hassan II., Casablanca)
Satz: LVD GmbH, Berlin
Gesetzt aus der Baskerville Book
Papier: Munkenprint von Arctic Paper Munkedals AB, Schweden
Druck und Bindearbeiten: Clausen & Bosse, Leck
Printed in Germany
ISBN 978-3-548-60704-7

Maxime Rodinson
1915–2004
zum Gedenken

INHALT

EINFÜHRUNG

limatha ta'akhara al-muslimun wa-
taqaddama ghayruhum?

Warum sind die Muslime zurück geblieben,
und warum kamen andere voran?

Schakib Arslan 1930

Fünfundsiebzig Jahre sind vergangen, seit in Kairo ein Buch
unter dem Titel *Warum sind die Muslime zurück geblieben, und wa-*
rum kamen andere voran? erschien. Damals richtete der syrisch-
libanesische Journalist, Dichter und Politiker Schakib Arslan
(1869–1946) seine herausfordernde Frage an die muslimische,
an die arabische Öffentlichkeit – und noch immer hat sie nichts
von ihrer drängenden Aktualität eingebüßt. Im Gegenteil: Die
Frage stellt sich heute schärfer denn je. Und sie stellt sich hefti-
ger, ungestümer denn je, weil es um den Zustand der arabischen,
auch der muslimischen Welt schlechter bestellt zu sein scheint
als jemals zuvor. Schlecht bestellt jedenfalls im Vergleich zum
Westen, aber auch verglichen mit anderen, nicht-westlichen
Kulturen – in Asien etwa, vornehmlich im Fernen Osten. Im
Nahen Osten, im Vorderen Orient scheint die Zeit still zu stehen. Und angesichts der Entwicklung, die andere Weltregio-
nen inzwischen genommen haben, mutet sie rückläufig an.

Was ist geschehen? Wie konnte es dazu kommen, dass sich
im Bereich des Islam, in der arabischen Welt, ein derartiger Zustand eingestellt hat? Ist diese beklagenswerte Situation Folge
westlicher Überlegenheit, Ergebnis eines unerbetenen Einwir-
kens auf die Welt der Muslime? Oder hat sich diese Lage womöglich ohne Zutun anderer eingestellt? Ist es eine Frage der
Ökonomie oder eine der Politik? Handelt es sich etwa um eine

11

Folge der Religion oder der Kultur? Wie kann Abhilfe geschaffen werden? Was gilt es zu verändern, was zu bewahren?

Diese die Menschen des Vorderen Orients, der Welt des Islam, bedrängenden Fragen werden weder hier noch andernorts hinreichend, gar abschließend beantwortet werden können. Dafür sind sie zu komplex; sie entziehen sich leichten, leichtfertigen Antworten. Dennoch werden sie immer wieder gestellt. Nicht immer offen, meistens verhalten, manchmal auch verschämt. Denn schon die bloße Frage nach dem Zustand der arabisch-islamischen Welt, vor allem aus westlichem Munde, wird als Zumutung empfunden; so, als sei ihr von vornherein ein unredliches, ein abfälliges Urteil über den Islam eingeschrieben – eine Zivilisation, die über Jahrhunderte im Bereich der Christenheit, in Europa, im Westen wenig gelitten war.[1]

In der Tat gerät jede Beschäftigung mit dem Vorderen Orient, mit den Lebenswelten der Araber oder Muslime in Verdacht. Es ist der Verdacht eines heute in Europa und im weiteren Westen zwar wenig schicklichen, aber nicht weniger eingefleischten Vorbehalts dem Anderen gegenüber. Viel zu lange galten Religion, Kultur und Zivilisation der Muslime der Christenheit, dem Abendland, dem Westen als Gegenwelt. Orient und Okzident waren sich allenfalls in Fremdheit vertraut. Sie waren sich jeweils ferne Nähe und nahe Ferne. Eine solche Konstellation eines beständigen Nebeneinanders durch die Zeiten erzeugt die entsprechende Bilderwelt. Und diese Bilderwelt ließ den Orient, den Islam, die Araber in einem wenig günstigen Licht erscheinen. Wegen dieser Hypothek gilt es, zu den eingeschliffenen Bildern vom Anderen Distanz zu halten. Vor allem, wenn sich diese Bilder zu einem Kanon verdichtet haben.

Von diesem Kanon wusste der amerikanisch-palästinensische Literaturwissenschaftler Edward Said zu berichten, als er Ende der 1970er Jahre seine Abrechnung mit dem Korpus der Orient- und Islamwissenschaften der akademischen, aber auch der weiteren Öffentlichkeit präsentierte. Von da an setzte sich das von

12

ihm geprägte, missbilligende Wort vom »Orientalismus« unaufhaltsam durch. »Orientalismus« stand für eine akademisch instruierte Haltung, den Orient generell und den Islam im Besonderen zu verzeichnen, ihn dem eigenen Bild vom Anderen anzuverwandeln und ihn dementsprechend abschätzig zu behandeln. Das über eine lange Zeit angehäufte Wissen über den Orient – so das Argument – sei ein probates Mittel kolonialer Machtentfaltung und Durchdringung des Orients durch den Westen gewesen; eine fundamentale Kritik am Kanon der Orientwissenschaften sei also ein höchst notwendiger Schritt zur geistigen und kulturellen Dekolonisierung.[2]

Mit seiner in mancher Hinsicht zutreffenden, im Ganzen aber fragwürdigen These vom »orientalistischen« Kanon des Westens hatte Edward Said eine ominöse Schwachstelle in den akademisch tradierten Vorstellungswelten vom Anderen ausgemacht. Vieles aus dem Arsenal der Orient- und Islamwissenschaften bedurfte in der Tat einer kritischen Überprüfung und Revision. Das ist inzwischen ausgiebig geschehen; zuweilen wurde allerdings weit über das Ziel hinausgeschossen. So dürfte das von Said der Nachwelt hinterlassene Problem eher darin bestehen, dass seine missfälligen Überlegungen zur westlichen Bebilderung des Orients in einer unzumutbaren Weise zum Erfolg geführt haben. Ein Erfolg im Übrigen, der den Menschen in der Region nicht unbedingt zum Vorteil gereicht. Denn Saids öffentliche Einrede leistete einer unterdessen beherrschend gewordenen unheiligen Allianz Vorschub – der Allianz zwischen den im Vorderen Orient noch immer waltenden *vormodernen* Verhältnissen und dem im Westen über sie grassierenden apologetischen *postmodernen* Diskurs.

Fatalerweise läuft eine derartige Verbindung darauf hinaus, die Menschen des Vorderen Orients um die mit der Moderne einhergehenden Errungenschaften und damit um ihre Gegenwart zu bringen. Und es ist diese verlorene Gegenwart, die zu jener immer wieder gestellten Frage nach dem Zustand der Araber und Muslime Anlass gibt – jener quälenden Frage, der

Schakib Arslan für alle sichtbar im Titel seines Buches Ausdruck gegeben hatte.

Dieses Buch ist eine Interventionsschrift. Sie ist aus den Verwerfungen der Gegenwart erwachsen und will auf diese reagieren. Sie will aufklären über den Zustand des arabisch-islamischen Orients, ohne sich den Maßgaben der Aktualität zu beugen. Insofern sind die Fragen, denen sie nachgeht, historisch, auch wenn deren Verschärfungen in der Gegenwart politisch sind.

Politisch und historisch zugleich ist der Antrieb zur Beschäftigung mit dem Vorderen Orient. Erwachsen aus einer biographischen Verbundenheit des Autors mit der Region wie aus seiner intellektuellen Anteilnahme an ihrem Geschick gilt es, erneut jenen Fragen nachzugehen, die schon früher das Interesse an den Lebenswelten der Menschen dort begleitet haben. Dass dieses Interesse mit politischen Vorhaben der Veränderung verbunden war, soll nicht in Abrede gestellt werden. Und es waren diese auf Veränderung zielenden Vorhaben, die sich schon damals an jenen Fragen rieben, die heute allseits von sich reden machen: Fragen nach Entwicklung, nach Moderne, nach Säkularisierung, nach Emanzipation.[3]

Die damaligen »internationalistischen« Zusammenhänge sind nicht mehr. Sie waren ohnehin vornehmlich von Personen gebildet worden, die sich – im Nachhinein auffällig – wegen ihrer nicht-muslimischen oder vornehmlich nicht-sunnitischen nationalen, ethnischen oder religiösen Herkünfte einem säkularen und universalistischen Projekt der Veränderung im Vorderen Orient verschrieben hatten. Dafür bedienten sie sich der damals noch gültigen Sprache der großen Weltdeutungen des ausgehenden 19. und 20. Jahrhunderts – der Sprache von Freiheit und Gleichheit, von Sozialismus und Kommunismus, von Marxismus und Psychoanalyse. Bei den damals in radikaler Absicht vertretenen Traditionen handelte es sich um die Traditionen des Westens, der westlichen Aufklärung in ihren verschiedenen Spielarten. In einer vorgeblich gegenwestlichen Rhetorik verschlüsselt, war versucht worden, sie auf den Orient zu übertragen.

Diese Vorhaben politisch unbedeutend gebliebener Minderheiten sind gescheitert. Aber den von ihnen repräsentierten Traditionen könnte, aller zeitbedingten ideologischen Verzerrungen ledig, angesichts der sich gegenwärtig vor aller Augen abspielenden Krise des Vorderen Orients die Bedeutung eines Kompasses zukommen. In die Sprache der Gegenwart übertragen, wäre dann vielleicht von Demokratie, von Pluralismus und von Freiheit die Rede.

Von den drängenden politischen Fragen angestoßen, waren zwei eigene Studien entstanden. Die eine war dem Palästina-Konflikt gewidmet; die andere der Frage nach der Kontinuität von Herrschaft im Bereich des arabisch-islamischen Orients, vor allem nach der dort auffälligen Schwäche gesellschaftlicher, um nicht zu sagen: »ziviler« Institutionen. Die erste Untersuchung bereitete der zweiten insofern den Weg, als sie der Frage nachging, warum die rechtlichen Sicherungen von Eigentum an Grund und Boden im Vorderen Orient derart schwach ausgeprägt waren. Die Verfügung über den Boden, die hierfür in Stellung gebrachten rechtlichen und institutionellen Einrichtungen haben im Konflikt zwischen Arabern und Juden, zwischen Israelis und Palästinensern bis heute nichts an Bedeutung eingebüßt.[4]

Die Frage nach Staat, Gesellschaft und Eigentum im Vorderen Orient war Gegenstand der zweiten Studie. Sie war strukturgeschichtlich angelegt und suchte eine Erklärung für das augenfällige Übergewicht der Herrschaft. Der Staat, weil von der Gesellschaft abgespalten, gleichsam »autonom«, ist trotz seiner den staatsfreien Lebenswelten gegenüber ausgespielten Stärke ein schwaches Gebilde. Schwach ist der Staat deshalb, weil ihn die Veränderungen, der Wandel, wie er von der Gesellschaft ausgehen könnte, nicht erreichen. Wenn es zu Veränderungen kommt, werden sie von oben, also von Staats wegen, eingeleitet. Sie sind administrativ, obrigkeitlich und nehmen gegenüber der Bevölkerung Züge von Unterwerfung an.[5]

Manches vom Duktus der vormaligen Forschungen ist diesem Buch anzumerken. Daran kann nichts Schlechtes sein. Auch wenn sich die gängigen Kategorien von der »Gesellschaft« zur »Kultur« verschoben haben, sind sie für die Entschlüsselung mancher Fragen noch immer geeignet. Vor allem für solche Kulturen und deren Lebenswelten, die – gelinde gesagt – mit der Moderne ihre Probleme haben und wie die Länder des Islam, vor allem die der arabischen Region, die an sie gerichteten Erwartungen nicht erfüllen. Dies verstehen zu wollen und hierfür nicht gleich die Religion zu Rate zu ziehen ist aufklärerisch.

Dabei kommt »Kultur« durchaus zu ihrem Recht. Kultur im Sinn der vorgeblich »weichen«, mit den Fragen von Glauben und Ethik, von Recht und Gewissen verbundenen Phänomene. Diesen Fragen ist nicht zu entgehen – mögen sie offen daherkommen oder sich im Verborgenen stellen. Denn was die Kultur im weitesten Sinn betrifft, die materielle ebenso wie die spirituelle, so scheint die Welt des Islam vom Sakralen stärker durchdrungen als andere monotheistisch geprägte Lebenswelten.

Die hier untersuchte Präsenz des Sakralen gilt weniger dem Bereich der Religion im engeren Sinn, weniger den Maßgaben von Theologie, Dogma oder Liturgie. Vielmehr ist von einer sengenden Allgegenwart der Transzendenz gerade dort die Rede, wo ihre Präsenz – westlicher Vorstellung nach – nicht erwartet wird. So wäre das Sakrale als eine anthropologische Energie zu verstehen, die jeweils kulturell verschieden und zeitbedingt eingehegt und reguliert werden muss, um lebbar gemacht zu werden. Solche Regulierungen des Sakralen bis hin zu seiner anteiligen Profanierung erfolgen in einem langwierigen Prozess der Entzauberung der Lebenswelten; ein Vorgang, der gemeinhin mit Säkularisierung in Verbindung gebracht wird.

Säkularisierungen sind Vorgänge der Abspaltung und der

16

Diversifizierung von Anteilen aus einem vorausgegangenen lebensweltlichen Ganzen, von dessen Kern das Sakrale ausstrahlt. Aufgespalten wird dieses Ganze in die Sphären von innen und außen, von privat und öffentlich, von religiös und profan. Reguliert wird es durch die Transformation des göttlichen Souveräns in die Prozeduren weltlicher politischer Willensbildung sowie durch die Zergliederung in voneinander getrennte Gewalten.

Der Vorgang der Säkularisierung trägt zur Zernierung, zur Einhegung des Sakralen bei. Geschieht dies nicht, ist es allgegenwärtig: in der Welt des Alltags, der ständigen Verrichtungen, im Bereich des Erwerbslebens, in Ethik und Moral – und in der Politik. Dort vermag das Sakrale Phänomene nach sich zu ziehen, die sich den Maßgaben sonsthin geltender Konfliktregulierungen verweigern. Dabei überschreitet es die Grenze der physischen Existenz des Handelnden. So ist dem Sakralen eigen, die als absolut geltende Schranke der biologischen Lebensdauer des Menschen zu durchbrechen. Sakrale Zeit wird evoziert, sobald praktisch über Diesseitiges hinausgegangen wird. Und weil sakrale Zeit dabei profane Zeit annulliert, geht von ihr eine eigentümliche Energie aus.

Die der sakralen Zeit eigentümliche Gewalt ist nicht Ausdruck der Religion der Muslime. Sie ist Folge einer durch den Vergleich mit dem Westen hervorgerufenen narzisstischen Krise in Teilen der Welt des Islam als einer Zivilisation, die in ihrer Entwicklung blockiert ist. Verschärft wird diese Krise durch ein auf allseitige Überlegenheit pochendes Selbstbild.

Diese Schilderung ist keine Geschichte der Araber und Muslime, auch keine des Vorderen Orients oder der Region des Nahen Ostens. Sie will vielmehr über eine Frage historisch argumentieren, über die Frage nach Entwicklung, genauer: nach deren eigentümlichem Ausbleiben im Bereich von Kultur und Zivilisation des Islam. Ein Ausbleiben von Entwicklung auch und gerade in jenen Zeiten, in denen im Kontext des Westens ein massiver Wandel zu verspüren, die Ausbildung einer ungewöhnlichen Dynamik zu beobachten war. Es geht um Fragen der Säkularisierung, um Fragen der materiellen und spirituellen Kultur, um das Verständnis von Staat und Gesellschaft, um das Auseinandertreten der Sphären von Politik und Ökonomie sowie umgekehrt: um die beständige Frage nach der Präsenz des Sakralen auch dort, wo es nicht erwartet wird.

Dieses Buch will dazu beitragen, die Welt des Islam – genau genommen: die Umstände und Bedingungen seiner Krise – zu verstehen. Zu verstehen in einem doppelten Sinne: in einem empathischen und in einem analytischen. Dies ist kein Widerspruch, zumal Empathie auch Mittel der Erkenntnis ist. So führen die sechs Kapitel des Buches den Leser durch die Zeiten zu jenen Fragen, denen für die heutigen Probleme der muslimischen Welt, vornehmlich für den arabischen Raum, besondere Relevanz zukommt.

Das Buch geleitet den Leser von der Gegenwart in die Vergangenheit. Es beginnt im ersten Kapitel mit der Besprechung eines aktuellen Dokuments, das die Fragen einer allseits diagnostizierten arabischen Entwicklungsblockade aufwirft. Es handelt sich um den *Arab Human Development Report* der Vereinten Nationen, der erstmalig im Jahr 2002 erschien. Das dort mittels trockener Statistiken gezeichnete Bild der arabischen Welt dient der Darstellung als materialer Anstoß für die historischen, in eine weitere Vergangenheit verweisenden Fragen.

Der Schritt aus der Zustandsbeschreibung des Gegenwärtigen in die nähere Vergangenheit führt im zweiten Kapitel in das Jahr 1924. Damals wurden in der gerade aus den Trümmern des Osmanischen Reichs hervorgegangenen türkischen Republik die islamischen Institutionen, darunter als wichtigste das Kalifat, abgeschafft. Die dadurch verschärfte Krise des Islam strahlte in die von Muslimen bevölkerten Räume hinein. Vor allem nach Indien, wo bis zur Teilung des Landes 1947 die weltweit größte Anzahl von Muslimen anzutreffen war. Die Lage in Britisch-Indien seit den 1920er Jahren ist von Bedeutung, weil das Verhältnis zwischen den mehrheitlichen Hindus und den minoritären Muslimen auf dem Weg zur Unabhängigkeit zunehmend prekärer wurde. Auf diesem Humus gediehen Tendenzen eines Verständnisses vom Islam, die später als Fundamentalismus in Erscheinung treten sollten. Zudem erlaubt die Zeit und Raum verknüpfende Topographie der Krise der islamischen Welt in den 1920er und 1930er Jahren Einblicke in ihre Vorgeschichte. Es wird gezeigt, wie tief sie im 19. Jahrhundert angelegt war und wie sehr sie von den Rivalitäten der großen Mächte bei dem in Vorderindien und in Innerasien, auch in Afghanistan, vor sich gehenden »Großen Spiel« und der das Schicksal des Osmanischen Reichs bestimmenden »Orientalischen Frage« verschärft wurde.

Die Ursache der Krise ist in der auseinander tretenden Entwicklung zwischen dem Westen und der Welt des Islam in der frühen Neuzeit auszumachen. Davon handelt das dritte Kapitel. Die Frage nach Säkularisierung und Moderne wird anhand eines signifikanten Aspekts aufgeworfen und in die Gegenwart verfolgt – es geht um Sprache und Buchdruck. Die mechanische Reproduktion von Texten markiert die Schwelle zur Neuzeit. Gefragt wird, warum im Bereich des Islam die Druckerpresse erst nach einer Verzögerung von über dreihundert Jahren eingeführt wurde. Hat diese Verzögerung auch die Verbreitung von Wissen und damit von Entwicklung aufgehalten? Worauf ist diese Abwehr des Buchdrucks zurückzuführen? Welche Rolle kommt dabei dem Sakralen zu, und – umgekehrt – welche Profanierung zieht die mechanische Reproduktion der Schrift nach sich? Es geht um Fragen der Präsenz des Sakralen in den Poren der arabischen Schrift wie in der arabischen Sprache, der Sprache des heiligen Buches der Muslime, der Sprache des Korans. Die Präsenz des Sakralen erschwert eine für die moderne Entwicklung unverzichtbare Reform von Sprache und Sprachgebrauch. Untersucht wird, ob – analog der vormaligen Abwehr des Buchdrucks – eine solche Reform von einem ähnlichen Tabu des Sakralen blockiert wird.

Die frühe Neuzeit ist die Epoche der großen Umbrüche auf dem Weg von der Christenheit zum Westen. Renaissance, Buchdruck, Reformation und die »Entdeckung« der Neuen Welt haben das Weltbild des mittelalterlichen Menschen revolutioniert. Das vierte Kapitel beschreibt, wie wenig dieser Vorgang im Bereich des Islam wahrgenommen wurde. Dies dürfte mit der damals vor sich gehenden gewaltigen Machtentfaltung des Reichs der Osmanen in Verbindung gestanden haben. Inzwischen wurde im Westen mit den Schätzen der Neuen Welt, mit Gold und Silber, eine neue Form des Wirtschaftens angestoßen: der Merkantilismus. Die von seinem Geist ausgehende Dynamik versetzte die europäischen Gemeinwesen in die Lage, Mentalitäten des Erwerbslebens auszubilden, die später, zur Zeit der Industrialisierung, ihre ganze Wucht entfalten sollten. Das Osmanische Reich und mit ihm die Welt der Muslime blieb von dieser frühen Entwicklung unberührt, wurde aber später umso mehr von ihren Folgen in Mitleidenschaft gezogen. Die immer wieder vor allem von osmanischen Intellektuellen und Bürokraten erwogene Frage nach einer zum Ausgang des 16. Jahrhunderts eingetretenen Tendenz des Verfalls, der Stagnation oder des Niedergangs des Osmanischen Reichs lässt sich aus der offensichtlich werdenden Distanz zwischen den institutionellen, technologischen und den Wissenskulturen des Westens einerseits und des Islam andererseits erschließen.

Der Zentralstaat des Vorderen Orients regulierte die »Gesellschaft«, wie im fünften Kapitel gezeigt wird. Form und Ablauf des Erwerbslebens wie des sozialen Lebens überhaupt wurden von sakral durchdrungenen Institutionen und nicht weniger sakral eingefärbten rechtlichen Regularien bestimmt. Diese lassen sich in vielen Bereichen noch in der Gegenwart nachweisen. Die Verschränkung von Herrschaft und Nutzen wird vom frühen Islam an bis zum Ausklang des muslimischen »Mittelalters« anhand der Institutionen der Aneignung des Mehrprodukts in den Formen der beduinischen Beute, der Steuer und der Rente, später im Bereich der Ölausbeute der Grundrente, verfolgt. Für das arabisch-muslimische »Mittelalter«, für die klassische Zeit, wird nach der Ausbildung und den Grenzen des Eigentums, nach der Verfügung über Kapital und nicht zuletzt nach der Form der Arbeit und der die Arbeit regulierenden Zeit gefragt. Diese Frage ist gerade hinsichtlich jener Epoche wichtig, in der die Zivilisation des Islam ohne Zweifel jener der westlichen Christenheit überlegen war. Warum ist aus dieser Konstellation nicht das hervorgegangen, was unter Entwicklung verstanden wird? Warum hat sich aus der Hochkultur der klassischen Zeit des Islam, analog zur historischen Tendenz des späteren Westens, keine muslimische Vormoderne ausgebildet – obwohl dort und damals Phänomene einer »bürgerlichen Gesellschaft« in Hülle und Fülle nachzuweisen sind? Lag es an Eingriffen von außen – etwa dem Mongolensturm oder dem Schwarzen Tod? Oder war es eher Folge jenes eigentümlichen Verhältnisses von Zentralstaat und den ihm unterworfenen sozialen Lebenswelten?

Die Frage nach der Vorstellung von Zeit und Geschichte bildet als sechstes Kapitel den Abschluss der Untersuchung. Welches Verständnis von Geschichte hat die arabisch-islamische Zivilisation ausgebildet? Wie versteht sie sich angesichts des Flusses der Zeit? Im Gegensatz zum westlichen Verständnis von Geschichte seit dem Anbruch der Moderne, das aufs Engste mit Bewegung und Entwicklung einhergeht, ist die Zeit im Kontext des Islam sakral versiegelt. Ist eine derartige Versiegelung von Zeit Ausdruck von materiellen, von kulturanthropologischen Umständen, wie sie dem Vorderen Orient eigen sind? Sind sie Folge des Islam als Religion? Wie verhält sich das eine zum anderen? Ist die sakrale Zeit eine bloße Widerspiegelung in sich unbewegter Verhältnisse, oder wirkt diese Zeitvorstellung auf die Verhältnisse ein? Auffällig ist, dass nicht eine lineare Fortentwicklung der Zeit in eine wie auch immer verstandene Zukunft, sondern die Utopie von einer Rückkehr zur idealisierten Vergangenheit die Vorstellung von Geschichte bestimmt. Imprägniert wird die Vorstellung von der idealen

Zeit, vom Guten und vom Richtigen, durch das sakrale Gesetz. Es ist die Befolgung des Religionsgesetzes, das ein richtiges Leben und damit die Erfüllung von »Geschichte« verheißt. Somit stehen sich Gesetz und Geschichte als aufgehaltene und bewegte Zeit entgegen.

Islam und Judentum sind Gesetzesreligionen. Mit der Rückbindung an das sakrale, an das göttliche Gesetz weisen sie unter den drei monotheistischen Offenbarungsreligionen die größere Nähe auf. In mancherlei Hinsicht ist diese respektive Nähe so aufschlussreich, dass in grundlegenden Fragen vom Judentum auf den Islam und umgekehrt geschlossen werden kann. Eine solche Nähe dient diesem Buch als epistemische Warte auch und gerade dort, wo sich der besseren Erkenntnis wegen Vergleiche, Rückschlüsse oder Analogien anbieten. Der Unterschied der Gesetzesreligionen Islam und Judentum wiederum liegt vor allem darin, dass ihre diasporische Lebensweise den Juden über zwei Jahrtausende erlaubte, in jeweils zwei Zeiten zu leben: in der jüdischen Zeit und in der Zeit der jeweiligen Kultur am Ort. Eine Existenz in und zwischen den Zeiten machte eine mehrstufige Lebensform möglich – durchaus in Analogie zur Aufspaltung der Sphären, wie sie späteren Säkularisierungen eigen wurden. Eine solche Möglichkeit der Aufspaltung stand dem Islam als der anderen Gesetzesreligion nicht offen. Dies schon allein deshalb nicht, weil der Islam in seiner Bedeutung als Gesetzesreligion auch eine Religion der Herrschaft, also eine politische Religion ist.

Gewicht und Geltung des Sakralen schlagen sich auch in den verwendeten Begriffen und Zuschreibungen nieder – etwa in der Verwendung des Wortes »Islam«. Wird der Begriff substantivisch verwendet, findet sich eher das Sakrale betont. Sein adjektivischer Gebrauch »islamisch« oder mehr noch das Adjektiv »muslimisch« zeigt eine Verschiebung der Konnotation in weltlichere Bedeutungen, während dem Substantiv »Muslim« oder erst recht seinem Plural »Muslime« wieder ein stärker religiöses Gewicht zukommt. Aber »Islam« kann auch in seiner Bedeutung als Zivilisation und Kultur Verwendung finden, sich also vom Sakralen entfernen. Dies vor allem dann, wenn es in Wort- oder Sinnverbindungen aufscheint – wie etwa im Titel der englischsprachigen Ausgabe des Buches von Bernard Lewis über die Juden des Orients: *The Jews of Islam*. Hier ist unter Islam nicht Religion gemeint, sondern Lebenswelt, Habitat, Kunst – also Zivilisation im weitesten Sinne.

Auch die Verwendung der Zuschreibungen »Muslime« und »Araber« bedarf einer Kommentierung. Nicht alle Muslime sind Araber wie nicht alle Araber Muslime sind. Abgesehen von der hohen Phase des arabischen Nationalismus im 20. Jahrhundert, in der einer ethnifizierenden bis »ethnischen« Vorstellung vom Arabertum gehuldigt wurde, stehen die Zuschreibungen »Araber« und »Muslime« für jene, die sowohl Araber wie Muslime sind, also sowohl der arabischen Nation wie der islamischen *umma* angehören – mithin nicht Muslime anderer nationaler oder sprachlicher Zugehörigkeiten sind – unter konjunkturellem Vorbehalt. Konjunktureller Vorbehalt insofern, als in der Nähe oder gar Verknüpfung der Zugehörigkeit bei Arabern und Muslimen die Unterschiede fließend sind und dieser Fluss sich bisweilen stärker den muslimischen, also den religiösen Anteilen, gelegentlich aber auch den nationalen, also den »ethnischen« Anteilen der Zugehörigkeit zuwenden kann. Oftmals kommen sich die Zuschreibungen so nahe, dass sich Verschmelzungen ergeben und die Bezeichnung Muslime und Araber unterschiedslos und in einem Atemzug aufgerufen wird.

Auch das Adjektiv »arabisch« kann unterschiedliche Zusammenhänge beschreiben – sich gar von den Arabern als ethnische Zuschreibung lösen –, etwa wenn von anderen Gruppen die Rede ist, die sich der arabischen Sprache, Literatur und Kultur zugehörig fühlen wie die Juden des Orients. Im Deutschen kann eine Unterscheidung zwischen der nationalen Zugehörigkeit (»arabisch«) und der kulturellen und linguistischen Zugehörigkeit (»arabisch«) nicht getroffen werden, während etwa die englische Sprache eine derartige adjektivische Differenzierung mit »Arabic« für Kultur und Sprache und »Arab« für die Zugehörigkeit in einem nationalen oder ethnischen Sinne erlaubt. So könnte vom Vorderen Orient als arabischer Region in einem weitaus offeneren, einem inklusiveren Sinn gesprochen werden, wenn unter »arabisch« eben »arabic« verstanden würde.

Dieses Buch ist als Essay angelegt. Und als Essay ist es an eine weitere Öffentlichkeit gerichtet. Dies schlägt sich auch in der Präsentation nieder. So streben die Nachweise in den Anmerkungen keine auch nur annähernde Vollständigkeit an. Vornehmlich handelt es sich des Genres Essay wegen um bloße Hinweise. Nur in Ausnahmen wird direkt auf herangezogenes Schrifttum Bezug genommen. Auch wird nur auf Literatur in solchen Sprachen verwiesen, die einem breiteren Publikum zugänglich sind. Die Schreibweise von Namen und Begriffen in orientalischen Sprachen folgt nicht der akademisch vorgegebenen Transkription, sondern der im Deutschen üblichen Umschrift.

Zu danken ist den akademischen wie nichtakademischen Mitarbeitern des Simon-Dubnow-Instituts für jüdische Geschichte und Kultur an der Universität Leipzig, die den Autor bei der Fertigstellung des Textes in vielfacher Weise unterstützt haben. Auch den Studierenden der Abteilung für Geschichte an der Hebräischen Universität, Jerusalem, sei für die inspirierenden Diskussionen vornehmlich über Fragen der Säkularisierung gedankt, sowie dem Institute for Advanced Study in Princeton, das mir die Möglichkeit zu einem Forschungsaufenthalt gewährte, während dessen unter anderem dieses Buch entstand. Dank gilt auch Michael Philipp, durch dessen Lektorat der Text erheblich gewonnen hat.

Dan Diner   Sommer 2005

WISSEN UND ENTWICKLUNG
Zur Lage der arabischen Nation

Geschichte und Verantwortung – »Orientalismus« und seine Gegner – Rifa'a at-Tahtawi und der *Arab Human Development Report* – Sprache und Bildung – Technik und Forschung – Freiheit und Wohlfahrt – Staat und Gesellschaft – Militär und Politik – Mehmed Ali und Gamal Abd el-Nasser – Grundrente und Produktivität – Ölreichtum und Stagnation

Im Jahr 2002 überraschte das amerikanische Nachrichtenmagazin *Time* seine Leserschaft mit einer ungewöhnlichen Entscheidung: Von seiner gängigen Praxis abweichend, ein Buch des Jahres zu küren, prämierte es diesmal ein Druckwerk, das den eingeschliffenen Erwartungen wie dem Geschmack des abonnierten Lesepublikums kaum entsprochen haben dürfte. Die belobigte Publikation war nämlich weder ein belletristisches Werk noch ein an eine breite Leserschaft gerichtetes Sachbuch. Vielmehr handelte es sich um einen trockenen, mit Statistiken und anderem Datenmaterial gespickten Bericht zur Lage der arabischen Welt. Sein sozialwissenschaftlicher Duktus stellte anhaltende Langeweile in Aussicht. Dieser Bericht war der erste von den Vereinten Nationen verantwortete *Arab Human Development Report*. Mit seiner Wahl hatte das Nachrichtenmagazin nicht falsch gelegen. Innerhalb kürzester Zeit war das Konvolut in aller Munde. Über eine Million Mal soll der Report inzwischen im Internet heruntergeladen worden sein. Ein voller Erfolg.[1]

Berichtet wird in dem Report allerdings von einem Misserfolg. In einer minutiösen und schonungslosen, umfassenden Bestandsaufnahme wird der beklagenswerte Zustand der arabischen Staatenwelt offengelegt: eine chronisch stagnierende Ökonomie, allseits eingeschränkte Freiheiten, abfallendes Bil-

dungsniveau, eine blockierte wissenschaftlich-technische Entwicklung – von der bedauernswerten Stellung der Frau ganz
abgesehen. In opulenter Weise listet der Bericht all das auf, was
zu einer seriösen diagnostischen Inventur eines Gemeinwesens
gehört. Und alle zwölf Monate wird aufs Neue Bilanz gezogen.
Inzwischen schon zum dritten Male. So wird es weitergehen –
Jahr für Jahr.[2]

Das von arabischen Soziologen, Politikwissenschaftlern, Öko-
nomen und Kulturwissenschaftlern unter dem Schirm der Vereinten Nationen und dem Arab Fund for Economic and Social
Development kompilierte Werk hält der arabischen Welt den
Spiegel vor. Das darin ansichtig gewordene Bild ist wenig ver-
träglich. Ihm standzuhalten ist kein leichtes Unterfangen. Vor
allem deshalb nicht, weil dieses Bild einen permanenten Hiatus in der arabischen Welt unliebsam offenlegt: die sich weit
öffnende Schere zwischen einem hoch besetzten, auf vorgeb-
liche religiös-zivilisatorische Überlegenheit insistierenden
Selbstwertgefühl – und seinem beständigen Dementi durch die
unbestechliche Wirklichkeit. Diesen durch nichts zu versöhnenden Gegensatz zwischen Selbstbild und Realität nimmt der
Bericht zum Anlass, die arabische Welt zur Selbstkritik als Voraussetzung grundlegender Veränderungen aufzurufen. Das Dokument ist nicht nur Bestandsaufnahme, sondern auch Appell.

Der historisch informierte Beobachter fühlt sich beim *Arab
Human Development Report* an ein arabisches Dokument aus einer anderen Zeit erinnert. An ein Dokument, das die arabisch-
islamische Welt zwar nicht derart direkt und ungeschminkt an
ihre Entwicklungs- und Modernisierungsdefizite erinnert, ihr
aber in ähnlicher Weise einen Wandel nahelegt. Die Rede ist
von dem 1834 in Kairo erschienenen Tagebuch des ägyptischen Gelehrten und Imams an der ehrwürdigen al-Azhar Universität, Rifa'a at-Tahtawi (1801–1873).[3] Sein Diarium hält die
Erfahrungen und Beobachtungen fest, die Tahtawi als beglei-
tender Geistlicher einer Studienmission in Paris gemacht hatte.
Sie war vom ägyptischen Herrscher Mehmed Ali (1769–1849)

nach Frankreich entsandt worden – dem damals führenden Land des technischen Fortschritts. Der Pascha, der erst gegen Ende seines langen Lebens die Kunst des Lesens und Schreibens erlernte, hatte seinem Land einen beschleunigten Modernisierungsprozess auferlegt; und Tahtawis Tagebuch schien Mehmed Ali so wichtig, dass er das unter dem Ziertitel »Die Läuterung des Goldes bei der zusammenfassenden Darstellung von Paris« erschienene Werk seiner Beamtenschaft zur Pflichtlektüre machte. Schließlich sollten die Beobachtungen über die westliche Lebensweise und Kultur die islamischen Völker zur Nachahmung anspornen.[4]

Das Tagebuch, das beim lesefähigen Publikum einen hohen Bekanntheitsgrad erlangte, war aus den Erfahrungen der an die Seine entsandten ägyptischen Mission hervorgegangen. Deren Aufgabe war es gewesen, die französische Sprache zu erlernen, um so bereits an Ort und Stelle mit der Übersetzung von Lehrbüchern und enzyklopädischen Werken aus den Bereichen Philosophie, Sprachwissenschaften, Geographie, Natur- und Technikwissenschaften ins Arabische wie ins Türkische zu beginnen. Mit der Übertragung kam der etwa vierzigköpfigen Mission auch das Verdienst zu, eine neue, den modernen Anforderungen angemessene arabische Terminologie geschaffen zu haben. Für das, was im ausgehenden 19. Jahrhundert als arabische Renaissance, als *nahda,* bekannt werden sollte, wurden damals die Grundlagen gelegt.[5]

Die Erwähnung Tahtawis und seines Tagebuchs anlässlich des Erscheinens des *Arab Human Development Report* ist von symbolischer Bedeutung. Symbolisch insofern, als der Name Tahtawi die Bedeutung einer Erinnerungsikone angenommen hat. Er steht für besondere Reformanstrengungen in der arabischen Welt. Als Dokument der Modernisierungsbemühungen von Mehmed Ali wurde das Tagebuch in Ägypten mehrfach wieder aufgelegt.[6] Und dies vor allem, wenn Reformen eingeleitet werden sollten. Im Jahr 1958 war es wieder so weit, als eine Neuauflage des Tagebuchs den von Gamal Abd el-Nasser

(1918–1970) betriebenen Neuerungskurs begleiten sollte. Mag das Tagebuch Tahtawis von 1834 mit dem *Arab Human Development Report* des Jahres 2002 wegen der verflossenen Zeit und der veränderten Bedingungen auch wenig gemein haben, sind sich beide Schriften doch in einem verbunden: Sie rufen in jeweils zeitbedingter Sprache die Araber zum Wandel auf; zu einem Wandel, für den der Westen – und sei es in Abgrenzung oder Abwendung – Modell steht.[7]

Die Schlüsse, die aus der entwicklungspolitischen Bestandsaufnahme des arabischen Autorenkollektivs des *AHDR* gezogen werden, sind weitgehend. Sie sind sogar so weitgehend, dass die Folgerungen von der strikt eingehaltenen technokratisch-sachlichen Sprache nur mit Mühe verdeckt werden können. Bei Licht besehen laufen die in einer so zurückhaltenden wie dringlichen Tonlage gehaltenen Vorschläge nämlich auf nichts weniger als tiefgreifende Veränderungen in der arabischen Welt hinaus. Eigentlich ist von einem Plädoyer für die Revolutionierung der Verhältnisse die Rede. Zwar soll der Wandel von innen her erfolgen und von den herrschenden Eliten getragen werden, an die der Bericht sich schließlich richtet. Aber sowohl die Diagnose als auch die Vorschläge sind derart umfassend, dass kaum vorstellbar ist, dieser eingeforderte Wandel könnte ohne größere Umwälzungen vor sich gehen. So ist dieses unter UN-Auspizien verfasste Papier ein revolutionäres Manifest.

Der schonungslose Blick der Autoren ist in seiner zwingenden und selbstkritischen Offenheit neu. Neu vor allem deshalb, weil eine in den letzten Jahrzehnten von den westlichen Metropolen ausgehende Denkbewegung die Diskursgemeinde daran gewöhnte, die Gebrechen des nahen arabischen und des weiteren muslimischen Orients vornehmlich, wenn nicht ausschließlich, als Folge westlicher Dominanz auszumachen. In diesen Ländern selbst liegende Ursachen wurden hintangestellt. Zudem wurde der »Orient« als bloße Imagination, als Kunstprodukt westlicher Phantasie und westlicher Begehrlichkeiten hingestellt. Derart verzerrt – so die auf breite Zustimmung sto-ßende Überlegung –, sei es umso leichter gewesen, die Menschen der islamischen Zivilisation zu unterwerfen, sie dem westlichen Bild von sich selbst entsprechend zuzurichten; und dies alles, um sie besser zu beherrschen und sich ihrer Reichtümer zu bemächtigen.[8]

Diese Interpretation des Verhältnisses von Westen und Orient war nicht folgenlos. Indem das ungleiche Verhältnis weniger auf Abhängigkeiten und ihre vielfältig begründeten Voraussetzungen als auf eine sich in Realität verdichtende textuelle Interpretation zurückgeführt wurde, verstärkte die Deutung die ohnehin im Orient verbreitete Einstellung, die eigene missliche Lage allein auf äußere Verursachungen zurückzuführen. Nicht, dass textuelle Festlegungen keine Macht auf die Verhältnisse auszuüben vermögen, ebenso wie die Veränderung von Deutungen zum Wandel der Realität beitragen kann. Doch meistens tragen solche Feststellungen dazu bei, die Wirklichkeit schönzureden, statt notwendige Ursachenforschung zur Erkenntnis eigener Gebrechen zu betreiben. Wird die Realität erst einmal als Text ausgemacht und die Wirklichkeit als Repräsentation, besteht kein Anlass, an den materiellen Lebensbedingungen zu rütteln. Es genügt, sie anders zu interpretieren.

Die »Orientalismus«-These imprägnierte wie der ihr auf dem Fuß folgende »postkoloniale« Diskurs die Wahrnehmung von Bedingungen der Unterentwicklung insofern, als Gesellschaftskritik durch Textkritik substituiert wurde.[9] Zunehmend verloren sich die mit den Namen Karl Marx und Max Weber verbundenen Erkenntniswelten. Zwar mag die These vom Orient als Text und dem Kolonialismus als Verursacher aller Übel in der Realität weniger Unheil angerichtet haben als von einigen seiner notorischen Kritiker angenommen – der entstandene intellektuelle Schaden ist gewiss.[10] Es wird einiges an Aufwand bedürfen, um die dabei angehäuften Scherben beiseite zu räumen – verbunden mit einem Plädoyer, doch wieder von der »Gesellschaft« her zu denken.

Dass der Orient dem Zugriff des Westens ausgeliefert war – militärisch, ökonomisch und kulturell –, stellt niemand in Abrede. Im 19. Jahrhundert, vor allem aber in der ersten Hälfte des 20. Jahrhunderts, waren Araber und andere Muslime westlichen Zumutungen ausgesetzt.[11] Dass fremde, gar christliche Mächte in der Region nach Belieben schalteten und walteten, hat sich im Bewusstsein der Menschen im Orient als kollektives Trauma festgesetzt. Die damals erfahrene Demütigung ist noch heute allenthalben gegenwärtig. Sie gehört zum Kanon der Erinnerung und ist Bestandteil des eigenen Selbstverständnisses. So wird sie von Generation zu Generation weitergereicht.[12]

Doch der Hinweis auf die Machenschaften des Kolonialismus bei der Begründung des eigenen Unvermögens erweist sich bei näherem Hinsehen als weniger entlastend als auf den ersten Blick angenommen. Und dies vor allem deshalb, weil sich die Überlegung einstellt, wieso es dazu hat kommen können, dass europäische Mächte überhaupt in der Lage waren, sich der Länder des Orients zu bemächtigen. Lag es an einer weit früher angelegten Überlegenheit des Westens oder einer Unterlegenheit des Vorderen Orients? Wie auch immer diese Frage beantwortet wird – sie indiziert den Umstand, dass dem Verhältnis zwischen Westen und Orient bereits *vor* der Kolonialzeit eine Ungleichheit zugrunde lag. Dieses ungleiche Verhältnis findet erst in der Erhellung seiner Ursachen eine Erklärung.

Das Trauma des Kolonialismus ist also ebenso real wie seine ständige Beschwörung dazu dient, die Gebrechen der Selbstentmündigung zu verlängern, anstatt sie zu kurieren. Diese Sichtweise lähmt jede Entfaltung der Bereitschaft zur Veränderung. Zudem verstellt sie den Blick für eine angemessene Wahrnehmung jenes bedauerten Zustands.

Die Autoren des *Arab Human Development Report* suchen dagegen eine arabische Wahrnehmung für selbst zu verantwortende Anteile an der Stagnation und Unterentwicklung zu schärfen. Sie tun dies umsichtig und in aller gebotenen Vorsicht. So umsichtig, dass sie zuweilen von ihrem Vorhaben der Selbstaufklärung abzuweichen scheinen. Etwa wenn den Vorgaben eines verzerrten arabischen Selbstbildes insofern entsprochen wird, als die hohe Zeit der arabisch geprägten islamischen Zivilisation des Mittelalters zur Kontrastierung der beklagten Gegenwart herangezogen wird – so, als seien die vielen Jahrhunderte dazwischen nicht gewesen.

Nicht von ungefähr ist ein solches Narrativ der großen Lücken darauf aus, die Umstände der frühen Verfallszeit der arabisch-muslimischen Reiche ebenso zu ignorieren wie die anschließende und nicht weniger islamisch geprägte Hochkultur der Osmanen. Dabei hatten die Osmanen den Orient zu einer gewaltigen Machtentfaltung und kulturellen Blüte geführt. Mit der Gegenüberstellung der arabisch-islamischen Hochkultur im Mittelalter und dem bedauerlichen Status der Araber heute, mit diesem Geschichtsverständnis der Auslassungen, wird der Eindruck erweckt, die etwa vierhundert Jahre während Herrschaft der Osmanen in den arabischen Kernländern des Islam sei eine zwar muslimische, aber verschmähte Fremdherrschaft gewesen.[13]

Geschichtsinterpretationen verfügen nicht über Wohl und Wehe von Völkern. Aber sie können dazu beitragen, das kollektive Bild von der eigenen Wirklichkeit zu trüben oder sogar zu verstellen. Im Fall der von arabischer Seite beklagten Herrschaft der Osmanen findet sich nämlich das folgenreiche Argument verstärkt, die Lage der Araber sei von außen, also von »Fremden«, verursacht worden. Und am Ende dieser, von anderen zu verantwortenden Periode des Niedergangs steht jene verhältnismäßig kurze, aber an Demütigungen umso reichere und deshalb auch erinnerungsträchtigere Kolonialzeit. So werden die Gebrechen der arabischen Gemeinwesen vornehmlich, wenn nicht ausschließlich als von außen verursacht interpretiert – verursacht von gegen die arabische Nation in Gang gesetzten Ränken, Kabalen, Verschwörungen und anderen Machenschaften des Imperialismus. Diese Art der Selbstdeutung enthüllt

31

ein erhebliches Säkularisierungsdefizit, weil sich die Bilder von Komplott und Verschwörung an die Stelle einer sozialwissenschaftlich angeleiteten Aufklärung über Phänomene gesellschaftlicher Komplexität setzen.[14]

Nach dieser Betrachtungsweise ist für die Ränke und Machenschaften der durch den Westen ins Herz der arabischen Welt implantierte jüdische Staat Israel ursächlich. Auch die Autoren des *Arab Human Development Report* sehen sich veranlaßt, gleich zu Eingang ihrer Bestandsaufnahme auf die Wirkung des arabisch-israelischen Konflikts hinzuweisen. Dieser erschöpfe die Araber. Vor allem die von den Palästinensern hinzunehmenden Unbilden seien unerträglich. Dieser Wahrnehmung ist, bei aller Skepsis gegenüber der arabischen Geschichtsdeutung, nicht zu widersprechen: Dieser Jahrhundertkonflikt zieht enorme Energien ab und verschleißt beträchtliche gesellschaftliche Reserven. Zudem versinnbildlicht das jüdische Gemeinwesen wie das an den arabischen Palästinensern verübte historische Unrecht jene Unterlegenheit, die von den Arabern ebenso auf die Machenschaften der Kolonialmächte zurückgeführt wird wie auf die Unterstützung, die der Westen Israel angedeihen lässt.

Kein Zweifel: Die Palästinafrage steht Entwicklung im Wege. Aber hat sie jene Unterentwicklung verursacht, unter der die arabische Welt darbt? Ein kausaler Zusammenhang ist nicht zu erkennen, wenngleich unabhängig davon ein Ausgleich zwischen Israelis und Palästinensern vordringlich ist.

Die Autoren des Berichts über den Zustand der arabischen Welt konzentrieren sich allein auf die Gegenwart. Als Diagnostiker der bestehenden Verhältnisse sind sie für Fragen nach den Ursachen und damit auch nach der Vergangenheit nicht zuständig. Die Frage nach einem zeitlich weiter zurückgreifenden »Warum« obliegt Historikern. Und mit einem solchen Blick gilt es, die Aussagen des *Arab Human Development Report* weiter zu besprechen.

Der Bericht beschreibt Probleme und Missstände in der arabischen Welt, mit denen Historiker wie Kultur- und Sozialwissenschaftler des Vorderen Orients von je her befasst sind: mit offensichtlichen Defiziten der gesellschaftlichen Mobilisierung, mit der Blockade der technisch-wissenschaftlichen Entwicklung, der andauernden Präsenz eines allgegenwärtigen Staates, der Schwäche der politischen Institutionen, dem chronischen Mangel an Demokratie, dem geflissentlichen Ausschluss der Frauen.[15] Eine alles einschließende Frage wird allerdings umgangen: die der Säkularisierung. Eine solche Auslassung ist den Autoren nicht zu verdenken. In dieser Sache ist Vorsicht geboten. So wird das Problem der Säkularisierung nicht als strategische Frage aufgerufen, sondern allenfalls verdeckt berührt. Etwa wenn erklärt wird, Wissenschaft und Glauben schlössen sich im Islam nicht aus. Mit dem Hinweis auf die Zeit des islamischen Mittelalters als Zeit der Blüte sowohl von Wissenschaft wie von Glauben sieht sich der *Arab Human Development Report* salviert.

Aber die Frage der Säkularisierung reduziert sich nicht auf die Religion, sondern geht über diese hinaus. Schließlich ist Säkularisierung eine Tendenz der Verwandlung, die alle Lebensbereiche berührt. Der im Bericht dem Glauben im engeren Sinn gewidmete, überaus bescheidene Teil verweist statt dessen auf den religiösen Pluralismus innerhalb des Islam, auf Unterschiede zwischen den einzelnen Rechtsschulen und ihre offene Haltung zu Fragen der Wissenschaft, Gesellschaft und Kultur – ohne dabei die problematische Wirkung von konservativen bis radikalen Einstellungen in der Exegese auszusparen.[16]

Aber von Säkularisierung im Sinn eines Auseinandertretens unterschiedlicher Sphären – der Sphäre des Intimen, des Privaten und des Öffentlichen –, ihrer regulierten Institutionalisierung in Staat und Gesellschaft, in Politik und Ökonomie ist nicht die Rede. Die Frage der Religion als Glauben spielt zwar eine wichtige und nicht zu unterschätzende Rolle – vor allem, weil es sich beim Islam um eine Religion handelt, die als Offenbarungs- *und* Gesetzesreligion alle Lebensbereiche zu regeln beansprucht. Säkularisierung reicht aber insofern weiter, als sie einen nicht endlichen Prozess ständiger Interpretation, Verhandlung und Verwandlung dessen meint, was entweder ins Innere der Person verlegt oder nach Außen hin entlassen und durch etablierte Institutionen reguliert wird. Mit Säkularisierung ist auch die kognitive Durchdringung und intellektuelle Aneignung der Lebenswelten gemeint, die dem Menschen ansonsten fremd und unverstanden gegenüberstehen. Insofern ist das Defizit an Entwicklung in den arabischen Ländern auch als ein Defizit an Säkularisierung zu verstehen.

Die Frage nach den historischen Ursachen für die gegenwärtige Lage der arabischen Welt wird in der Bestandsaufnahme nicht gesondert aufgerufen. Sie bleibt aber dem Leser ein ständiger, nicht abzuschüttelnder Begleiter. Dabei ist die Frage nach den historischen Ursachen der Stagnation des Orients nicht neu. Immer wieder waren die Diagnostiker mit Fragen befasst, wie es von einem gewissen Zeitpunkt an im Westen zur Beschleunigung gesellschaftlicher Zeit kommen konnte, während es im Vorderen Orient – auch an dessen eigener Vergangenheit gemessen – zu einer folgenschweren Rückläufigkeit kam. Besteht womöglich ein kausaler Zusammenhang zwischen dem Fortschreiten des einen und dem Stillstand des anderen?

Bei der Suche nach Ursachen der unterschiedlichen Lagen kommt eine Begriffsbildung gesellschaftlicher Diagnostik zur Geltung, die sich universalistisch dünkt, aber dem westlichen Weg von Entwicklung entspricht. Indem diese Begriffswelten auch bei der Deutung der Lebenswelten anderer Kulturen zur Geltung gebracht werden, tragen sie zu jener wenig genehmen, jedoch nicht zu vermeidenden teleologischen Sicht bei. Nach dieser teleologischen Sicht scheint Geschichte sich entweder in der von der westlichen Entwicklung her vorgegebenen Richtung zu erfüllen – oder nicht zu ereignen.

Zu solchen Folgerungen aber wollen es westliche Historiker, Kultur- und Sozialwissenschaftler des Vorderen Orients, der arabischen Länder und der islamischen Zivilisation nicht kommen lassen. Schließlich stehen sie seit Jahr und Tag allein schon deshalb im Ruch eines missliebigen »Orientalismus«, weil sie durch ihre Forschungen kontinuierlich zum Anwachsen eines Kanons beitragen, in dem die Bestände einer sich womöglich als »anders« erweisenden Zivilisation versammelt sind.[17]

Kulturbedingte Verblendungen lassen sich nicht ausschließen. Sie sind sogar wahrscheinlich. Wahrscheinlicher jedenfalls als ihr so oft reklamiertes Gegenteil. Ein solcher Befund muss die offen oder verdeckt gestellte Frage nach dem Ausbleiben von Entwicklung im Orient nicht gleich ins kulturalistische Abseits verbannen. Schließlich wird sie auch von den Menschen im Vorderen Orient gestellt – auch dann, wenn sie nicht ständig im Munde geführt wird. Im Herzen ist sie immer präsent. Trotz aller gegenteiligen Rhetorik verkörpert der Westen die Frage des Orients. So gesehen ist auch das erkenntnisleitende Interesse der arabischen Autoren des Reports nicht richtungslos. Sie wollen dazu beitragen, die in der arabischen Welt herrschenden Zustände zu ändern. Und so zu ändern, dass sie einer den Bedürfnissen der Menschen angemessenen Moderne im arabischen Gewand entsprechen. Die Dynamik, die die Autoren des Berichts mit ihrer im Ton sachlichen, in ihrer Substanz alarmistischen Inventurschrift auslösen wollen, soll zu einer Entwicklung beitragen, die sich an den Maßgaben des Westens orientiert.[18]

Der *Arab Human Development Report* des Jahres 2003 befasst sich mit der Entwicklung der Wissensgesellschaft im arabischen Raum, genauer: mit ihren Grenzen. Stand und stetige Steigerung von Wissen sowie seine Verallgemeinerung sind das Kapital jeden Gemeinwesens. Im Wissen schlagen sich die Möglichkeiten von Produktivität und Wachstum nieder, es ist die in die Zukunft weisende Potenz gesellschaftlichen Reichtums. Ob Gemeinwesen Bestand haben oder zu einer rückläufigen Entwicklung verurteilt sind, wird anhand ihrer Wissenspotentiale bestimmt. Die Zukunft einer Zivilisation entscheidet sich daran, dass sie den Anforderungen einer entwickelten Wissenskultur zu folgen in der Lage ist.

Die Autoren des Berichts folgen dieser Prognose. Um die Zukunftschancen zu erwägen, ermessen sie die Bedingungen und Vorgaben von Wissensproduktion in der arabischen Welt anhand qualitativer wie quantitativer Parameter. Dabei konzentriert sich das arabische Autorenkollektiv zuerst auf jene Bedingung, die für die Verbreitung von Wissen unerlässlich ist. Diese ist als »qualitative Alphabetisierung« zu bezeichnen, im Unterschied zur »quantitativen« oder »primären«, die die Verbreitung der Lese- und Schreibfähigkeit meint. Nicht, dass es um die primäre Alphabetisierung in der arabischen Welt zum Besten bestellt wäre. Die angenommene Unterweisung in den Fertigkeiten des Lesens und Schreibens reicht nicht an jene Erfordernisse heran, die als Indikatoren von Bedingungen zählen, die zu einem modernen Umgang mit Wissen gehören – also alles das, was über die Ausstattung mit Lehrkräften, Lehrmitteln oder Räumlichkeiten als Voraussetzung angemessener Schulbildung hinausweist. Dabei geht es um die Fähigkeit einer Gesellschaft, Wissen in einer auf optimale Verbreitung gerichteten Schriftform aufzunehmen, die produzierten Texte in einer der Wissensverbreitung zuträglichen Geschwindigkeit zu verarbeiten und sie so angereichert weiterzugeben. Die im Bericht des Autorenkollektivs dargebotenen Daten legen offen, dass es um diese Bedingungen in der arabischen Welt schlecht, um nicht zu sagen sehr schlecht bestellt ist.

Es beginnt mit dem Problem von Übersetzungen fremdsprachiger Texte ins Arabische, der Übertragung von außerhalb des eigenen Sprach- und Kulturraumes produziertem Wissen. Der Bericht belehrt den erstaunten Leser, dass in der gesamten arabischen Welt in den 1970er Jahren nur etwa ein Fünftel der Anzahl von Büchern übersetzt wurde, die in einem Kleinstaat von der Größe Griechenlands in die Landessprache übertragen wurden. In den 1980er Jahren wurden in der arabischen Welt auf eine Million Menschen gerechnet in fünf Jahren lediglich

4,4 Bücher übersetzt. Im Vergleich dazu kamen auf eine Million Menschen in Ländern wie Ungarn 519 und in Spanien 920 übersetzte Bücher.[19]

Um die eigene, die arabische Buchproduktion ist es nicht besser bestellt. Während in Nordamerika im Jahr 1991 102 000 Neuerscheinungen zu verzeichnen waren, beschied sich der arabische Buchmarkt mit 6500 Druckwerken – nach Auskunft des Berichts 1,1 Prozent der Weltproduktion bei fünf Prozent der Weltbevölkerung. Und die Tendenz sei rückläufig. 1996 wurden in allen arabischen Ländern zusammen nicht mehr als 1945 Bücher gedruckt, was 0,8 Prozent der Weltproduktion entspricht. 17 Prozent der Titel waren glaubensspezifischen Inhalts, verglichen mit fünf Prozent religiöser Bücher im Weltdurchschnitt.[20] Hinzu kommt, dass die Auflagen arabischsprachiger Bücher äußerst niedrig sind. Bei einem – zugegeben abstrakten – Markt von etwa 300 Millionen Lesern in 22 arabischen Ländern wird belletristische Literatur in Auflagen von 1000 bis 2000 Exemplaren gedruckt. Eine Auflage von 5000 wäre bereits ein Durchbruch zum Bestseller.

Die Gründe für einen derart dramatischen Zustand der Voraussetzungen von Wissensvermittlung sind vielfältig. Die Autoren führen den noch weit verbreiteten Analphabetismus ebenso an wie die harsche staatliche Zensur, die die Drucklegung eines Buches für Autor und Verleger zu einem administrativen Spießrutenlauf macht. In einer Vergleichsziffer deuten die Autoren indes implizit auf einen Zusammenhang, der mehr auf den obengenannten qualitativen Analphabetismus verweist als auf behindernde Begleitumstände wie Zensur oder eine restriktiv gehandhabte staatliche Papierzuteilung. Wie eine Nebensächlichkeit erwähnen die Autoren, dass in der Türkei bei einer Bevölkerungszahl von einem knappen Viertel derjenigen der arabischen Welt weitaus mehr Bücher produziert werden als in allen arabischen Ländern zusammen.

Der Hinweis auf die Türkei lässt aufhorchen – und führt weiter. Die arabischen Länder sind ebenso wie die Türkei aus dem

Osmanischen Reich hervorgegangen. Damit sind ähnliche bis gleiche Ausgangsbedingungen für Entwicklung anzunehmen. Aber die Türkei ist, bei einer ebenso muslimischen Bevölkerung wie in den arabischen Ländern, ein erklärtermaßen laizistisches Gemeinwesen. Ein Zeichen für den Laizismus ist der Umstand, dass seit der Abschaffung der arabischen Schriftzeichen im Jahr 1928 die türkische Landessprache in lateinischen Lettern geschrieben und gedruckt wird.

Dem Zusammenhang von Säkularismus und der Einführung lateinischer Schriftzeichen gilt es in einem weiteren historischen Kontext nachzugehen. Vorläufig soll der Hinweis genügen, dass sich ein ebenso erhellender wie beunruhigender Zusammenhang zwischen der sakralen Bedeutung von arabischer Sprache und arabischen Schriftzeichen sowie der Einschränkung ihrer profanen Verwendung auftut. Dabei wird Sprache in ihren unterschiedlichen Anwendungsbereichen in der Wissensgesellschaft immer wichtiger. Vor allem dort, wo ihre Anpassung wegen technologischer Erfordernisse und der rapide sich verändernden Umstände der Sprachanwendung angezeigt ist.

Angesichts der Anforderungen der Wissensgesellschaft sprechen die Autoren des Reports von einer Krise der arabischen Sprache. Dieser läge die Aufspaltung des Arabischen in die Hochsprache einerseits und kolloquiale arabische Sprachen, sogenannte Dialekte, andererseits zugrunde. Was macht den Unterschied zwischen diesen arabischen Sprachvarianten aus? Der Unterschied liegt vornehmlich in der Flexibilität des Gebrauchs. Während die Umgangssprache ein geschmeidiges Ausdrucksmittel für alle Belange des täglichen Lebens ist und so dem allgemeinen Sprachempfinden folgt, ist die Hochsprache, die der Verschriftlichung dient und vom Volk kaum beherrscht wird, in ihrer strikten Regelhaftigkeit weniger beweglich. So trägt sie dazu bei, sozialen und technologischen Veränderungen die gesellschaftliche Anerkennung zu verwehren, schon allein dadurch, dass sie ihnen bleibenden Ausdruck und damit den Eintritt in den Sprachkanon verweigert.[21]

Vor diesem Hintergrund verweisen die Autoren auf die gewaltigen Anforderungen, die auf Sprache und Sprachvermögen in der Wissensgesellschaft zukommen. Ihre Aufgaben beschränken sich nicht mehr allein auf zwischenmenschliche Kommunikation, auf Bildung und literarische Erbauung. Sprachen werden auch Mittel der Produktion. Dies gilt für die Bereiche der Soziolinguistik, der Psycholinguistik und der Neurolinguistik ebenso wie für die Hirnforschung, die sich der Sprachwissenschaften bedient. Dazu gehören auch die technologischen Herausforderungen des *language engineering* im Bereich der Software-Entwicklung und andere sich ausdifferenzierende Anwendungsbereiche von Sprache. Um die arabische Sprache diesen Erfordernissen anzupassen, bedarf es – so das Autorenkollektiv – ihrer grundlegenden Reformierung. Allein schon das chronische Übersetzungsdefizit fremdsprachiger Literatur macht eine elektronische Übertragung ins Arabische dringlich. Bedingung aber ist eine entsprechende Adoptionsfähigkeit des sprachlichen Mediums.

Voraussetzung für eine funktionsgerechte Anwendung des Arabischen in den verschiedenen Bereichen der Wissensgesellschaft wäre also die grundlegende Erneuerung und Modernisierung der Sprache. Dazu gehört neben der Vereinfachung der Grammatik eine formalisierte Öffnung zur kolloquialen Sprache sowie die Ausarbeitung eines verwendbaren sprachwissenschaftlichen Apparats. Dies soll dazu führen, die hermetische Gestalt der arabischen Sprache aufzubrechen, um sie so einer unbegrenzten Anwendung zuführen zu können. Was nach den Autoren des *Arab Human Development Report* ansteht, lässt sich qualitativ mit den von Tahtawi unternommenen und durch Übersetzungsleistungen vollbrachten Veränderungen vergleichen – mit dem Unterschied, dass Tahtawi seinerzeit die arabische Sprache an die Maßgaben des damaligen Standards der Mechanik anzupassen suchte, während heute die Notwendigkeiten der elektronischen und biomolekularen Technik eine weitaus komplexere Sprachangleichung erforderlich machen.

Damals ging es um Wort- und Begriffsbildungen, heute ist eine Veränderung der Gestalt der Sprache angezeigt.

Auf die arabische Sprache in den Wissenschaften zu verzichten und stattdessen auf das Englische als internationale Wissenschaftssprache zurückzugreifen, machte wenig Sinn. Das Englische als eine weitere, neben dem Hocharabisch wie dem kolloquialen Arabisch dritte Sprache einzuführen, wäre nach den Anforderungen der Wissensgesellschaft keine angemessene Lösung. Schließlich geht es nicht darum, Wissen auf die Hochkultur einer bereits instruierten Elite zu beschränken, sondern ebenso umfassend wie allseitig zu verbreiten. Zudem klärt der Report in seinem unerbittlichen Duktus darüber auf, dass die Verbreitung von englischen Sprachkenntnissen im arabischen Raum angesichts von Internet und Satellitenfernsehen nicht etwa zunimmt, sondern umgekehrt im Schwinden begriffen ist.

Wissen soll Gesellschaft osmotisch durchdringen. Als mediales Gefäßsystem soll Sprache den Stoff des Wissens kommunizierenden Röhren gleich in ständigem Fluss halten. Kommt dieses Gefäßsystem den Anforderungen eines störungsfreien Durchlaufs nicht mehr nach, besteht die Gefahr eines gesellschaftlichen Infarkts. Insofern wäre die Sprache im Rhythmus der Veränderung der kolloquialen Sprache durchlässig zu halten. Nur so kann sie den sich verändernden Anforderungen genügen.

Während das entwickelte Sprachvermögen zur Zeit Tahtawis noch auf einen relativ kleinen Teil der Bevölkerung beschränkt bleiben konnte, ist in der Wissensgesellschaft, deren mediale Kommunikation alle Bereiche des Gemeinwesens erfasst, eine grundlegende Sprachreform gefordert. Wem obliegt die Durchführung einer solchen Sprachreform? Wer verfügt über die arabische Sprache? Als Sprache des Korans ist das Arabische sakral versiegelt. Hand an die Sprache zu legen würde bedeuten, die Frage der Religion in einer viel radikaleren Weise aufzuwerfen, als es die Autoren des Berichts für vertretbar halten.

Eine neue und für alle Araber verbindliche Neugestaltung des Arabischen würde also nicht nur das einende Band der Araber strapazieren, das ohnehin nur geringe Belastung erträgt. Auch das anhängige Problem der Säkularisierung fände sich aufs Neue evoziert. Die Forderung nach einer Reform der arabischen Sprache rührt mithin an Grundfragen des arabisch-islamischen Selbstverständnisses. Ein derartiger Eingriff in eine sakral durchdrungene Tradition käme einem Vorhaben nahe, das an die revolutionäre Wirkung der Bibelübersetzung Martin Luthers erinnert.

Die durch die arabische Hochsprache errichtete Barriere ist nur ein – wenn auch gewichtiger – Ausdruck des vom Autorenkollektiv diagnostizierten Prozesses abnehmender Wissenschaftsfähigkeit in der Region. Verglichen mit anderen sich entwickelnden Gesellschaften wie Brasilien, China oder Korea ist die Tendenz dramatisch, zumal sie relativ eine massive Zunahme von Unterentwicklung offenbart. Anhand von Basisdaten im Bereich des wissenschaftlich-technologischen Fortschritts, von Patentierungen sowie von Investitionen auf dem Feld der unmittelbaren Verknüpfung von Forschung und Entwicklung *(Research & Development),* einem Indikator für langfristiges Wachstum, wird eine zivilisatorische Rückbildung deutlich.

Während die Zahl der in internationalen wissenschaftlichen Zeitschriften gedruckten, im arabischen Raum erarbeiteten Ergebnisse der Forschung von 465 im Jahr 1967 auf etwa 7000 im Jahr 1995 anstieg und so eine jährliche Anhebung um zehn Prozent zu erkennen war, vermochte China im selben Zeitraum seine Leistungen um das Elffache zu steigern, Südkorea sogar um das Vierundzwanzigfache. Am Output gemessen blieben die arabischen Forschungsanstrengungen im Vergleichszeitraum mit einer Quote von 2,4 weit zurück. Dieser Zustand schlägt sich in den angemeldeten Patenten nieder, zumal Patente den Stand der anwendungsorientierten Forschung anzeigen. So wurden in den USA zwischen 1980 und 2000 aus allen arabischen Ländern zusammen etwa 370 Erfindungen angemeldet, während Israel rund 8000 und Korea über 16 000 Patente eintragen ließen. Zudem stammt die Mehrzahl der aus arabischen Staaten angemeldeten Patente von Ausländern, die dort arbeiten und leben.[22]

Aber für eine Wissensgesellschaft ist weniger die angewandte als die dem Anwendungsbereich vorausgehende Grundlagenforschung entscheidend. Sie ist die wahre Quelle von Innovation. In Zukunftsbereichen wie der Informationstechnologie und der Molekularbiologie sind im arabischen Raum jedoch keinerlei Forschungen zu vermelden. Von allen publizierten und international anerkannten Forschungen in arabischen Ländern waren um die 90 Prozent in den angewandten Wissenschaften zu verzeichnen. Von etwa 280 außeruniversitären Forschungszentren der arabischen Welt widmet sich die überwiegende Mehrheit der Forschung im Agrarbereich, im Ernährungssektor, im Gesundheitswesen, in der Umwelt und der Wasserversorgung. Weniger als drei Prozent dieser Zentren sind auf Informationstechnologie und Molekularbiologie spezialisiert.

Ähnlich steht es um die Investitionen auf dem Feld, das die Zukunftsentwicklung bestimmt: die Schnittstelle von wissenschaftlich-technischer Forschung und ihrer ökonomischen Umsetzung. Während die entwickelten Staaten bis zu fünf Prozent ihres Bruttosozialprodukts in diesem Bereich investieren, beschränken sich die Investitionen in der arabischen Welt auf ganze 0,2 Prozent. Signifikant ist der Hinweis der Autoren auf das Verhältnis von staatlicher zu privater Investitionstätigkeit in dem für Entwicklung so entscheidenden Bereich von *Research & Development*. So werden im arabischen Raum an die 90 Prozent der Investitionen vom Staat aufgebracht und nur drei Prozent von privater Hand. In den entwickelten Ländern verhält es sich 50 : 50.[23] Daraus ist zu schließen, dass die privaten Vermögen kein Vertrauen in eine langfristige Anlage zeigen. Um Voraussehbarkeit und Kalkulierbarkeit scheint es also schlecht bestellt, was zur später noch zu berücksichtigenden Frage des »guten Regierens« führt.

Die von den Autoren im Bereich von Wissenschaft und Technik diskutierte Frage des administrativ verfügten Imports von Industriegütern und von Wissen läuft auf die staatliche Ordnung und das politische Regime hinaus. Dabei werden im Bericht zwei gescheiterte historische Modernisierungsprojekte in der arabischen Welt genannt. Zum einen der bereits erwähnte Versuch Mehmed Alis in der ersten Hälfte des 19. Jahrhunderts, französischen Vorgaben folgend, Ägypten von oben industrialistisch zu modernisieren;[24] zum anderen das sowjetisch beeinflusste und nicht weniger zentralistische Projekt Gamal Abd el-Nassers in den 1950er und 1960er Jahren, das Land in die Moderne zu führen.[25] In beiden Fällen, so die Feststellung der Autoren, sei Wissen eingeführt und mechanisch übertragen, nicht aber den eigenen Erfordernissen angepasst worden, um sich weiter im Land reproduzieren zu können. Eine solche unmittelbare Wissensübertragung mag zwar kurzfristige Erfolge zeitigen, ist aber wenig geeignet, einen Prozess notwendiger, sich beständig fortsetzender Innovation zu erzeugen.[26]

Die Tradition, Grundlagenforschung zu betreiben und damit Wissenschaft im Sinn eines ihren Erfordernissen angemessenen Denkens und Handelns in der Gesellschaft zu verankern, kann so nicht begründet werden. Dass Mehmed Ali und Nasser abrufbares Wissen und die entsprechenden Technologien und Organisationsformen importierten, mag daran liegen, dass es sich in beiden Fällen um Militärs handelte, deren Reformeifer sich zuerst auf die Modernisierung ihrer Streitkräfte bezog, um von dort aus die dem Heereswesen dienstbaren Bereiche von Wirtschaft und Gesellschaft zu ergreifen.[27]

Die von Mehmed Ali etablierten Manufakturen waren als Produktionsstätten von Ausrüstungsgegenständen oder Materialien eingerichtet worden, die mit dem Militär in Verbindung standen. Das vom ägyptischen Pascha ausgehobene Heer und die von ihm aufgestellte Flotte sollten sich bald als das modernste und allseits Achtung gebietende Aufgebot im Vorderen Orient erweisen.[28] Die von Mehmed Ali und seinem Stiefsohn Ibrahim Pascha (1789–1848) erfolgreich geführten Feldzüge, sei es im Sudan, auf der arabischen Halbinsel oder in Griechenland, aber auch gegen die Truppen seines Oberherrn, des Sultans in Istanbul, waren hierfür schlagender Beweis. Nicht unähnlich verfuhr Nasser, freilich mit geringerem Erfolg der ägyptischen Waffen, wie der innerarabische Koalitionskrieg im Jemen Mitte der 1960er Jahre offenlegte – die Auseinandersetzung mit Israel einmal beiseite gestellt.

Nicht ohne Grund wurde Nassers Ägypten als Militärgesellschaft charakterisiert.[29] Vom Militär regulierte Gesellschaften gelten als schwache soziale Gebilde. Schließlich neigt eine vornehmlich von den Streitkräften getragene Herrschaft dazu, die Stabilität des Regimes an das Ansehen des Militärs zu binden. So kommt dem Prestige des Militärs eine die anderen gesellschaftlichen Bereiche übersteigende Bedeutung zu. Der Druck, zu ebenso schnellen wie sichtbaren Erfolgen zu gelangen, führt dazu, dass der Übertragung und Integration fremder Technologie der Vorzug vor einer eigenständigen und langfristig orientierten Wissensproduktion gegeben wird.[30]

Die Autoren des Berichts weisen darauf hin, dass wissenschaftlich innovatives wie technisch kreatives Denken im Bereich der islamischen Zivilisation historisch nichts Unbekanntes ist. Hierzu erinnern sie wiederholt an die weit zurückliegende Blütezeit des arabisch-islamischen Mittelalters. So seien während der Hochphase des abbasidischen Kalifats vom 8. bis zum 10. Jahrhundert, aber auch danach größte Leistungen zu verzeichnen gewesen. Ebenso seien die Ergebnisse der Forschung praktischer Anwendung zugeführt worden. Die Wissenschaften seien nicht abstrakt abgehoben, sondern als Teil der popularen Kultur lebensweltliche Praxis gewesen. Gleiches habe für breit angelegte Übersetzungsprojekte, vornehmlich aus dem Griechischen, gegolten. Die rege Übertragung ins Arabische sei unmittelbar in den Prozess der Wissensproduktion eingegangen. Die dabei zur Geltung gelangende algebraisch und analytisch gestützte Rationalität sei nicht auf einen engen Kreis von Eingeweihten beschränkt geblieben, sondern habe sich verallgemeinert, um so von allgemeinem Nutzen zu werden. Es habe sich – um den aktuell gängigen Begriff zu verwenden – eine Wissenskultur ausgebildet. Die damals weiträumige Entwicklung im Bereich der arabisch-islamischen Zivilisation sei mit derjenigen vergleichbar, die vom Westen seit dem 17. Jahrhundert ausgegangen war.

Aber zwischen der Blütezeit des arabisch-islamischen Mittelalters und dem Modernisierungsversuch Mehmed Alis in Ägypten liegen gut acht Jahrhunderte. Mit der Bezugnahme auf eine derart weit zurückliegende Epoche wird in dem Bericht zum wiederholten Mal eine weitaus näher liegende Vergangenheit und damit die »andere« islamische Hochkultur, die der Osmanen, übergangen. Eine genauere Betrachtung der Struktur des Reiches der Osmanen wie deren Reaktion auf den Aufstieg des Westens in der historisch relevanten Phase zwischen dem ausgehenden 16. und dem frühen 19. Jahrhundert könnte manche Einsicht in das Rätsel von Entwicklung im Westen einerseits und Entwicklung von Unterentwicklung im Orient andererseits gewähren – eine Frage, der im weiteren noch nachzugehen sein wird.[31]

Das Modernisierungsprojekt Mehmed Alis in der ersten Hälfte des 19. Jahrhunderts ist ein Beispiel für einen bloß übertragenen, nicht sich selbst erneuernden Umgang mit Technik. Wie auf eigens unternommene Forschungsanstrengungen verzichtet wurde, zeigt sich an der damals im Orient betriebenen Praxis zur Erlangung von Wissen. Den seinerzeit herrschenden Vorstellungen schien es zu genügen, junge Gelehrte nach Frankreich, das damalige Mekka des technischen Wissens, zu entsenden und sie dort in der Landessprache unterweisen zu lassen, um sie als Übersetzer von technischen Handbüchern und anderer, vornehmlich der Praxis dienenden Literatur einzusetzen. Eine solche reproduktive Übertragung von technischem Wissen, das allein der Anwendung dient, mochte den kurzfristigen Anliegen der Herrschaft zugute kommen, brachten aber dem sozialen Ensemble des Gemeinwesens wenig.

Anhand des historischen Exempels von Mehmed Ali in Ägypten lässt sich das ebenso grundlegende wie problematische Verhältnis von reproduktiver Technologie, persönlicher Machtentfaltung und kurzatmiger ökonomischer Entwicklung studieren.[32] Während die unter der geistlichen Obhut von Scheich Tahtawi stehende Gelehrtengruppe der Übersetzung technischer Handbücher und anderer Literatur in Frankreich nachkam, wurde der Scheich Zeuge der Juli-Revolution 1830 in Paris.[33] Dabei gewann er erhellende Erkenntnisse, die er in seinem Tagebuch festhielt. So etwa den Umstand, dass ohne Gewaltenteilung, will heißen: ohne Freiheit, Rechtssicherheit und Demokratie, keine Wohlfahrt zu gewärtigen sei.

Aus der Beobachtung der französischen Zustände und dem Studium der französischen Verfassung erfasste Tahtawi das komplexe Ineinandergreifen von Politik und Ökonomie – ein Verhältnis, das hinsichtlich des Orients noch von Interesse sein wird.[34] Diese Einsicht blieb seinem Herrscher Mehmed Ali verborgen, oder besser umgekehrt: Er hatte sie überaus gut verstanden. Als er nämlich die von ihm 1825 in Auftrag gegebene Übersetzung des *Fürsten* von Niccolò Machiavelli eingesehen hatte, ließ er sie umgehend im Giftschrank verschwinden.[35] Als autokratischem Regenten konnte es ihm nicht genehm sein, seinen Untertanen Einblick in die Herrschaftstechnik zu erlauben. Der von oben, also von Staats wegen, eingeleitete Prozess der Modernisierung Ägyptens sollte an der Frage der Herrschaft und damit der politischen Teilhabe der Bevölkerung vorbeigeleitet werden. Das war wenig erfolgversprechend, weil sich ab einer gewissen Stufe der Entwicklung der Produktionsmittel ökonomischer Fortschritt ohne politische Partizipation nur schwer realisieren lässt.

Einblick in die Mechanik der Macht und Aufklärung über die Bedingungen ihrer Wirkung zu erlangen war den Menschen des Vorderen Orients nicht gegeben. Zu einer solchen Aufklärung gehört die Kenntnis vom Ineinandergreifen der Wirkkräfte jener sozialen Fabrik, die mit dem Begriff Gesellschaft belegt wird. Der Kanon der Erkenntnis über die Gesellschaft wird als Sozialwissenschaft bezeichnet. Das Aufkommen der Sozialwissenschaften geht einher mit dem notorischen Prozess der »Entzauberung« der Welt. Diese ist Folge von Säkularisierung. Sie ist ihr eigentliches Elixier.

Der Bericht des arabischen Autorenkollektivs belehrt den Leser, dass sozialwissenschaftliche Forschung in die arabische Welt, von wenigen Ausnahmen wie Ägypten abgesehen, erst in den 1960er Jahren Einzug gehalten hat.[36] Zudem war die Erforschung anderer Kulturen traditionell nicht üblich. Ein geistes- oder sozialwissenschaftliches Fach zur Erforschung des Westens und dessen, was ihn ausmacht, also eine Art von »Okzidentalismus«, gibt es nicht.[37] Bis heute sind Kenntnisse über den Westen gering verbreitet. Dieses Unwissen ist Quelle für Vorstellungen, die auf die Imagination von Verschwörung und andere problematische Konstruktionen vorgeblicher Wirklichkeiten hinauslaufen.[38]

Nicht, dass die Einleitung von Entwicklung der Sozialwissenschaften so dringlich bedürfte. Für Entwicklung gebührt den Natur- und Technikwissenschaften Vorrang. Aber ein besseres Verständnis der sozialen Lebenswelten kommt auch der Entschlüsselung der Naturverhältnisse entgegen. Damit sind die Sozialwissenschaften Teil eines Beschleunigers von Entwicklung, der in der Säkularisierung seinen Nährboden findet. Dem Bericht nach belegt der intellektuelle Aderlass, der *brain drain,* aus der arabischen Welt, dass Geist und Expertise dort nicht auf Zukunft setzen. So wird geschätzt, dass seit dem Jahr 1976 23 Prozent aller arabischen Ingenieure, 50 Prozent aller arabischen Ärzte und 15 Prozent aller naturwissenschaftlich approbierten Fachkräfte emigriert sind. Um die 25 Prozent aller 300 000 Akademiker, die im Studienjahr 1995/96 ihren Abschluss machten, sind ausgewandert. Zwischen 1998 und 2000 haben mehr als 15 000 Ärzte die Länder der arabischen Welt verlassen.

Die Fähigkeiten der Gebildeten in der arabischen Welt sind nicht geringer als die in anderen Gemeinwesen. Als Einzelne vermögen sie dem höchsten Standard zu entsprechen. Das zeigen ihre außerhalb der arabischen Welt erbrachten Leistungen. Im eigenen Kultur- und Zivilisationsbereich sieht es weniger erfreulich aus. Dort fehlt es an den sekundären Rahmenbedingungen und sich verstetigenden habituellen Einschreibungen, der Verallgemeinerung und Erweiterung von Denkstil und Denkkollektiv, also an dem, was Entwicklung als beständigen Prozess erst möglich macht.[39] Es fehlt an einer rationalen Durchdringung der Gesellschaft, die wissenschaftlich-technischen Maßgaben folgt. Mit der institutionellen und kooperativen Vernetzung der verschiedenen sozialen Bereiche steht es nicht zum Besten – und mit all dem, was wissenschaftliche Produktion als Ausdruck des Ineinandergreifens sozial verschränkter Potenzen erst möglich macht.

Der Bericht der arabischen Autorengruppe legt den Finger in diese schwärende Wunde: Individuell vermögen arabische Menschen Großes zu vollbringen; als Kollektiv mangelt es ihnen an einer horizontal wie vertikal eng vernetzten lebensweltlichen Kultur, die ein kreatives, mobilisierendes und arbeitsteilig verstrebtes Gemeinwesen nach sich zieht. Oder um beim Exempel der Autoren zu bleiben: Dass ein arabischer Dichter mit dem Nobelpreis für Literatur bedacht wird, liegt im Bereich des Wahrscheinlichen und ist im Übrigen auch erfolgt; schließlich ist die schriftstellerische Tätigkeit individuell. Dass ein Naturwissenschaftler eines arabischen Landes mit dem Nobelpreis ausgezeichnet wird, ist weniger wahrscheinlich. Hierfür bedarf es des Fundaments einer gesellschaftlichen Verstrebung eines ständig kommunizierten Wissens.[40] Hierfür bedarf es einer säkularen Kultur.

Zur säkularen Kultur zählt die Stärkung des Individuums. Schließlich benötigen die Entwicklung und Verbreitung von Wissen Spielräume für den Einzelnen, will heißen: die Segnungen persönlicher Freiheit. Schon im ersten Bericht legten die Autoren größten Wert auf die Feststellung, dass es sich bei Freiheit um eine der wichtigsten Ressourcen von Entwicklung handelt.[41] Kategorisch wäre hinzuzufügen, dass im Bereich der Wissensgesellschaft sich die Freiheit zunehmend als Produktivkraft erweist. Die Sowjetunion ist an den staatlich verordneten Beschränkungen von Freiheit nicht nur deshalb zerbrochen, weil sie Intellektuelle und andere, die bürgerlichen Freiheiten zu ihrer Sache machende Personen unter Kuratel stellte; sie ist auch deshalb gescheitert, weil die Entwicklung neuer Technologien in einer sich entfaltenden Wissensgesellschaft verallgemeinerter Bedingungen von prozeduraler Offenheit, Zugänglichkeit und Durchlässigkeit auch dort bedarf, wo die Produktion von Wissen nicht unbedingt beabsichtigt ist. Es geht um eine allseits geltende offene Kultur, um eine vor sachfremden Eingriffen staatlicher wie anderer obrigkeitlicher Gewalten geschützte Durchlässigkeit und Transparenz, die die Wissenschaft um ihrer selbst willen benötigt wie der Mensch die Luft zum Atmen. Und dieser gesellschaftliche Sauerstoff heißt Freiheit. Beschränkungen in diesem Bereich führen in Entwicklung hemmende Hindernisse, im Extremfall in eine Entwicklungsblockade. Ein Klima politischer Gängelung und administrativer Einschränkung wirkt sich auf Kreativität und Wettbewerb aus.

Die Klagen des Berichts sind anspruchsloser. Die dort monierten Einschränkungen von Freiheit in der arabischen Welt liegen weit unterhalb dessen, was neue Technologien an entfesselter Phantasie und individueller Eigenständigkeit zu ihrer Entfaltung brauchen. Sie berühren die Voraussetzung dessen, was gemeinhin als bürgerliche Gesellschaft bezeichnet wird: Rechtssicherheit etwa, Normen und Gesetze, die den Schutz des Eigentums verbürgen, Voraussehbarkeit erlauben, im Bereich des Ökonomischen ein auf Dauer gerichtetes Kalkulieren ermöglichen. Erst ein wirklich verlässlicher Eigentumsschutz wird privaten Eignern, vor allem aber auch Investoren aus dem eigenen Land, Gewähr dafür bieten, bei halbwegs berechenbaren, globalen Vergleichen standhaltenden Risiken langfristige Anlagen vornehmen zu können.

Auf diesen Zusammenhang hatte bereits Tahtawi in seinem Tagebuch aufmerksam gemacht, als er die in der französischen Verfassung verbürgte Eigentumsgarantie hervorhob, die »die Reichen«, wie es dort heißt, vor Unsicherheit und Bestechung sicher mache.[42] Schließlich scheut das Kapital politisch als problematisch geltende Gemeinwesen. Sie vermögen keine Stabilität zu garantieren. Und dabei ist es politische Stabilität, die Fortschritt und Wachstum gerade im Bereich von Forschung und Entwicklung verheißt. Sie unterscheidet sich von jener Stabilität, wie sie in der Vergangenheit im Bereich der Rohstoffextraktion noch zu genügen schien. Heute kann es nicht um die Stabilität des jeweils herrschenden Regimes, sondern allein um Vertrauen in das »gute Regieren«, in *good governance,* als dem rationalen Management von Ressourcen und Prozeduren gehen, die Zustimmung bis hin zur Partizipation der Regierten eingeschlossen.

Von einem regulierten, gar von einem demokratisch geregelten Machterwerb kann in der arabischen Welt kaum die Rede sein. Soweit Parlamente befragt werden, handelt es sich um politisch von oben kontingentierte Volksvertretungen. Die Macht des Herrschers ist nur wenig eingeschränkt; und wenn sie eingeschränkt ist, dann geht diese Begrenzung auf seine vorherige Zustimmung zurück. Sie ist ihm nicht entwunden – jedenfalls nicht so abgetrotzt, wie Tahtawi den Vorgang einer sich weiter ausdifferenzierenden Gewaltenteilung anhand der Juli-Revolution 1830 in Paris beschrieb.

Da keine Aufteilung der Sphären von öffentlich und privat, von Staat und Gesellschaft, von Politik und Ökonomie vorausgesetzt werden kann, neigt die Macht dazu, wenn nicht vor aller Augen, so doch informell und verdeckt in alle Bereiche des Gemeinwesens einzugreifen. Wissenschaft und Akademie sind nicht frei, nach professionellen Maßstäben und den damit einhergehenden Qualitätsvorgaben zu wirken. Akademiker und Intellektuelle sind gehalten, den Erwartungen der Macht nachzukommen. Die von der staatlichen Autorität ausgeübte Kontrolle, Dominanz und Allgegenwart der Sicherheitsapparate, chronische Günstlingswirtschaft, Nepotismus und Korruption sind Folgen jener notorischen Präsenz des Staates in allen Domänen des sozialen und politischen Lebens. Eine derartige Durchdringung der Gesellschaft durch den Staatsapparat – und nicht, wie zu wünschen wäre, umgekehrt: eine Durchdringung des Staates durch die Gesellschaft – verhindert das Entstehen jener Voraussetzungen von Transparenz und Rechtssicherheit, wie sie allein durch eine ausgebildete Gewaltenteilung gewährleistet werden. Zudem untergräbt die allgewaltige Präsenz des Staates die Unabhängigkeit der Justiz. Daher wird ihr von der Bevölkerung nur wenig Respekt gezollt.[43]

Der Bericht kreist immer wieder um das Phänomen der Öffentlichkeit. Seine Verfasser bedauern, dass sich eine solche für Kritik und Kontrolle der Herrschaft unerlässliche Sphäre in den Ländern der arabischen Welt nicht ausgebildet hat.[44] Und ohne eine ausgebildete Sphäre der Öffentlichkeit ist eine die Gesellschaft reflektierende und so die Macht kontrollierende öffentliche Meinung nicht möglich. Die Behinderung von Kritik ebenso wie die Gängelung der Presse ist demnach endemisch. Medien wie Rundfunk und Fernsehen, die sich in staatlicher Hand befinden, sind ohnehin genötigt, die Auffassung der Regierung zu verbreiten. Inzwischen stellt sich durch Satellitenfernsehen und Internet sukzessive eine arabische Öffentlichkeit ein, der eine solche Bezeichnung auch zukommt. Gänzlich frei ist sie nicht. Sie hat der Kritik zwar Schneisen geschlagen, nimmt aber allerlei Rücksicht – vor allem gegenüber jenen Herrschern, von deren Territorium aus die Sendungen ausgestrahlt werden.[45] Dass die von Tahtawi beobachtete Juli-Revolution durch den Eingriff des französischen Königs in die Pressefreiheit, den Zugriff der Staatsgewalt auf das Zeitungswesen – die Zerstörung der Druckmaschinen eingeschlossen – ausgelöst worden war, ist nicht eine ironische Kommentierung der Geschichte, sondern ein notwendiger zivilisatorischer Bestandteil dessen, was mit der Erkämpfung von Freiheit einhergeht.

Nach den qualitativen und quantitativen Erhebungen der Autoren des *Arab Human Development Report* weisen die arabischen Staaten die weltweit niedrigsten Quoten dessen auf, was unter dem Gut der Freiheit zu verstehen ist,[46] will heißen: Die politischen Kulturen im arabischen Raum gewähren dem Individuum im internationalen Vergleich die geringsten Freiheiten. Und während der weltweite Trend in den 1990er Jahren eine Zunahme von Freiheit indiziert, sind die messbaren Anteile von Freiheit in der arabischen Welt rückläufig. Fünf arabische Staaten finden sich sogar unter den am wenigsten freien Gemeinwesen.

Aber lassen sich westlich gewachsene Begriffe, vor allem der Begriff der »Freiheit«, umstandslos auf die politischen Kulturen des islamisch geprägten Vorderen Orients übertragen? Diese Frage ist nicht leichthin abzuweisen. Auch innerhalb des Westens bestehen traditionell unterschiedliche, in Bedeutung und Reichweite abgestufte Vorstellungen davon, was unter Freiheit zu verstehen sei, vor allem, wenn es gilt, ihr Schranken zu setzen.[47] In seinem Tagebuch läßt Tahtawi die einzelnen Artikel der französischen Verfassung Revue passieren, um bei der Übertragung des Begriffs der Freiheit ins Arabische zu verzagen. Für ein derartiges Phänomen des europäischen Erfahrungsschatzes halte die arabische Sprache seiner Ansicht nach kein angemessenes Wort bereit. Nicht, dass das Arabische kein Wort für Freiheit hätte, aber die ursprüngliche Bedeutung des arabischen Wortes *hurriyya* meint das Gegenteil von Sklaverei und nicht das, was in der westlichen Tradition mit *libertas* in

Verbindung gebracht wird – das Recht, an den Angelegenheiten des Regierens beteiligt zu sein.[48]

Tahtawi behalf sich mit analoger Übertragung. Das, was die Franzosen unter Freiheit verstehen und als solche auch anstreben, umschrieb er mit jenen Termini, die im Arabischen für »Gerechtigkeit« und »Billigkeit« stehen. Tahtawi dachte bei seinem Übertragungsversuch also nicht von der Freiheit oder den jeweils erkämpften Freiheiten her, sondern von den Segnungen einer gerechten Herrschaft. Regieren unter dem Vorzeichen von Gerechtigkeit und Billigkeit wäre gleichbedeutend mit einer ausgleichenden, klugen und weisen Rechtsauslegung. Die Person und ihr Eigentum werden vor dem willkürlichen Zugriff des Herrschers geschützt. Dieser hat dafür Sorge zu tragen, dass Sicherheit und Wohlfahrt gewährleistet werden. So verstanden läuft Freiheit darauf hinaus, dass der Herrscher seine Untertanen nicht unterdrückt.[49] Es geht um die gerechte Anwendung guter Gesetze, nicht aber um das fundamentale Recht der Bevölkerung, am Zustandekommen der Gesetze beteiligt zu sein. Gerechtigkeit setzt also den gerechten und gütigen Herrscher voraus, nicht durch den freien Willen des Volkssouveräns entstandene Gesetze.[50]

Kulturanthropologische Argumente, in der Schwierigkeit des Übertragens von Begriffen schlage sich mehr nieder als bloße Unterschiede des Sprachgebrauchs, sind ernst zu nehmen.[51] Das Sprachvermögen kann Differenzen in der Rangordnung der Werte zum Ausdruck bringen. Ob auf der arabischen und muslimischen Skala der Wertschätzung das, was unter »Gerechtigkeit« verstanden wird, in der Gegenwart höher rangiert als das, was mit »Freiheit« in Verbindung gebracht wird, ist offen. Immerhin verweisen die arabischen Autoren des *Arab Human Development Report* auf Erhebungen, nach denen Vorstellungen von Freiheit und Demokratie in einem modernen Sinn in der arabischen Welt hohe Zustimmungsraten erreichen. Allein in der Haltung zur Gleichstellung der Frau und ihrer gleichwertigen Behandlung im Berufsleben sind massive Abweichungen vom internationalen Trend zu erkennen.[52] Die Ergebnisse dieses Befunds wären wohl auch bei Tahtawi auf Zustimmung gestoßen. Schließlich sollen die Vorzüge der Freiheit in ihrer jeweils kulturspezifischen Form auch jenen zugute kommen, die nicht an der Entstehungsgeschichte von Idee und Institution teilhatten. Dass die Genesis des Begriffs »Freiheit« einen spezifischen Verlauf westlicher Entwicklung reflektiert, macht ihre Geltung nicht weniger universell.

Wenn sich Freiheit in der Wissensgesellschaft als Produktivkraft erweist, wie ist es um die Produktivität in der arabischen Welt bestellt? Die Autoren des Berichts warten auch hier mit Hiobsbotschaften auf. Allein schon die trockenen Vergleichszahlen tun das Ihre, um nicht gerade hoffnungsvoll in die Zukunft blicken zu lassen. Trotz des ebenso weitverbreiteten wie falschen Eindrucks von einem unermesslichen Reichtum der Araber haben die arabischen Staaten als arm zu gelten. Ein Blick auf das Bruttosozialprodukt offenbart den tatsächlichen Zustand. Die für die gesamte arabische Welt in einem Jahr ausgewiesenen 604 Milliarden US-Dollar sind gerade etwas mehr, als ein europäisches Land von der Größenordnung Spaniens erwirtschaftet (US-$ 559 Milliarden), aber schon weitaus weniger als das, was Italien für denselben Zeitraum ausweist (1074 Milliarden).

Was die Produktivität angeht, fallen die arabischen Gemeinwesen in unterschiedlicher Abstufung im Vergleich zu anderen Volkswirtschaften, die im Prozess des Aufholens begriffen sind, weit zurück. Während nach den Daten der Weltbank China im Jahr 1998/99 ein Wachstum von sage und schreibe 15 Prozent auswies, Korea acht Prozent und Indien sechs Prozent, bewegten sich die Wachstumsziffern der im innerarabischen Vergleich noch am besten abschneidenden Staaten gerade zwischen drei und vier Prozent.[53] Die aktuellen Daten für die abzuschätzende Entwicklung sind nicht besser. Bei den ebenfalls von der Weltbank vorgenommenen Prognosen für die Produktion von Industriegütern und von Hightech, also dort, wo sich Kapital in Gestalt von Wissen niederschlägt, bilden die arabischen Staaten international das Schlusslicht.[54] Die Verbrauchsgüterindustrie, die in den arabischen Ländern den Löwenanteil der Produktion ausmacht, vor allem die Lebensmittelverarbeitung, beruht auf ausländischen Lizenzen und damit auf ausländischem Know-how. Von dort ist Wissensproduktion nicht zu erwarten.

Sowohl das Wachstumsdefizit wie die drastische Unterversorgung mit Wissenspotentialen haben nach Auffassung der Autoren im Öl ihren Grund. Bei näherem Hinsehen erweist sich der Ölsegen in der Tat als Fluch. Als Fluch insofern, als der aus dem Boden sprudelnde Reichtum zwar Geld in Hülle und Fülle beschert, aber keine Produktivität schafft. Das aus dem Ölverkauf angehäufte Geld führt im Gegenteil dazu, dass Produktivität und eine dringend erforderliche Wissenskultur in dem von der Natur geschenkten Reichtum ersticken.

Was hat es mit dieser Paradoxie auf sich? Mit dem Reichtum, der Entwicklung hemmt, beschreiben die Autoren einen Zusammenhang, der anders nicht sein könnte. Es beginnt damit, dass die Verfügung über derart viele Finanzmittel in den arabischen Ländern zu einer massiven Verschiebung auf der gesellschaftlichen Werteskala geführt hat. Gelehrsamkeit, Wissen sowie kreative Fähigkeiten und Fertigkeiten haben durch den Ölreichtum ihre Reputation eingebüßt. Der aus dem Boden fließende Reichtum hat die mit konventioneller Tätigkeit erworbenen Einkünfte entwertet. Für akademisch Gebildete wie für Personen, die ihr Einkommen aus Arbeit beziehen, hat dieser Wandel zu einem erheblichen Autoritätsverlust geführt. Die Verfügung über das Geld ist hier wichtiger geworden als die Umstände seines Erwerbs. Die Folge ist, dass Erwerbstätigkeit als solche an Wert eingebüßt hat, zumal sich jedes Gut und jede Expertise käuflich erwerben lassen. Und da der Kauf von Gütern und Expertisen im Ausland leichter und schneller möglich ist, als die zu ihrer Herstellung nötigen Fähigkeiten mühsam im eigenen Land zu entwickeln, wird auf das reichhaltige

Angebot von Gütern auf dem Weltmarkt zurückgegriffen. Dieser Vorgang wird zur Gewohnheit, und diese Gewohnheit wird chronisch; sie wird Struktur.

Das Phänomen der rückläufigen Entwicklung wegen des schier grenzenlos zur Verfügung stehenden Reichtums hat weder mit der Kultur der Araber noch mit dem Islam etwas zu tun. Es ist einer Form der Einkünfte geschuldet, die als Rente, genauer: als Grundrente bekannt ist.[55] An der Aneignungsform der Rente ist im Prinzip nichts auszusetzen. Auch als Grundrente hat sie in verschiedenen, an den Boden und die Natur gebundenen Bereichen von Wertschöpfung ihre Berechtigung. Dies aber nur so lange, als eine Verhältnismäßigkeit zu anderen Formen der Wertschöpfung innerhalb einer Volkswirtschaft gewahrt bleibt – vor allem der Wertschöpfung durch Arbeit. Bei Gemeinwesen aber, deren Reichtümer wesentlich aus der Extraktion von Rohstoffen gezogen werden, kann sich eine gesellschaftliche Lage einstellen, in der alle Entwicklung zum Erliegen kommt. Dies geschieht, wenn ein Gemeinwesen über ein so hohes Renteneinkommen verfügt, dass sich angesichts des darüber realisierten Wertes alle andere Arbeit als unnütz erweist.[56] Zudem reizt die Verfügung über das viele zu Gebot stehende Geld zu einem berauschenden Konsum, der sich allein über den Ankauf von Gütern und Dienstleistungen von außerhalb des Gemeinwesens befriedigen lässt. Und weil keine Veranlassung besteht, sich die begehrten Güter vom Munde abzusparen, löst der lediglich durch den Weltmarktpreis für den begehrten Rohstoff regulierte Konsum innerhalb des Gemeinwesens eine Dynamik der Verausgabung von Mitteln aus, die über den Rang der gesellschaftlichen Wertschätzung befindet. Sie folgt dem Prinzip: Wer ausgibt – gilt.

Nationen, die sich ausschließlich oder überwiegend aus dem Verkauf ihrer Bodenschätze ernähren, nennt man Rentierstaaten.[57] Bei der Mehrheit der arabischen Länder handelt es sich um eine solche Art von Gemeinwesen. Libyen, der Irak und Algerien sind von der Grundrente abhängig; nicht unwesentlich abhängig von dem auf ihrem Territorium geförderten Öl sind Ägypten, Syrien, Sudan und Jemen. Die Golfstaaten ebenso wie Saudi-Arabien bedürfen keiner besonderen Erwähnung. Und Iran als nicht-arabisches, wenn auch muslimisches Land liegt außerhalb der Reichweite des Berichts.[58]

Der aus der Grundrente fließende Reichtum stand diesen Ländern nicht immer zur Verfügung. Vom Beginn des 20. Jahrhunderts an und bis weit über seine erste Hälfte hinaus waren es andere, die um den Wert des Öls wussten. Seit der sogenannten D'Arcy-Konzession vom Jahr 1901 und der kurz darauf erfolgten Umstellung der britischen Flotte auf Ölfeuerung gaben sich die traditionellen Herrscher in der Region mit einer Art tributärer Abschlagzahlung, sogenannten *royalities,* zufrieden.[59] Erst Ende der 1950er, Anfang der 1960er Jahre wurde dieses in Konzessionsverträgen niedergelegte Tributverhältnis brüchig. Die westlichen Konzessionäre und die sie aus dem Hintergrund politisch und militärisch deckenden Mächte verloren im Kontext von Dekolonisierung und Kaltem Krieg zunehmend ihren unmittelbaren Zugriff auf die dortigen Gemeinwesen. Das war die große Zeit des Nationalismus in der Region, vornehmlich des arabischen. Nationale Unabhängigkeit bedeutet Verfügung über das Territorium. Sie bedeutet aber auch Verfügung über die im Erdreich befindlichen Schätze und die durch das Staatsgebiet geleiteten Transportvorrichtungen wie Pipelines oder den Suezkanal. Dessen Nationalisierung im Jahr 1956 markierte einen Höhepunkt nationaler Selbstbestimmung und den Beginn des Rückzugs der traditionellen Kolonialmächte England und Frankreich aus der Region.

Die errungene Gebietshoheit und die Gründung der Organisation Erdölexportierender Staaten, der OPEC, im Jahr 1960 erlaubte den Mitgliedsländern, Einblicke in die Zusammensetzung des Marktwertes des Öls zu gewinnen. Die OPEC, anfänglich eine Informationsagentur der Ölproduzentenländer zur Kenntnis der Stufen und Mechanismen der Preisbildung, wurde zu einem monopolistischen Instrument. Bereits in den ersten fünf Jahren nach der Signalwirkung der Verstaatlichung des Suez-Kanals stiegen die Zahlungen der Ölgesellschaften an die Grundeigentümerstaaten auf das Siebenfache.[60] Und seit der sogenannten Ölkrise des Jahres 1973 gelten für den begehrten Energieträger endgültig Marktpreise. Damit konnte der Reichtum vom Grundeigentümer, also vom jeweiligen Gemeinwesen oder dessen Herrscher, optimal realisiert werden. Dies bedeutete aber nicht, dass damit auch Entwicklung angestoßen worden wäre. An keinem anderen Gut wird der Unterschied zwischen falschem und echtem Reichtum so deutlich wie an den Einkünften aus der Grundrente.

Inwieweit der Rentencharakter Tendenzen der Stagnation fördert, lässt sich außerhalb des arabischen Raumes exemplarisch an einem inzwischen untergegangenen Gemeinwesen studieren – an der vormaligen Sowjetunion. Die Sowjetunion gehörte – was oftmals übersehen wird – zu den weltweit bedeutendsten Ölförderländern und Energieexporteuren. Die zu Anfang der 1970er Jahre massiv ansteigenden Ölpreise verschafften der Sowjetunion wie anderen Förderländern opulente Deviseneinnahmen – so opulent, dass die längst im Produktionsbereich offenbar gewordene sprichwörtliche Stagnation der Breschnew-Zeit in ihren Folgen überdeckt werden konnte. So ging die Sowjetunion an einem Produktivitäts- und Innovationsverfall zugrunde, der allenfalls durch den von den USA verschärften Rüstungswettlauf an den Tag gebracht wurde.

Der Rentiercharakter der arabischen, aber auch anderer muslimischer Staaten ist folgenreich. Folgenreich vor allem dort, wo seine institutionelle Wirkung verkannt oder ignoriert wird – auf alle Fälle dort, wo ein eklatantes Manko an Freiheit diagnostiziert wird: im Bereich der Herrschaft. Durch die Verfügungsgewalt über den aus dem Boden sprudelnden Reichtum wird der autokratische Staat zur Quelle der Wohlfahrt. Es obliegt der Willkür der kaum oder gar nicht kontrollierten Herrschaft, wie und zu welchem Zweck sie über das aus dem Boden quellende Vermögen verfügt. Die Herrschaft kann den

Bürgern, oder genauer: ihren Untertanen jede Teilhabe verweigern, sie nach Gutdünken aus dem Füllhorn des persönlich oder bürokratisch verfügten Staatsschatzes mit Wohltaten überschütten oder wie auch immer verfahren. Die Herrschaft vermag also zu geben – und die Herrschaft vermag zu nehmen; so wie es ihr beliebt.[61]

Die Verfügung über und die Verausgabung von Reichtum durch den Staat und mittels des Staates verstärkt die ohnehin bestehende traditionelle islamische Vorstellung von »gerechter Herrschaft«. Denn »gerecht« ist die Herrschaft dann, wenn sie Verteilungsgerechtigkeit verbürgt. Und die Verteilungsgerechtigkeit wird über islamrechtliche Maßgaben legitimiert. Damit knüpft der Staat im Vorderen Orient über die auf dem Weltmarkt realisierte Grundrente aus den Öleinnahmen an eine frühe, vormoderne Praxis der dort verankerten Tradition der Herrschaft an. Sie geht auf die historisch unterschiedlichen Formen des zentralen Steuerstaates zurück. In ihm scheint das Primat der Herrschaft über den Nutzen in einer kulturanthropologisch verfügten Weise fixiert.

Ob sozialistisch oder islamisch – die Verfügung über den mittels der Grundrente realisierten Reichtum erfolgt durch eine die Verteilung regulierende Bürokratie. Und da Herrschaft und Reichtum in einer Hand vereint sind, ist jenes für »bürgerliche« Gemeinwesen selbstverständliche wie für rationales Wirtschaften unabdingbare Auseinandertreten von Politik und Ökonomie, von Staat und Gesellschaft nicht gegeben. Es gilt ein Absolutismus der Herrschaft – und gebe sie sich noch so aufgeklärt.

Über den Charakter der traditionellen Herrschaft im Orient, wie modernistisch sie eingestellt sei, gibt das Tagebuch Tahtawis beredt Auskunft. Etwa dann, wenn er direkt aus den Ermahnungsschreiben Mehmed Alis zitiert, in denen der ägyptische Pascha die sich in Paris auf Staatskosten aufhaltenden Gelehrten zu stetigem, nicht ablassendem Studium antreibt.[62] Die in diesen Schreiben ausgestoßenen Drohungen und angekündigten Strafen zeichnen von Mehmed Ali das Bild eines

Despoten, der über alles verfügt: über die Herrschaft, über den Reichtum, über den Boden und nicht zuletzt auch über den Geist seiner Untertanen.

Dieser von Tahtawi übermittelte Eindruck war nicht falsch. Mehmed Ali herrschte über fast alles in Ägypten. Diese absolute Gewalt begann mit einem Monopol über den Boden. Um sein Modernisierungswerk zu betreiben, machte sich der Pascha zum alleinigen Grundrentier. Zwischen 1805 und 1814 eignete sich Mehmed Ali persönlich sukzessive einen jeden Hektar Boden in Ägypten an. Die vom orientalischen Despoten durchgesetzte Verfügung über das Land hatte eine doppelte Bestimmung: die Herrschaft über das agrarische Produkt sowie über die sich im Boden befindlichen Stoffe; und die politische Herrschaft, also die Machtausübung über seine Untertanen. Diese Verknüpfung von Herrschaft und Nutzen, ihre gänzliche Verschmelzung, ist ein Merkmal einer beständigen politischen Dominanz, die auf dem Monopol der Grundrente basiert.[63]

Zu den Folgen dieser Verschränkung, die die Unterscheidung von Staat und Gesellschaft in den Gemeinwesen des Vorderen Orients unterläuft, gehören die nicht zu durchschauenden Verknüpfungen von politischen Eliten und Geschäftswelt. Nicht das ordentliche und transparente Verfahren, das den Maßgaben von Wirtschaftlichkeit folgt, führt zum Erfolg, sondern die Nähe zum Herrscher. Ungeschminkt nennt man das sich daraus ergebende Phänomen Korruption. So mündet die für die arabischen Gemeinwesen nicht untypische Verschränkung von Politik und Ökonomie in ein Klientelwesen, das eine rationale, bürokratischen Vorgaben nachkommende Administrierung des Staates ebenso unterläuft wie es ein rationales Wirtschaften erschwert.

Die Korruption durchdringt Staat und Gesellschaft und unterminiert die Voraussetzungen, die für ein Funktionieren eines rechtsstaatlich regulierten Gemeinwesens unabdingbar sind. Die Schlussfolgerung scheint zwingend: Ohne Rechtstaatlichkeit und ohne *good governance* lassen sich jene Bedingungen nicht herbeizuführen, unter denen die Transformation von bloßem Reichtum in Produktivität erfolgen kann und die zur Bereitstellung solcher Strukturen führen, die der *Arab Human Development Report* als Voraussetzung für eine den internationalen Erfordernissen angemessene Wissensgesellschaft von den arabischen Eliten einfordert. Dass sich als erster Schritt gerade das Gegenteil dessen anböte, was der sozialistisch eingefärbte arabische Nationalismus in seiner Hochphase zum dogmatischen weltanschaulichen Ziel erhob, nämlich Verstaatlichungen, vor allem Verstaatlichung der Ölindustrie, soll hier nicht weiter diskutiert werden.

Angesprochen werden soll hingegen der eigentümliche Charakter des Staates in den arabisch-islamischen Ländern. Alle Parameter im Bericht der arabischen Autoren laufen darauf hinaus, dass der Staat und die Sphäre der Herrschaft in diesen Breiten als besonders problematisch gelten müssen. So ist die Omnipräsenz der Staatsgewalt – oder umgekehrt: das Manko an Freiheit – in der arabisch-islamischen Welt kaum zu ignorieren. Dass die besonderen Charakteristika der Herrschaft nicht allein mit den Eigenheiten der Ölausbeute in Verbindung gebracht werden können – obschon der monopolistische Zugriff der Herrschaft auf das Öl ihren eigentümlichen Charakter eher verstärkt denn begründet –, dürfte einsichtig sein.

Die im *Arab Human Development Report* aufgeworfenen Probleme des Vorderen Orients sind nicht neu, auch wenn sie sich heute mit größerer Dringlichkeit stellen. Sie stellen sich deshalb mit größerer Dringlichkeit, weil die Welt im Unterschied zu früheren Phasen der historischen Entwicklung bei aller Verschiedenheit der Kulturen und Zivilisationen zu einer einzigen Welt zusammenwächst. In dieser einen Welt vermögen die Menschen anders als früher unmittelbar miteinander in Kontakt zu treten. Sie können direkt miteinander kommunizieren und – was alles kompliziert – sich auch miteinander vergleichen.

Die Konsequenzen eines derartigen Vergleichs sind deshalb

so folgenschwer, weil man den dabei ins Auge stechenden Unterschied nicht einfach auf sich beruhen lassen kann. Er heischt vielmehr nach Erklärungen. Dieser Drang, die furiose Suche nach Aufschluss über einen derart auffällig gewordenen Unterschied zwischen Westen und Islam, scheint die Menschen in der Region des Vorderen Orients aufzubringen. Darin liegt aber auch eine Chance. Die Chance nämlich, dass der Westen als die obsessive Frage des Orients die dort lebenden Menschen über sich selbst aufklärt.[64]

Eine aufgeklärte Betrachtung der eigenen Lebenswirklichkeit führt nicht zum Gefühl der Demütigung. Sie ist vielmehr Ausdruck von selbstbestimmter Freiheit und damit von Würde. Jedenfalls ist sie alles andere als eine Folge von »Orientalismus«. So vermögen die Menschen des Orients sich ohne Zögern dem Urteil Tahtawis aus den frühen 1830er Jahren anzuschließen, der sich in seiner Bewunderung für die Leistungen der von ihm aufgesuchten Franzosen – und damit des Westens – veranlasst sah, die Sorgfalt, die dort dem Wissen gewidmet wurde, als das Beste von alldem herauszustellen, was an ihm sonst noch zu loben wäre.[65]

GEOPOLITIK UND GLAUBENSWELT
Radikalisierung im islamischen Orient

Zwischen Palästina und Kaschmir – Kalter Krieg und Modernisierung – England und Russland – Gladstone und Disraeli – Kalifat und Pan-islam – Kemal Pascha und Enver Pascha – Hindus und Muslime – Kolonialismus und Entfremdung – Arabismus und Islamismus – Maududi und Sayyid Qutb – Politische Theologie und Bürgerkrieg

Der im Jahr 2002 erstmals publizierte *Arab Human Development Report* hat nicht ohne Grund weltweit Aufmerksamkeit erregt. Nach den Vorgängen vom 11. September 2001 schien sich dieses Konvolut wie eine Antwort auf die große Frage der Zeit auszunehmen – so, als trage es dem dramatischen Geschehen eine Erklärung nach. Doch sowenig der UN-Bericht über den Zustand der arabischen Welt als Reaktion auf die Angriffe von New York und Washington gelesen werden möchte, sowenig zwingend dürften die dort geschilderten Phänomene einer blockierten Moderne in der arabischen Welt für die Ausführung eines derartigen Anschlags gewesen sein. Zwar mag die Symbolik der Zwillingstürme im New Yorker Finanzzentrum und des Pentagons in Washington Anlass zu mancher Spekulation geben – ein kausaler Nexus ist nicht auszumachen. Aber wenn schon keine Kausalität ersichtlich ist, lässt sich doch eine Art Konvergenz erkennen. Beides scheint jedenfalls zueinander zu passen: die im Report diagnostizierte Unterentwicklung der arabischen Welt und eine gewaltige politische Entladung, die sich im Vorderen Orient ankündigt. Ihre ersten Sprengsätze galten dem Land der westlichen Hypermoderne – sie galten Amerika, jener »eigenen Frage als Gestalt«.

Ein Zusammenhang zwischen endemischem Stillstand und den Ereignissen des 11. September scheint mithin zu bestehen.[1] Aber welcher? Für jene, die den terroristischen Angriff auf die ebenso symbolischen wie realen Objekte westlicher Überlegenheit geführt haben, gab es durchaus einen Zusammenhang. Und dieser liegt auf der Hand. Hierfür bedarf es nicht erst nachgelieferter Erläuterungen oder mühsam herangezogener Indizien. Die Tat interpretiert sich aus sich selbst: Der Westen, Amerika, ist zu bestrafen, *weil* es der Westen, weil es Amerika ist. Würden Erklärungen und Bekenntnisse von Tätern wie Hintermännern zu Rate gezogen, fänden sich alle möglichen Begründungen vorgebracht, nur nicht der Befund jener Botschaft, die der *Arab Human Development Report* der irritierten Öffentlichkeit ein Jahr später als Zustandsbeschreibung unterbreitet hat.

Der *Arab Human Development Report* von 2002 war nicht als Antwort auf die Ereignisse von 2001 beabsichtigt. Als mutiges und von langer Hand vorbereitetes Vorhaben einer Zustandsbeschreibung galt er vielmehr der Krise im arabisch-muslimischen Raum, die in den 1990er Jahren unübersehbar geworden und als strukturell diagnostiziert worden war. Und dass diese Krise notorisch geworden war, steht mit zwei nur vordergründig ineinandergreifenden Entwicklungen in Verbindung. Bei diesen Entwicklungen handelt es sich zum einen um einen massiven und von neuen Technologien angetriebenen, weltweiten Produktivitätsschub, zum anderen um die Folgen des Niedergangs des Kommunismus und des Zerfalls der Sowjetunion. Auch zwischen diesen Tendenzen besteht eher eine Konvergenz denn ein kausaler Zusammenhang: Das Ende des über vierzig Jahre andauernden Kalten Krieges ermöglichte die kommerzielle Verwendung einer Vielzahl technologischer Neuerungen, die zuvor allein dem Militär vorbehalten waren. Zudem führten die im Zeichen der Freiheit sich weiter öffnenden globalisierten Märkte zu einer außerordentlichen wirtschaftlichen Dynamik. Technologische Innovation, Wachstum und Demokratisierung griffen in einer zuvor wenig bekannten Weise ineinander. Von dieser ungewöhnlichen ökonomischen

Betriebsamkeit wurden auch solche Regionen und Gemeinwesen erfasst, in denen bislang kaum Entwicklung zu verzeichnen war. Dieser Trend war allenthalben zu beobachten – außer im arabisch-muslimischen Raum.

Der Niedergang des Kommunismus und der Zerfall der Sowjetunion brachten es an den Tag: Die arabische Welt offenbarte ein beträchtliches, ein qualitatives Entwicklungsdefizit. Nicht, dass dieses Defizit, das sich als chronische Stagnation erweist, nicht schon vorher identifiziert worden wäre. Die Zahlen waren auf dem Tisch, und die Fachwelt hatte sich schon jahrelang Gedanken über das eigentümliche Ausbleiben von wissenschaftlichem, technologischem und sozialem Fortschritt in jener Region gemacht. Neu war vielmehr, dass diese Entwicklungsblockade nunmehr ins Auge stach. Augenscheinlich und nicht zu übersehen war die bedauerliche Lage der arabischen Länder erst dadurch geworden, dass mit dem Untergang der Sowjetunion die Wahrnehmung der Überlegenheit des Westens absolut geworden war. Ebenso absolut wurde im Vergleich mit dem Westen der eigene beklagenswerte Zustand. Bislang hatte die Sowjetunion durch ihre bloße Existenz eine solche Sicht verstellt. Und dies schon dadurch, dass sie – trotz ihrer geläufigen Mängel und Gebrechen – im Unterschied zur exaltierten Moderne des Westens den Erwartungshorizont einer gemäßigten und damit verträglicheren Moderne anzubieten schien.

Die Sowjetunion war nicht nur eine Weltmacht – eine atomar bewehrte Supermacht, der es allein wegen ihres strategischen nuklearen Arsenals zukam, sich dem Westen gegenüber als gleichwertig zu empfinden; eine Gleichheit in gleicher Zerstörungsfähigkeit. Sie war insofern mehr als das, als sie über Jahrzehnte – vor allem in der Epoche der Dekolonisierung, die sich parallel zum Kalten Krieg vollzog – den Gemeinwesen in Asien und Afrika, vor allem aber im Nahen- und Mittleren Osten, die sich aus unmittelbarer Abhängigkeit befreiten, eine als alternativ erachtete Entwicklung in die Moderne verhieß. Eine Ent-

wicklung, die den Bedürfnissen der Bevölkerung in der sogenannten Dritten Welt eher dienlich zu sein schien als das vom
Westen vorgegebene Niveau. Nicht den Erfordernissen der
übersteigerten westlichen Individualität sollte Vorrang gegeben
werden, sondern einer Kollektivität, die Schutz und Sicherheit
gewährte. Nicht den abstrakten, kaum einsehbaren Mechanismen des Marktes und seinen launischen Schwankungen sollte
vertraut werden, sondern der ruhig planenden Hand des vor-
sorgenden Staates. Nicht in den Bündnissen, die die Welt in
Ost und West einteilten, galt es sich einzurichten, sondern in
einer – wenn auch der Sowjetunion zugetanen – Blockfreiheit.

Diese als attraktiv erachtete Zwischenlage fand ihren Niederschlag in den Bemühungen der Länder der Dritten Welt in
Landwirtschaft und Industrie, im Abstimmungsverhalten auf
den Foren der Vereinten Nationen und anderen internationalen Organisationen – vor allem aber in der Waffentechnik, die
diesen Ländern von der Sowjetunion scheinbar selbstlos zur
Verfügung gestellt wurde. Staaten der sogenannten Dritten
Welt versorgten sich nicht nur deshalb vorzugsweise mit sowjetischem Rüstungsmaterial, weil derartige Anfragen vom Westen wegen der erklärten politischen Ungebundenheit dieser
Länder negativ beschieden worden wären; oder weil der käuf-
liche Erwerb von Waffen in harten Devisen und nicht in Gütern hätte abgegolten werden müssen, sondern vor allem, weil
die sowjetische Waffentechnik bei akzeptabler Qualität einfa-
cher zu handhaben war. So hatte die Epoche in der sowjetischen
AK-47, der Kalaschnikow, ihr zeitgemäßes Emblem gefunden.

All das ist nicht mehr. Mit dem Ende der Sowjetunion ist
mehr versiegt als die Quellen einer Technologie, die dem eigenen Entwicklungsstand angemessen erschien. Es fehlt mehr als
die den ohnehin kargen Arsenalen vormaliger sozialistischer
Länder entnommenen materiellen Leistungen. Mit dem Ende
der Sowjetunion wurde eine Alternative dementiert. Nicht die
unmittelbar nachzuahmende Alternative des sowjetischen Kommunismus. Dazu waren die relevanten »Entwicklungsländer«

entweder nicht willens oder nicht in der Lage. Mit dem Zerfall der Sowjetunion wurde vielmehr die Perspektive dementiert, zum Westen böte sich eine andere in die Moderne weisende Wahl. Und mit dem Wegfall dieser wenig erfolgreichen Alternative zerfiel auch die mit dieser verbundenen Wahrnehmung der eigenen Lage. Die Sowjetunion und die an ihre Existenz gebundenen Versprechungen einer anderen, einer verträglicheren Moderne – diese Knautschzone, die den Stoß zwischen den eigenen wohlfeilen Vorstellungen und den wenig anheimelnden Realien der Wirklichkeit abmilderte, ist nicht mehr. Was blieb, war der Maßstab des Westens, auch als Maßstab für die eigenen zivilisatorischen Mängel und Gebrechen.

Mit dem Ende des Kalten Krieges war nicht nur die Hoffnung auf eine Art von Zwischenmoderne geschwunden. Mit dem Ende des Kalten Krieges war auch ein Regelsystem der internationalen Ordnung ausgelaufen, ein Regelsystem, das gerade im Vorderen Orient über vierzig Jahre eine relativ stabilisierende Wirkung ausgeübt hatte.[2] Hier ist von der regulierenden Wirkung des Gegensatzes der Supermächte die Rede – eines Gegensatzes, der die Konflikte zwischen östlichem Mittelmeer und Hindukusch, die den Prozess der Dekolonisierung eskortierten, seiner Logik anzupassen wusste; der sich ihrer annahm und sie einzuhegen verstand. So waren die zentralen Konfliktlagen in der Region dem Ost-West-Gegensatz unterstellt. Dies gilt für den arabisch-israelischen Antagonismus und die ihn chronisch begleitenden Kriege ebenso wie für den indisch-pakistanischen Gegensatz mit seinen zyklisch wiederkehrenden bewaffneten Auseinandersetzungen. Beide Konflikte, der arabisch-israelische wie der indisch-pakistanische, gingen – soweit Gemeinsamkeiten tragen – auf das Jahr 1947 zurück, das Jahr des erklärten wie des vollzogenen Rückzugs Englands aus Britisch-Indien und bald darauf aus Palästina.[3] Eine raumzeitliche Verknüpfung ergab sich mit anderen Vorgängen. Kurz nach der Ankündigung des britischen Abzugs aus den kolonialen Besitzungen wurde die Truman-Doktrin bekannt gegeben.

Diese versicherte Griechenland und die Türkei der Unterstützung bei einer – wirklichen oder vorgeblichen – Bedrohung durch die Sowjetunion.[4] Damit war der Kalte Krieg eingeleitet.

Der Kalte Krieg hatte die Konflikte im Bereich der historischen britischen Einfluss- und Interessenzone zwischen Palästina und Kaschmir seiner Logik anverwandelt.[5] Mit seinem Ende um das Jahr 1989 wurde jene Jahrzehnte andauernde, durch ein informelles Kondominium der Vereinigten Staaten und der Sowjetunion regulierte Kontrolle außer Kraft gesetzt. Die Schütterzone des Vorderen Orients war von nun an ihrer Halterungen beraubt.

Kaum hatte sich das Ende des Kalten Krieges angekündigt, zog es Saddam Hussein im Jahr 1990 nach Kuwait. Damit löste er einen amerikanisch geführten arabischen Koalitionskrieg aus. Es ist zweifelhaft, ob Saddam das Risiko der Besetzung Kuwaits eingegangen wäre, wäre die Sowjetunion noch das gewesen, was sie jahrzehntelang war. Wäre sie noch in der Lage gewesen, den Status einer Supermacht für sich zu reklamieren, hätte sich Saddam wohl nicht so weit vorgewagt. Dafür hätte dem Usus des Kalten Krieges entsprechend der in Bagdad stationierte sowjetische Botschafter gesorgt, und dies schon wegen eines andernfalls zu erwartenden Zerwürfnisses mit Amerika. Aber die Sowjetunion war in diesen Monaten bereits in Auflösung begriffen und nur noch ein Schatten ihrer selbst. So erübrigte sich die Nachfrage beim ständigen Gewährsmann Moskaus in Bagdad oder beim Kreml direkt.[6]

Zwei Konflikte der 1980er Jahre im Vorderen Orient entzogen sich den durch den nuklearen Gegensatz der Supermächte verfügten Regularien des Kalten Krieges. Der eine waren die blutigen Vorgänge am Hindukusch, also in Afghanistan; der andere, wenn auch in anderer Weise, der damals – unmittelbar nach dem Sieg der islamischen Revolution in Teheran – durch Saddam Hussein vom Zaun gebrochene irakisch-iranische Krieg. In Afghanistan war es der beständige globale Gegensatz, der dieses Land zu seiner Austragungsstätte machte. Wie vormals Vietnam war Afghanistan zum Paukboden des sich militärisch erhitzenden Kalten Krieges geworden – ein Umstand, der mit seinem Bürgerkriegscharakter in Verbindung gestanden haben mochte.

Dagegen platzierte sich die islamische Revolution in Iran außerhalb der Schlachtenordnung des Kalten Krieges. Mit dieser Sonderstellung stieß sie im Februar 1979 eine Entwicklung hin zu einer bis dahin unbekannten und unwägbaren Zukunft an. Sie stand quer zu jener Lagerbildung, wie sie sich seit Jahrzehnten entsprechend dem Gegensatz der Supermächte in der Region ausgeformt hatte. Das neue Regime bescherte dem Land mit seiner theologisch interpretierten Politik ein auf sich selbst zurückgeworfenes Inseldasein. Dass der Iran nach der Revolution Ayatollah Khomeinis ohne jede Deckung durch eine der beiden Supermächte dastand, erkannte keiner besser als Saddam. Er nutzte diese ungewöhnliche Lage, um den iranischen Erzfeind frontal anzugreifen. Es sollten territoriale Ansprüche am Schatt el-Arab und in Chusistan durchgesetzt werden; zudem galt es, der islamischen Revolution von einer arabisch-nationalistischen Gesinnung aus den Garaus zu machen.[7]

Dass dieses Vorhaben scheiterte, war dem religiösen Eifer mobilisierter Gotteskämpfer geschuldet. Insofern bedeutete der 1980 aus dem Stand heraus unternommene Angriff des Irak auf Iran einen Vorgriff auf eine Konstellation, die sich zehn Jahre später einstellte – die weltweite Konstellation *nach* dem Kalten Krieg. Denn ohne das alles beherrschende Kondominium des Schreckens, ohne eine dem nuklearen Gegensatz der Supermächte geschuldete Hegung vermögen sich regionale Konflikte endlos zu entfalten.[8]

Fast zeitgleich mit der iranischen Umwälzung sah sich die Sowjetunion zu ihrer Intervention in Afghanistan, also gleich nebenan, verführt. Beide Vorgänge des Jahres 1979, die islamische Revolution in Iran wie der sowjetische Einmarsch in Afghanistan, mögen schon aufgrund ihrer unmittelbaren Nachbarschaft als aufeinander bezogene Ereignisse gedeutet werden. Doch verschiedener Umstände wegen liegen sie weit auseinander. Während nämlich die Revolution im Iran das prowestliche, von den USA gestützte und breiten Teilen der Bevölkerung zutiefst verhasste Regime des Schahs hinwegfegte, eilten die Sowjets dem von der eigenen Bevölkerung wenig geliebten kommunistischen Regime in Afghanistan zu Hilfe – so, als falle das Land am Hindukusch in das Glacis der Breschnew-Doktrin. Mag sein, dass die in Kabul ausgetragenen Fraktionskämpfe der Kommunisten bei der Führung in Moskau den Eindruck hervorriefen, sich dort wie in den Staaten des »befreundeten Auslands« benehmen zu können; auch mochte sich die Grenznähe verlockend ausgewirkt haben.[9]

Der Einfall der Sowjets in Afghanistan beendete die traditionelle geopolitische Rolle des Landes als Puffer zwischen den großen weltpolitischen Rivalen. Diese Rolle war residual – ein Restbestand aus vergangener Zeit, von damals, als sich Russland und England im Umfeld des Osmanischen Reichs und im Vorfeld von Britisch-Indien als Rivalen gegenüberstanden. Als der Kalte Krieg die Weltkarte, die Karte des Vorderen Orients einbegriffen, neu einfärbte, schien Afghanistan wie Grau in Grau schraffiert; die bislang unbehelligt gebliebene Gegend einer alten, dem ausgehenden 19. Jahrhundert geschuldeten Konstellation. Es mochte an diesem beschaulichen Eindruck des Grau in Grau gelegen haben, dass sich die Machthaber im Kreml zum Jahresende 1979 sicher wähnten, die aus ferner Vergangenheit herüberragende faktische Neutralität des Landes am Hindukusch ignorieren und wegen seines kommunistischen Regimes als Anhängsel ihrer legitimen Interessensphäre ansehen zu können. Der anderen, der westlichen Seite im Kalten Krieg war Afghanistan jedenfalls nicht zuzurechnen.

Der in Afghanistan, in jener Grauzone von Raum und Zeit, sich einstellende Irrtum hätte die Sowjetunion nicht – wie manche meinen – gleich ihre Existenz kosten müssen; aber zum Aderlass führte die nicht enden wollende Expedition allemal.

Die Amerikaner waren jedenfalls entschlossen, die Sowjets in Afghanistan bluten zu lassen. Dabei schufen sich die USA den Feind kommender Tage. Die dort gegen die ungläubigen Sowjets losgelassenen Mudschahidin, von Saudi-Arabien alimentiert und von Pakistan unterstützt, wurden von nach Afghanistan strömenden Anhängern eines radikalen Islam verstärkt, die es aus wie auch immer säkular und nationalistisch geführten arabischen Ländern an den Hindukusch verschlagen hatte. Im afghanischen Niemandsland der alten Welt des Kalten Krieges wurde der heiße Krieg einer unbekannten Zukunft angefacht. Diese sollte sich bald einstellen.

Inmitten der dramatischen Ereignisse von 1979 in Iran und Afghanistan kam es zu einem weiteren folgenreichen Geschehen: Im November jenes schicksalhaften Jahres besetzten einige hundert fanatisierte sunnitische Bewaffnete die Große Moschee in Mekka. Sie wollten die saudische Dynastie in ihrer Rolle als »Wächter der beiden heiligen Stätten« *(khadem al-haramayn)* des Islam herausfordern. Nach blutigen Gefechten, bei denen das Königshaus zudem noch französische Antiterrorspezialisten an den heiligen Ort beordete – nicht ohne sie vorher zum Islam zu konvertieren –, wurde die Rebellion niedergeschlagen. Ihr Anführer Dschuhaiman al-Utaiba, der sich an einer extremen Richtung des Wahabismus orientierte, entstammte einer der bedeutendsten Familien des Najd. Bereits sein Großvater war zu Beginn des vergangenen Jahrhunderts als Gefolgsmann Abd al-Asis Ibn Sauds hervorgetreten. Mitglieder seiner Sippe gehörten zu den herausragenden Repräsentanten der Ikhwan, der der puristischen Lehre Abd el-Wahabs folgenden Bruderschaft. In dieser Tradition stehend, beschuldigte Dschuhaiman al-Utaiba das saudische Königshaus der Korruption, des Wohllebens und der Imitation des Westens. Das waren Missbilligungen, die schon Khomeini veranlasst hatten, den Schah vom Pfauenthron zu stoßen. Das saudische Königshaus war zutiefst schockiert.[10] Von nun an sollte es umso mehr bestrebt sein, sich seiner islamischen Legitimität zu versichern. Und das taten die Saudis, indem sie allerorts den Wahabismus förderten. Im Glauben, Schlimmeres zu verhüten, betrieben sie dessen weltweiten Export – vor allem nach Afghanistan.[11]

Der sich in jenen Jahren in Afghanistan festsetzende Islamismus hat indes eine längere Geschichte. Dass er sich im Gefolge der sowjetischen Intervention gerade dort einnistete, war in erster Linie der bloßen Gelegenheit geschuldet. Aber die Bedeutung des Landes für vergangene wie gegenwärtige Verwerfungen im Bereich des Islam reicht tief. Afghanistan lag sowohl räumlich als auch zeitlich an einem Schnittpunkt historischer Tendenzen, die dem zukünftigen Islamismus den Weg bereiten sollten. Bei diesen Tendenzen handelt es sich zum einen um den Übergang vom Osmanischen Reich zur türkischen Republik, zum anderen um den Transfer radikaler Interpretationen des Islam von seiner indischen Grenzregion in seine arabischen Kernländer. Im Zentrum dieser Entwicklungen steht das Jahr 1924.

1924 ist das Schlüsseljahr zum Verständnis der Krise der islamischen Welt.[12] Es ist das Jahr der von Mustafa Kemal Pascha (1881–1938), dem Republikgründer Atatürk, in der Türkei veranlassten einschneidenden Reformen für sein Modernisierungsprojekt. Diesem Projekt fielen zentrale islamische Institutionen zum Opfer: das Kalifat wie das Amt des obersten islamischen Rechtsprechers und Rechtsinterpreten, des *sheikh-ul-islam,* das für die sunnitischen Muslime in aller Welt entscheidend war. Damit war die symbolische Verbindung zwischen der Herrschaft Gottes und dieser Welt gekappt worden.[13]

Die Liquidierung von Kalifat und s*heikh-ul-islam* sollte weit über die Türkei hinausreichende Folgen haben.[14] Die Muslime fühlten sich verwaist und verlassen. Vor allem die Muslime in Britisch-Indien, die damals weltweit größte Ansammlung von Muslimen. Und als im Jahr 1928 die türkische Republik das arabische Alphabet mit einem Federstrich abschaffte, um es durch das lateinische zu ersetzen, schien das laizistisch unternommene Sakrileg vollkommen. Auf diese Ereignisse dürfte Osama Bin Laden anspielen, wenn er in seinen Reden und Rechtsbehelfen von jener Katastrophe spricht, die die Muslime vor etwa achtzig Jahren heimgesucht habe.

Was die Kremlführung im Jahr 1979 auch bewogen haben mochte, sich über die Grenze hinweg militärisch in die Querelen der afghanischen Kommunisten einzumischen – mit diesem Vorgehen knüpfte sie in dieser Weltgegend an bolschewistische, sogar diesen vorausgehende imperiale Traditionslinien der zarischen Zeit an.[15] Diese Kontinuität mag den Handelnden verstellt geblieben sein; aber die militärische Intervention in die innerafghanischen Kalamitäten, die alsbald aus dem Ruder liefen, knüpfte allemal an frühere Konfliktlagen an: an jene Kämpfe, die auf die Revolutionszeit folgten und mit der relativ späten Etablierung der sowjetischen Herrschaft in Innerasien erst Anfang der 1930er Jahre endeten. Bis dahin war dort Widerständigkeit, auch bewaffnete, an der Tagesordnung. In den frühen 1920er Jahren ging die Rote Armee in Verlängerung des russischen Bürgerkrieges in Turkestan gegen die Bewegung der Basmatschi vor – eine als Banditen und Briganten geschmähte, etwa 20.000 Kämpfer umfassende Streitmacht in dem Gebiet, das verschiedene muslimische Bevölkerungsgruppen umfasste.[16] Die Kämpfe erreichten 1921 ihren Höhepunkt. Ein Jahr darauf fiel der militärische Führer der Basmatschi – Enver Pascha –, als er mit gezogenem Säbel eine Attacke gegen eine sowjetische Maschinengewehrstellung ritt.[17]

Enver Pascha ist dem historisch Informierten aus anderen Zusammenhängen geläufig. Als Erster unter Gleichen stand er der jungtürkischen Führung im Ersten Weltkrieg vor. Zudem hatte er in die Familie des Sultans und damaligen Kalifen in Istanbul eingeheiratet – ein Prestige, das er zur islamischen Mobilisierung der Basmatschi in Turkestan einzusetzen verstand. 1919 schien er sich auf deutsches Anraten mit den Sowjets ins Benehmen zu setzen. Im Jahr darauf nahm Enver sogar am Kongress der Komintern in Baku teil. Mit dieser Zusammenkunft suchten die Bolschewiki nach eigenen Verlautbarungen die Völker und Werktätigen des Ostens in antiimperialistischer Absicht gegen die britische Präsenz in Vorderindien, vornehmlich in Afghanistan wie in den Afghanistan vorgelagerten Gebieten bis hin zum Kaukasus, aufzubringen. Der Komintern-Vorsitzende Grigori Sinowjew rief gar zum heiligen Krieg auf.[18]

Nicht weniger antibritisch und gegen die Entente gerichtet waren die Vorhaben der vormaligen osmanischen Offiziere, die es in der Zeit des Umbruchs vom Osmanischen Reich zur Türkei nach Zentralasien verschlagen hatte. Djemal Pascha, ein weiteres prominentes Führungsmitglied der vormaligen jungtürkischen Regierung, hatte sich zu diesem Zweck in Afghanistan festgesetzt, um dort die Armee des Landes gegen die Briten einzuschwören. Mustafa Kemal Pascha dagegen führte unabhängig von jenen doch recht abseitigen Unternehmen seinen Kampf gegen Ententetruppen und ihre regionalen Verbündeten wie Armenier und Griechen in Anatolien. Bei den verschiedenen Projekten der vormaligen jungtürkischen Führungskader handelte es sich – im Unterschied zu dem Kemal Paschas – um recht abenteuerliche Vorhaben. Djemal Pascha phantasierte vom Sturz der britischen Herrschaft in Indien und von der Etablierung eines islamischen Gemeinwesens – analog den längst abgelebten Mogul-Reichen.

Die Kämpfe und Auseinandersetzungen der frühen 1920er Jahre konnten als ferne Ausläufer des von Rudyard Kipling so genannten »Großen Spiels« ausgemacht werden – damals, als sich im 19. Jahrhundert Russland und England als strategische Rivalen in Vorder- und Zentralasien gegenüberstanden. Großbritannien betrachtete diesen Raum als Schutzgürtel seiner indischen Besitzungen, des Kernbestands seines Empire. Russland – so nahm die britische Seite an – suchte diesen Riegel vom Schwarzen Meer bis weit nach Zentralasien, ja bis zum fernen Osten hin aufzubrechen. Als nach einem zweiten persisch-russischen Krieg dem 1828 geschlossenen Friedensabkommen von Türkmentschai zufolge das Kaspische Meer allein russischen Kriegsschiffen offen stehen sollte, wurden in London Befürchtungen laut, künftig könnten Truppen des Zaren an der Südküste des Binnenmeeres anlanden und einen schnellen Vormarsch auf das afghanische Herat unternehmen. Von dort aus werde Russland das Tor nach Indien aufstoßen. Und als sich im Jahr darauf, nach einem abermaligen osmanisch-russischen Krieg, mit dem Frieden von Adrianopel die russische Expansion im Südkaukasus fortsetzte, schien es nur noch ein Schritt zu den britischen Besitzungen in Indien zu sein.[19]

Bis zu dem im Jahr 1907 vereinbarten Ausgleich der beiden Mächte, der die Teilung Persiens in Interessensphären mit sich brachte, durchzog der britisch-russische Gegensatz das gesamte 19. Jahrhundert.[20] Neben dem »Great Game« in Innerasien wie Vorderindien erstreckte sich diese Rivalität auf das gesamte Gebiet des Osmanischen Reichs.[21] Damit war sie auch ein Teil der sogenannten Orientalischen Frage des europäischen Gleichgewichts – des informellen Regelsystems der Politik der Großen Mächte untereinander.[22] Die den Osmanen gewogene und den Russen entgegengesetzte Politik der Briten im 19. Jahrhundert beruhte auf dem Dreh- und Angelpunkt englischer Weltreichspolitik: dem Schutz seiner indischen Besitzungen.

Diese historische Konstellation gelangte an ihr ultimatives Ende, als die jungtürkische Führung entgegen der osmanischen Tradition des 19. Jahrhunderts im Herbst 1914 an der Seite der Mittelmächte Deutschland und Österreich-Ungarn in den Ersten Weltkrieg eintrat. Damit riskierte sie, sowohl ihrem historischen Erzfeind Russland wie ihrem traditionellen Patron England gegenüberzustehen. Mit der Niederlage 1918 ereilte das Osmanische Reich jenes Schicksal, vor dem es durch die britische Politik im Rahmen der Ordnung der europäischen Balance über lange Dauer bewahrt worden war: Es wurde aufgeteilt.[23]

Schon im letzten Drittel des 19. Jahrhunderts war es zu einer Entfremdung zwischen Großbritannien und dem Osmanischen

Reich gekommen. Zu dieser Entfremdung hatten drei aufeinanderfolgende Ereignisse beigetragen: der osmanisch-russische Krieg von 1877/78, der zu dem für die Osmanen demütigenden Frieden von San Stefano führte; der anglo-afghanische Krieg von 1878/80; und die bewaffnete britische Besetzung Ägyptens 1882. Alle drei Ereignisse stehen für die Tendenz zunehmender britisch-muslimischer Spannungen, deren Folgen für die englische Kolonialherrschaft in Indien nicht abzusehen waren. Vor allem nicht, als offenkundig wurde, dass der Sultan-Kalif in Istanbul eine panislamische Politik betrieb und sein Zerwürfnis mit der historischen Schutzmacht England auf deren indische Besitzungen zu übertragen gedachte.

Auf diese Zeit gehen die erst während des Ersten Weltkrieges in die Tat umgesetzten Überlegungen der Briten zurück, wie sie ihren, zu einem unsicheren Kantonisten gewordenen muslimischen Bündnispartner am Bosporus durch die den Türken wenig freundlich gesonnenen Araber ersetzen könnten.[24] Immer mit Blick auf die indischen Muslime und konzentriert auf die durch den Vorderen Orient führenden Verkehrswege des Empire, legten sie den Grundstein einer Politik der taktischen Inanspruchnahme der Araber, vornehmlich des Scherifen von Mekka, der als Beschützer der heiligen Stätten der Muslime mit einem hohen islamischen Prestige ausgestattet war. Sogar von der Errichtung eines arabischen Kalifats in Konkurrenz zu den Osmanen soll dabei die Rede gewesen sein.[25]

Die Abkühlung des Verhältnisses zwischen Britannien und den Osmanen setzte mit dem osmanisch-serbischen Krieg von 1876 ein, der sich zum großen osmanisch-russischen Waffengang ausweitete und in jene desaströse Niederlage der Türken mündete, die sich im drakonischen Frieden von San Stefano niederschlug. Die mit den antiosmanischen Aufständen auf dem Balkan und den ihnen folgenden kriegerischen Ereignissen verbundenen Vorgänge führten in Großbritannien zu innenpolitischen Kontroversen. Premierminister Benjamin Disraeli, der Britannien aus indischer Perspektive zu einer »muslimischen Macht« erklärt hatte,[26] war eher protürkisch eingestellt; seine Orientromantik war ohnehin notorisch.[27] Die oppositionellen britischen Liberalen unter William Gladstone wurden nicht müde, gegen den Konservativen Disraeli eine Kampagne zu entfachen, die die osmanischen Grausamkeiten auf dem Balkan herausstellen sollte.[28] Gladstones Pamphlet über die *Bulgarian atrocities* wurde zu einer Protestikone der aufgebrachten öffentlichen Meinung in England.[29]

Es war eher die liberale Öffentlichkeit als die reale britische Politik gegenüber den Osmanen, die die indischen Muslime in Unruhe versetzte. Ihrer Erwartung wie der Erwartung der türkischen Muslime nach hätte Britannien – wie während des Krim-Krieges 1853/56 – an der Seite der Osmanen Russland Paroli bieten sollen. Der Krim-Krieg war eine Auseinandersetzung vom Ausmaß eines Weltkriegs. Dieser wurde von Disraeli aus jener von Südasien her eingenommenen englischen Perspektive zu einem »indischen Krieg« erklärt. Auch die im Jahr 1878 geschlossene anglo-osmanische Konvention zum Schutz und Erhalt des Osmanischen Reichs, die eine türkische Abtretung Zyperns an Britannien einschloss, diente nach den Worten Disraelis nicht etwa einer mediterranen, sondern der indischen Politik des Empire. Damit sollten die im vorausgegangenen osmanisch-russischen Krieg erzielten Territorialgewinne des Zaren im Bereich des Südkaukasus, vor allem um Kars, kompensiert werden – Gewinne, die in der Wahrnehmung der britisch-indischen Regierung zu einem Vordringen Russlands nach Mesopotamien und von dort aus in den Bereich des Indischen Ozeans führen konnten.[30]

Die Furcht vor russischen Machenschaften in Asien, von der die eine auffallende Eigenständigkeit entwickelnde britisch-indische Regierung in Delhi ergriffen wurde, grenzte an eine Obsession.[31] Um russischen Vorhaben entgegenzuwirken, war noch – Jahre vor dem durch den osmanisch-russischen Krieg von 1877/78 herbeigeführten Stimmungswechsel in den britisch-muslimischen Beziehungen – von Indien aus versucht worden, in Zentralasien und auf panislamischer Grundlage ein Bündnis mit den von St. Petersburg bedrängten muslimischen Khanen, vor allem dem Emir von Buchara, zu schmieden. Noch im Jahr 1870 trugen sich die Briten mit dem Gedanken, mittels panislamischer Agitation in Zentralasien die Region – wie es in einer geheimen Depesche nach London hieß – in eine heiße Herdplatte zu verwandeln, auf der man den russischen Bären tanzen zu lassen beabsichtigte.[32] Vor den Gefahren einer panislamischen Agitation hatten die Russen die Briten gewarnt. Sie wäre ein zweischneidiges Schwert, das den Briten in Indien noch zu schaffen machen würde. Nicht, dass es erst britischer Propaganda bedurft hätte, um panislamische Empfindungen unter den Muslimen zu säen. Einer solchen Politik hatte sich der Sultan-Kalif Abd ül-Hamid II. (reg. 1876–1909) ohnehin verschrieben. Zudem trug die britische Kolonialpolitik das Ihre dazu bei, die Muslime gegen sich aufzubringen.

Einen Vorgeschmack auf Kommendes verhieß die »Indian Mutiny«, der indische Aufstand, der die britische Herrschaft auf dem Subkontinent erschütterte und England in Zukunft darauf achten ließ, die Gefühle vor allem der Muslime nicht allzu sehr zu strapazieren, und dies ganz im Sinn seiner Empirepolitik. Ausgelöst wurde der Aufstand von einer im Frühjahr 1857 ausgebrochenen Revolte der Sepoy, der im Dienst der britischen East Indian Company stehenden indischen Truppen. Mit Befehlsverweigerungen und bewaffneter Meuterei hatten sich Truppenteile der Sepoy dem Ansinnen ihrer britischen Offiziere widersetzt, die für die neuen Enfield-Repetiergewehre vorgesehenen Munitionsverpackungen mit den Zähnen aufzureißen. Es hatte sich herumgesprochen, die Patronen seien mit einer Mischung aus Schweine- und Kuhfett eingeschmiert – ein schwerwiegender religiöser Affront sowohl für Hindus als auch für Muslime.[33]

Der Sepoy-Aufstand war ein Symptom für den Verdruss in der Bevölkerung, der sich gegen die Kolonialmacht zusammengebraut hatte. Die Briten hatten in Gestalt der East Indian Company tief in die traditionellen Strukturen des Landes eingegriffen – sie hatten Änderungen veranlasst, die Hindus wie Muslime gegen sie aufwiegelten.[34] Die Tätigkeit christlicher Missionare, die Einführung eines westlich orientierten Erziehungssystems, die gesetzliche und der Tradition zuwiderlaufende Erlaubnis der Wiederverheiratung von Witwen und anderes mehr hatten für Unruhe gesorgt. Nachdem der Aufstand unter Einsatz brutaler Gewalt niedergeschlagen worden war, wurde die Ostindische Kompanie abgelöst. Die neu eingerichtete königliche Kolonialverwaltung war nunmehr bemüht, durch die Etablierung entsprechender Institutionen auch Inder an der Regierungstätigkeit zu beteiligen.

Ein panislamisches Empfinden der indischen Muslime wie eine politische und religiöse Nähe zum Sultan-Kalifen in Istanbul war also erst nach dem osmanisch-russischen Krieg von 1877/78 geweckt worden. Von da an fand auch dessen Name bei der Verlesung der *khutba* während des Freitagsgebets in den wichtigen Moscheen des Landes Erwähnung – eine von den Gläubigen zum Ausdruck gebrachte Anerkennung des Sultan-Kalifen als Souverän.[35] Spätestens von da an waren die indischen Muslime in den Orbit der islamischen Institutionen des Osmanischen Reichs eingetreten.

Zum Gefühl einer muslimischen Gemeinsamkeit bis nach Indien hinein trug auch der Urabi-Aufstand in Ägypten bei, der paradoxerweise gerade Premier Gladstone, der sich in Abgrenzung zu Disraeli antiimperialistisch gab, 1882 dazu bewog, das Nilland zu besetzen. Achmed Urabi (Arabi) Pascha hatte sich als volksverbundener ägyptischer Offizier und Politiker gegen die dem Ausland gegenüber nachgiebige Politik des Khediven gestellt und ein frühes nationalistisches Regime etabliert.[36] Nachdem die Briten seine Armee bei Tell el-Kebir geschlagen und Urabi Pascha nach Ceylon verbannt hatten, strahlte sein Prestige auch vom Ort der Internierung nach Indien aus. Der britische Gouverneur veranlasste, dass Urabi aus dem 35 Meilen vom indischen Festland entfernten ceylonesischen Jaffna ins Landesinnere verbracht wurde.[37]

Als nach dem Ersten Weltkrieg das Vorhaben der Zerstückelung des Osmanischen Reichs durch die Siegermächte ruchbar wurde, führte dies für die britische Herrschaft in Indien zu erheblichen Beschwernissen. Dort gründeten muslimische Politiker und Schriftsteller 1919 die sogenannte Kalifatsbewegung.[38] Sie beabsichtigten, mit ihrem Protest in der britischen Kronkolonie Druck auf England auszuüben, das letzte muslimische Universalreich und seine islamischen Institutionen in Istanbul zu erhalten. Die damit einhergehenden Manifestationen verknüpften die von der Kalifatsbewegung ausgehende Solidarität mit den Osmanen mit dem immer weitere Kreise erfassenden Begehren, das eigene Land in die Unabhängigkeit zu führen. So verband sich die Verteidigung der in Istanbul befindlichen islamischen Institutionen mit dem – Muslime wie Hindus vorläufig noch einenden – antikolonialen Kampf um die indische Unabhängigkeit. Als die türkischen Nationalisten 1924 die islamischen Institutionen auflösten, kam auch die indische Kalifatsbewegung zum Erliegen. Davon unberührt nahm der Kampf um die Unabhängigkeit des Landes zu.

Mit dem Jahr 1924 wurden in der sich als laizistisch und nationalistisch verstehenden Türkei die islamischen Institutionen aufgelöst. Der Kalif wurde außer Landes gebracht – ein Vorgang, der von den Muslimen allerorts als tiefer Einschnitt empfunden wurde.[39] Vor allem die Liquidierung des so bedeutenden Amts des *sheikh-ul-islam* wurde als ein ungeheuerliches Geschehen erachtet. Es sollte noch manche unerfreuliche Folgen nach sich ziehen. Bei allen im Lauf der vergangenen Jahrzehnte eingetretenen osmanischen Gebietsverlusten war eines für die außerhalb seiner Grenzen lebenden Muslime gewahrt geblieben: Der *sheikh-ul-islam* ernannte von Rechts wegen weiterhin den obersten Kadi in den jeweiligen Ländern. Dies galt für das 1908 von Österreich-Ungarn annektierte Bosnien-Herzegowina ebenso wie für das 1911 etablierte italienische Protektorat in Libyen und wurde auch im Fall Bulgariens im Vertrag von Konstantinopel 1913 festgeschrieben.

Nach der Abschaffung des Kalifats durch die türkische Republik fehlte es im arabisch-islamischen Raum nicht an Versuchen, sich des so dramatisch frei gewordenen Amts des Kalifen zu bemächtigen. Doch diese Versuche wurden entweder unter Anwendung von Gewalt zurückgewiesen – wie im Fall des Scherifen von Mekka, Husain ibn Ali, gegen den sich im Oktober 1924 die wahabitischen al-Ihkwan, die einem extrem puristischen Islam folgten, im Bündnis mit dem Haus Ibn Saud wandten. Oder sie wurden – wie im Fall des ägyptischen Königs Fuad I. (reg. 1922–1936) – durch beharrliches Ignorieren anderer Muslime sowie durch britisches Hintertreiben vereitelt.[40] Auch die zur Beratung über die Einsetzung eines Kalifen in den 1920er und 1930er Jahren ausgerichteten islamischen Kongresse und Konferenzen verliefen im Sand.[41]

Umso mehr sollten Bewegungen Auftrieb erhalten, die eine Rückkehr zu einem unverfälschten Islam forderten. Sie stellten das Gegenprogramm zu dem von Türken und Arabern betriebenen Trend der Nationalisierung und Säkularisierung ihrer Gemeinwesen bereit. So eröffneten die zwanziger Jahre im Orient Entwicklungen in die eine wie die andere Richtung. Die kemalistisch betriebene und in den Augen gläubiger Muslime dreiste Auflösung der islamischen Institutionen in Istanbul ebenso wie der in nationalistischem Stolz zur Schau getragene religionsfeindliche Laizismus der Türkei dienten den Fundamentalisten als abscheuerregendes Exempel für die zerstörerischen Folgen westlichen Ideenguts. Dem galt es sich entgegenzustellen.

Die Türkei ließ nicht von weiteren Sakrilegen ab. Zur Liquidierung der islamischen Institutionen trat 1928 die Abschaffung des arabischen Alphabets. Es hieß, es sei der türkischen Sprache, vor allem der türkischen Phonetik, nicht angemessen. Dies war eine Begründung, die pragmatischen Absichten entsprechen mochte; von ihrer symbolischen Konsequenz besiegelte sie die von oben herab verfügte Säkularisierung. Mit der Abschaffung des arabischen Alphabets und der Einführung der lateinischen Schriftzeichen für das Türkische wurde das Sakrale, das sich noch in den arabischen Lettern versinnbildlichte, an der Wurzel getroffen. Zwar war die Reform der Schrift mit dem ebenso unschuldig daherkommenden wie richtigen Hinweis begründet worden, es gelte, die 80 bis 90 Prozent Analphabeten in der Türkei einer schnellen Literarisierung zu unterziehen – ein Unternehmen, das mit der komplizierten arabischen Schrift nicht, jedenfalls nicht in absehbarer Zeit, gelingen konnte. Aber die Eliminierung der arabischen Schrift führte neben aller Erleichterung in der Literarisierung der Bevölkerung zum Verlust der Aura des Sakralen, die an die Schriftzeichen gebunden war. Gleichzeitig unternommenen Anstrengungen, das Türkische anstatt des Arabischen als Liturgiesprache einzuführen, war weniger Erfolg beschieden. Erfolgreich war hingegen die Abschaffung des Arabischen, im übrigen auch des Persischen, im Schulunterricht.[42]

Schon zu Zeiten des Osmanischen Reichs, vor allem in der Zeit der großen Reformvorhaben in der Mitte des 19. Jahrhunderts, waren Versuche unternommen worden, die höchst komplexe arabische Schrift mit ihren der jeweiligen Kombination im Wort nach sich verändernden Buchstaben zu vereinfachen und eine Antwort auf das Problem der Vokalisierung des Türkischen zu finden. Der Eindruck, die arabische Schrift behindere die Literarisierung und verzögere damit die Aufnahme von Wissen, verdichtete sich im interreligiösen Vergleich. Während christliche und jüdische Kinder im Osmanischen Reich das griechische oder hebräische Alphabet seiner Einfachheit wegen in kürzester Zeit erlernten und diese früh erworbene Leseleistung rasch für die Aufnahme von Wissen einzusetzen vermochten, mussten sich muslimische Kinder viel länger mit dem komplexen arabischen Alphabet abmühen. Dementsprechend verzögerte sich die Aufnahme von Inhalten. Als Folge davon hatte sich ein auffälliges Bildungsgefälle zwischen Juden und

Griechen einerseits und Muslimen andererseits eingestellt.[43] Und gegen das zudem von den Reformern angeführte pragmatische Argument, mit den lateinischen Schriftzeichen ließen sich gleich eine ganze Anzahl europäischer Sprachen aneignen, ließ sich tatsächlich schlecht diskutieren.[44]

Wie immer die Bemühungen um die Pragmatisierung des arabischen Alphabets oder seiner Ersetzung durch das Lateinische in der osmanischen Vergangenheit der Türkei begründet worden waren – sie scheiterten an der Schwelle der Heiligkeit, die den arabischen Schriftzeichen eingeschrieben war. Das erklärt auch, warum die Romanisierung der Schriftzeichen nicht schon mit den grundlegenden Reformen der islamischen Institutionen, sprich: ihrer Abschaffung in den Jahren 1923 und 1924 erfolgt war. Versuche dieser Art waren damals noch abgewehrt worden; sie waren als zu weitgehend erschienen. Erst nach weiteren vier Jahren, im Jahr 1928, ergriff der laizistische Umsturz auch die Schrift. Was war geschehen?

Die Schwelle zu einer Profanierung der Schrift, also zur Abschaffung der arabischen Schriftzeichen, war von den Exponenten des türkischen Nationalismus zwar veranlasst, aber von antiislamisch motivierten Reformvorhaben der Sowjets jenseits der Grenze angestoßen worden.[45] Begonnen hatte es damit, dass auf sowjetischem Gebiet im Bereich von Aserbaidschan und des Nordkaukasus von 1922 an Versuche mit lateinischen Schriftzeichen für bislang arabisch verschriftlichte Turksprachen unternommen worden waren.[46] Im Jahr 1925 führte der Oberste Sowjet der Republik Aserbaidschan das lateinische Alphabet für das türkische Azeri ein. Und im Jahr darauf sprachen sich sowjetische Turkologen auf einer Konferenz in Baku dafür aus, alle Turksprachen im sowjetischen Zentralasien zu latinisieren.[47]

Diese Vorgänge jenseits der Grenze konnten türkische Nationalisten, obwohl allein auf den türkischen Territorialstaat in Anatolien eingeschworen, nicht unbeeindruckt lassen. Sollten die Kontakte zu anderen Turkvölkern jenseits der Grenzen gewahrt werden, galt es, als Grundlage die Gemeinsamkeit einer beiderseits der Grenze geltenden Schrift zu wahren. Die bis dahin wirksame Hemmschwelle der Ersetzung des arabischen durch das lateinische Alphabet wurde wegen pantürkischer Tendenzen in der Türkei überschritten. Es handelte sich um einen Schritt, der die Distanz zur osmanischen und mehr noch zur islamischen Vergangenheit der Türken vergrößerte.

Atatürk und die mit seinem Namen verbundene Säkularisierung in der Türkei war gläubigen Muslimen allerorts ein Gräuel. Dies galt vor allem für solche Tendenzen im Islam, die sich des westlichen Kolonialismus wie des Westens überhaupt durch zunehmende Radikalisierung des eigenen Glaubens zu erwehren suchten. Dass solche Tendenzen der Radikalisierung und Fundamentalisierung in den 1920er Jahren auf einen konstitutiven Höhepunkt zuliefen, war nicht allein dem politischen Ikonoklasmus der Kemalisten in der Türkei geschuldet. Zwar fanden die radikalen Strömungen in diesen Vorgängen ihr beständiges Narrativ, das sie weiter begleitete. Aber ihre Ursache hatten sie in regional spezifischen Vorgeschichten und Erfahrungen. Dabei waren zwei Tendenzen zu beobachten, die sich gegenseitig verstärkten. Die eine hat ihren Ort in Britisch-Indien, die andere in Ägypten.

Am Anfang stand eine Paradoxie: Obschon in Indien die weltweit größte Anzahl von Muslimen versammelt war, lebten sie in einer muslimischen Diaspora.[48] Ein solches diasporisches Empfinden rührte daher, dass sich dort – von den vergangenen Reichen der Mogulen abgesehen – keine muslimische Herrschaft im Sinn des Islam hatte etablieren können. Zudem lief in den 1920er Jahren die von indischen Nationalisten aller Schattierungen intendierte Unabhängigkeit Britisch-Indiens auf der Grundlage eines demokratischen, also von der Mehrheitsbevölkerung bestimmten Gemeinwesens auf einen – so manche muslimischen Befürchtungen – von Hindus dominierten Staat hinaus. Mit dieser Aussicht mochte sich ein erheblicher Teil der Muslime nicht anfreunden.[49] Zwar standen Muslime mit Hindus vereint der britischen Kolonialmacht gegenüber. Aber sollte erst die Unabhängigkeit erlangt sein – was dann?

In Erwartung eines solchen Szenarios entwickelten Teile der indischen Muslime die Idee eines eigenen Staates auf indischem Boden. Muslimisch und nicht islamisch sollte er insofern sein, als er der Nation der indischen Muslime eine gesicherte Heimstatt bieten sollte. Die Begründung war politisch, nicht religiös. Sie musste mit Vorstellungen aneinander geraten, die entweder auf einen indischen Einheitsstaat oder auf die Etablierung einer strikten islamischen Ordnung hinauswollten. Letztere hatte die Muslime als *umma,* als universelle Gemeinschaft der Gläubigen, im Blick. Sie wollte nicht einen säkular ausgerichteten Nationalstaat der indischen Muslime. Als es im Schicksalsjahr der Dekolonisierung, dem Jahr 1947, zur Teilung des Subkontinents kam und sich durch »ethnische Säuberungen« auf religiöser Grundlage sowie durch Massenfluchten im Nordwesten und Nordosten zwei räumlich getrennte muslimische Landesteile herausbildeten, war der Staat Pakistan geboren.

Auch der Charakter Pakistans war paradox und dies, weil es sich um eine zwar säkulare, aber auf rein religiöser Grundlage beruhende Gründung handelte. Der Staatsgründer Mohammed Jinnah (1867–1948) vertrat die Auffassung, Staat und Religion sollten getrennt, der Glaube als Privatangelegenheit behandelt werden. Die indischen Muslime seien eine eigene, auf islamischer Kultur gründende politische Gemeinschaft, eine spezifisch indische muslimische Nation – eine Auffassung, die von gläubigen Muslimen nicht akzeptiert wurde.[50] Für sie war die universale Gemeinschaft der Gläubigen allein geltender Bezugspunkt. Schließlich sei der Islam universell, oder er sei überhaupt nicht. So war dem Staat Pakistan ein Kulturkampf zwischen Vertretern seines muslimischen und seines islamischen Charakters in die Wiege gelegt.[51] Dieser Gegensatz wurde mit dem bald nach der Unabhängigkeit eintretenden Tod Mohammed Jinnahs in aller Heftigkeit ausgetragen. Er sollte nicht mehr vergehen.[52]

Zu jenen, die sich für einen islamischen, nicht aber muslimischen Staat Pakistan einsetzten, gehörte Abu l-Ala Maududi (1903–1979). Er wurde bald nach der Staatsgründung wegen seiner Auffassungen in Haft genommen, 1953 sogar zum Tode verurteilt, kam jedoch bald wieder auf freien Fuß. Maududi war der bedeutendste Gelehrte eines sich zunehmend radikalisierenden Islam in Indien. Sein Wirken ging weit über die ihm zu eng gestellte Frage nach dem islamischen oder muslimischen Charakter Pakistans hinaus.[53] Mithin repräsentierte er einen Islam, der sich an der indischen Peripherie der muslimischen Welt verschärfte, einen islamischen Fundamentalismus, der als eine politische islamische Theologie zu verstehen ist. Für die Konfrontation zwischen Islam und westlicher Moderne wird sie von erheblicher Bedeutung sein.[54]

Die von Maududi in den Islam getragene ideologische Verschärfung war aus einer dreifachen Herausforderung erwachsen: zum Ersten aus der Konfrontation mit dem Westen als Westen, mit Säkularismus und Individualismus, mit der westlich gelebten Trennung von Glauben und Wissen, von Religion und Staat, von Diesseits und Jenseits; zum Zweiten war es die Auseinandersetzung mit den Folgen kolonialer Erfahrung und dem damit verbundenen Verlust an Authentizität. Was Maududi in einem Briefwechsel mit der als Maryam Jameelah zum Islam konvertierten amerikanischen Jüdin Margret Marcus über den damaligen Ministerpräsidenten Indiens, den säkularen Hindu Pandit Nehru, äußerte, erinnert an die Befunde des antikolonialen Theoretikers und Psychiaters Frantz Fanon: In Nehrus indischem Körper hause eine englische Seele.[55] Die dritte Konfrontation, die Maududi motiviert hatte, war die Erfahrung der indischen Muslime, trotz ihres Ranges als weltweit größte muslimische Bevölkerung inmitten von Andersgläubigen, von Hindus, zu leben.

Dies waren die ungewöhnlichen Parameter der kulturellen und religiösen Grenzerfahrung der Muslime Britisch-Indiens.[56] Denn im Unterschied zu anderen Muslimen, vor allem zu jenen, deren Selbstwertgefühl von der kulturellen und politischen Erfahrung einer zur Herrschaft prädestinierten Mehrheitsbevölkerung bestimmt war, so in den Kernländern des Islam, reagierten die indischen Muslime trotz ihrer islamisch begründeten Vorstellung von der Überlegenheit ihres Glaubens aus der Erfahrung einer Minderheit. Ihr Verhalten war in jeder Hinsicht defensiv – bis hin zur eigenen Staatsgründung in Gestalt Pakistans.[57]

In einer solchen defensiven Haltung verfasste Maududi seine erste apologetische Schrift. Sie behandelte die islamische Doktrin des Dschihad. Anlass war die Ermordung des Arya Samaj-Führers Swami Shraddhanand durch einen Muslim im Jahr 1926. Arya Samaj, die Gesellschaft der Arier, hatte es sich zur Aufgabe gemacht, zum Islam konvertierte Hindus wieder dem rechten Glauben zuzuführen. Dabei zog sie sich den Unwillen der Muslime in Nordindien zu. Die Debatte nach der Ermordung von Shraddhanand mündete in den von Hindus gegen die Muslime erhobenen Vorwurf, der Islam habe sich nicht durch Überzeugung, sondern allein durch das Schwert verbreitet. Dem galt es entgegenzutreten.[58]

Entgegenzutreten galt es auch dem Gefühl der Muslime, vom Westen überwältigt worden zu sein – überwältigt von seinen Institutionen, seiner wissenschaftlich-rationalen Kultur, seiner militärischen Macht. Viele Inder, Muslime wie Hindus, waren von den zivilisatorischen Einrichtungen der Briten beeindruckt. Die ihnen ständig vorgeführte Überlegenheit nagte an ihrem Selbstwertgefühl. Und für Muslime, deren monotheistische Religion sich an der des Westens als säkularisierter Christenheit maß, rührte dieser Westen als ständige Frage an den Fundamenten ihres Glaubens.

Die Lehre Maududis entzog sich diesem westlichen Maß in einer apodiktischen Weise. Sie entzog sich ihm, indem sie jede Möglichkeit zum Vergleich von vornherein ausschloss. Die Lehre Maududis kappte jeden begrifflichen Zusammenhang, zerbrach jede gemeinsame kognitive Referenz, die den islamischen Bezugsrahmen der Muslime mit demjenigen des Westens verbinden konnte. Und ohne diese begriffliche Gemeinsamkeit, die zwar als universell geltend vorausgesetzt wurde, dabei aber dem Westen ein entwicklungsgeschichtliches a priori einräumte, war der Islam frei. Er war frei von jedem demütigenden Vergleich, frei für eine allein sich selbst spiegelnde Referenz. So wurde dem vom Westen ausgehenden »Götzendienst«, seinem Säkularismus und Materialismus ein durch nichts aufzubrechender Riegel der Spiritualität vorgeschoben. Genug des Sakrilegs der vom westlichen Menschen betriebenen Verfügung über die Zeit; genug der Aufspaltung der Person in verschiedene, miteinander in Konflikt liegende Anteile; genug der Trennung von weltlich und geistlich, von institutionellen Spaltungen in öffentlich und privat, von Religion und Staat. Der Islam solle sich auf sein eigenes Regelsystem der Kultur, der Rechtsordnung, der Politik, der Ökonomie stützen. Der Islam gewähre dem in der Moderne durch Zwiespalt und Zweifel sich selbst verloren gegangenen Menschen Aufhebung in Gott.

Maududis Lehre imprägnierte den Islam gegen die Folgen der westlichen Moderne, indem er die Aufklärung, die ihr vorausgegangen war, in Bausch und Bogen verwarf. Der Kerngehalt seiner Weltanschauung ist ebenso einfach wie radikal: Dem Menschen sei die Verfügung über sein Schicksal entzogen. Weder sei der Mensch autonom, noch sei er frei. Nicht der Mensch sei Herr seiner Entscheidungen, sondern Gott allein. Gott verfüge souverän über den Menschen; und diese Verfügung erfolge mittels der Gesetze des Islam.

Mit dieser klaren und durch nichts zu versöhnenden Unterscheidung zwischen westlicher Aufklärung und ihrer Moderne einerseits und dem Islam andererseits schärfte Maududi das Bewusstsein der Muslime für ihren eigenen Kosmos. Der Islam wird als vollendeter Zusammenhang gesehen, der Glauben und Leben verschränkt. Dieser islamische Kosmos beruht auf jenem unerschütterlichen Glaubenssatz, dass allein Gott Souverän ist. Demnach habe der Mensch in seinem höchsten Streben, dem Streben nach der Einheit mit Gott, die Pflicht, sich zu unterwerfen – zu unterwerfen dem unfehlbaren Gesetz Gottes, der Scharia. Und weil göttlichen Ursprungs, sei sie vollkommen; in ihr sei alles enthalten. Ein perfektes, ein in sich stimmiges System von Regelungen, Maßgaben und Pflichten. An ihr sei nicht zu deuteln, nichts zu verändern. Nichts sei überflüssig, nichts ausgelassen. In der heutigen Welt des Zwiespalts und des Zweifels komme es allein darauf an, zum unverfälschten, zum reinen Islam und seinen Quellen zu stehen oder zu ihnen zurückzukehren. Den Weg dorthin wiesen Koran und Sunna. Gott sei beim Wort zu nehmen.

Auf den ersten Blick mag sich die Lehre Maududis wie eine Lehre der Unterwerfung und der blinden Botmäßigkeit ausnehmen. Doch es handelt sich um eine Lehre der Rebellion und der Revolte. Einer Revolte zwar im Namen Gottes und seiner Gesetze, aber dennoch einer Revolte. An erster Stelle mochte sie sich gegen die britische Kolonialmacht richten, gegen ihre als überlegen erachteten und insgeheim bewunderten Einrichtungen. Und sie mochte sich gegen die gesamte westliche Zivilisation und ihre Errungenschaften wenden. Doch dabei sollte es nicht bleiben. Später und in einer radikalisierten Form richtete sie sich vor allem gegen die als ungläubig verworfenen muslimischen Herrscher und ihre Regimes – eine in den 1950er und 1960er Jahren vorgenommene Erweiterung der Lehre Maududis durch den Ägypter Sayyid Qutb. Bei dieser Lehre handelt sich um eine islamische politische Theologie des Bürgerkrieges.[59]

Seine umfassende, ganzheitliche und auf die Reinheit der Lehre abgestellte Interpretation des Islam suchte Maududi zu verbreiten. Er verfasste Artikel, Bücher und Kommentare ohne Unterlass. Maududi war neben Qutb der produktivste wie bedeutendste islamische politische Theoretiker des 20. Jahrhunderts. Sein Meisterwerk ist ein Koran-Kommentar, an dem er über dreißig Jahre arbeitete. Aber er schrieb auch für den Tag. Mit Presseartikeln griff er in die politischen Auseinandersetzungen über den muslimischen oder islamischen Charakter Pakistans ein. Daneben betätigte er sich als Organisator der islamischen Erneuerung im Sinne der Rückkehr zu den Wurzeln. Dazu knüpfte er Kontakte zu Vertretern des Wahabismus auf der arabischen Halbinsel, jener orthodoxen und puristischen Tendenz im Islam, die von den Saudis gefördert wurde. In Saudi-Arabien war er an der Etablierung einer islamischen Universität ebenso beteiligt wie an den Aktivitäten der Islamischen Weltliga.[60] Aber seine größte Wirkung entfaltete er in Ägypten, wo seine Werke von den frühen 1950er Jahren an weiteste Verbreitung fanden.

In Ägypten hatte sich eine eigenständige Bewegung islamischer Erneuerung und Selbstvergewisserung ausgebildet. Aber auch eine Massenbewegung mit sozialem Anspruch – die 1928 von Hasan al-Banna (1906–1949) in Ismailia begründete Muslimbruderschaft, die al-Ihkwan al-Muslimun.[61] Aus ihrem Wandlungs- und Verfallsprozess gingen in den 1970er Jahren gewaltbereite und terroristische Organisationen hervor, die nach ihrer Verfolgung durch das ägyptische Regime in Afghanistan auf gleichgesinnte Islamisten aus arabischen und anderen muslimischen Ländern stoßen sollten.

Die ägyptischen Muslimbrüder stehen nicht am Anfang einer Entwicklung, sondern sind Ausdruck einer ihnen vorausgegangenen paradoxen Tendenz der Erneuerung im Islam: der *salafiyya*. Paradox ist die *salafiyya* insofern, als sie als moderne geistige islamische Bewegung versucht, auf die Moderne durch eine Rückkehr zu den Ursprüngen zu reagieren.[62] Ihr Selbstverständnis zieht sie aus der Tradition der sogenannten Altvorderen des Islam, der *salafa*. Der Weg aus der Dekadenz der arabischen und muslimischen Gesellschaften, aus ihrer Schwäche und ihrem Verfall, sollte durch Besinnung auf das Ursprüngliche, auf den reinen, unverfälschten Islam beschritten werden. Ein Islam, der frei ist von der Last der über Jahrhunderte hinweg sich auftürmenden Interpretationen der Theologen; ein

Islam, der alle inzwischen hinzugetretenen Schriften zurückweist und sich allein auf Koran und Sunna stützt und auf deren klassische Interpreten. Dazu gehörten die puristische Rechtsschule des Ibn Hanbal aus dem 9. Jahrhundert, der im 13./14. Jahrhundert in Damaskus wirkende Ibn Taimija, und der im 18. Jahrhundert auf der arabischen Halbinsel tätige Abd al-Wahab.

Im Kontext der Erneuerung standen auch die großen Namen der islamischen Reformbewegung wie Djamaladdin al-Afghani (1838/39–1897), sein Schüler Mohammed Abduh (1849–1905) und in dessen Nachfolge Raschid Rida (1865–1935), die auf die Herausforderungen des Westens nach einer eigenen Verbindung zur Moderne suchten.[63] Schließlich waren die Muslime im 19. Jahrhundert durch die im Westen erfolgten Neuerungen, Entdeckungen und Erfindungen in ihrem Selbstverständnis erschüttert worden. Wie sollte mit technischen Innovationen umgegangen werden, mit solchen Erfindungen wie der Eisenbahn, dem Telegraphen oder dem Dampfboot? Diese Neuheiten veränderten und erleichterten nicht nur den Alltag, sondern ließen auch an der Souveränität Gottes und dem ewigen Charakter des Korans als dem Buch der Offenbarung zweifeln. Islamistische Puristen sahen diese Gerätschaften als Teufelszeug an, das Gottes Herrschaft über die Zeit herausforderte. Solche Beschleunigung des Gangs der Welt konnte nicht mit rechten Dingen zugehen. Sie forderten Glauben wie Gläubige heraus. Muslime, die sich diese Gerätschaften zunutze machten, setzten sich der Gefahr aus, von der reinen Lehre folgenden Interpreten von Koran und Sunna als Abtrünnige angesehen zu werden.[64]

Ein solcher Purismus war nicht das Programm der *salafiyya,* jedenfalls nicht der Tendenz der *salafiyya,* die sich mit den Namen Afghanis, Abduhs und Ridas verband. In ihrer Absicht, zwischen Islam und Moderne zu vermitteln, gingen sie recht weit. So weit, dass sie sogar eine Sprachreform ins Auge fassten, um so die Verbreitung des Arabischen auch als Bildungssprache zu gewährleisten. Zudem strebten sie antidespotische politische Reformen an. Die mit dem Namen Mohammed Abduh verbundene *salafiyya* verbreitete sich im gesamten arabischen wie muslimischen Raum von Marokko bis nach Indien. Auf dem Subkontinent war Muhammad Iqbal (1873–1938) ihr hervorragender Exponent – ein Gelehrter, Dichter und muslimischer Volksführer, der mit seiner Bewunderung westlicher Errungenschaften nicht hinter dem Berg hielt. So setzte die *salafiyya* unterschiedliche Akzente. Die von ihr geforderte Rückbesinnung auf das Ursprüngliche und Reine eröffnete paradoxerweise ein weites Feld der Deutungen. *Salafiyya* war somit vornehmlich eine Frage der Interpretation.

Als Hasan al-Banna 1928 die Muslimbruderschaft gründete, stieß er mit seinem Organisationstalent in ein politisches und weltanschauliches Vakuum. Zwar war das Ideengut der *salafiyya* allseits präsent, aber der Erneuerungsbewegung fehlte es an der Übertragung, an einer Transmission in die breiten Bevölkerungsschichten. Es fehlte ihr die soziale Dimension. Bislang war die *salafiyya* auf die Elite – auf die geistige, mehr noch auf die geistliche Elite – beschränkt. Mit der Gründung der Muslimbruderschaft schuf Banna eine Massenbewegung. Und mit der Transformation von der Idee in die politische Aktion ging so manche Radikalisierung einher. Dabei war es gerade die Radikalisierung in Gestalt jener Massenbewegung, mittels derer sich die Muslimbrüder als moderne Erscheinung zu erkennen gaben. Ihre ideologische, um nicht zu sagen: theologische Grundlegung stand weiteren, den Gehalt der Lehre verschärfenden, womöglich auch vom Wahabismus beeinflussten Interpretationen offen.

In den 1920er Jahren waren die Dinge noch im Fluss. Dringlich war allemal, jenes durch die Auflösung des Kalifats durch Atatürk eingetretene Vakuum zu schließen. So gesehen ist die Gründung der Muslimbruderschaft *auch* als Reaktion auf die Ereignisse der Jahre 1924/28 zu verstehen. Zudem zog der Zusammenbruch des Osmanischen Reichs für Araber und Muslime nicht nur Folgen im Geistlich-Institutionellen nach sich, sondern auch im Politischen. Es kam zu einer Ausdehnung kolonialer Herrschaft auf jene Gebiete des Vorderen Orients, die vormals dem Sultan und Kalifen in Istanbul unterstanden hatten, nicht aber Teil der Türkei geworden waren. England und Frankreich teilten diese Gebiete unter sich auf, indem sie ihre koloniale Präsenz in den Deckmantel eines vermeintlich weniger anrüchigen Mandatssystems hüllten. Arabische Reichsgründungspläne hingegen waren gerade gescheitert und von den Kolonialmächten vereitelt worden. Zudem schlug die Frage Palästinas Araber und Muslime zusehends in ihren Bann.

Es waren die Muslimbrüder, die sich dieses Konflikts annahmen. Palästina war ihnen sowohl Herzenssache als auch wirkungsvolles Mittel der Mobilisierung. Schließlich sollte ihnen in Zukunft die nicht einfache Synthese zwischen Islam und arabischem Nationalismus gelingen. Dieser mit dem Islam verbundene Nationalismus unterschied sich vom arabischen Nationalismus, der sich auf säkularer Grundlage konstituierte. Während sich Ersterer als bloße Vorstufe, als Durchgangsstadium auf dem Weg zur muslimischen Gemeinschaft, der *umma,* verstand, wurde Letzterer von der später aus dem Milieu der Muslimbrüder hervorgehenden Tendenz des radikalen Islam als Ausdruck von Heidentum und Rassismus zurückgewiesen und als Ausbund des Unglaubens bekämpft. Als Heidentum wurde von den Muslimbrüdern auch der in Ägypten von Taha Husain und Salama Musa propagierte ägyptische Territorialismus jenseits des Islam verworfen – eine Richtung, die von gläubigen Muslimen auf das Äußerste verabscheut worden war. Oder die Thesen Ali Abd el-Raziks, der eine vollständige Trennung von Islam und Politik propagierte. All das charakterisierte die politische Kakophonie der 1920er und 1930er Jahre.[65]

Das Jahr der Gründung der Muslimbruderschaft in Ägypten, das Jahr 1928, steht also für eine Wandlung, die Wandlung des Islam zur politischen Bewegung. Doch nicht nur das Jahr, auch der Ort der Gründung gibt Auskunft über die Motive, die zur Etablierung der Bruderschaft beigetragen hatten. Der junge, 1906 geborene Hasan al-Banna gründete seine Organisation in der Stadt Ismailia. Die Wahl dieses Ortes lag insofern nahe, als Banna dort an einer Schule als Lehrer für Arabisch tätig war. Aber Ismailia haftet mehr an, als bloß der Ort der Berufsausübung des Gründers der Muslimbruderschaft gewesen zu sein.

Ismailia war eine städtische Neugründung, die auf das Engste mit der Schlagader des britischen Empire, dem Suezkanal, verbunden war. Benannt nach einem Nachkommen Mehmed Alis, dem Khediven Ismail Pascha, war die Stadt nicht nur Sitz der Verwaltung der Kanalgesellschaft, sondern Ausdruck aufdringlicher europäischer Präsenz. Sie war der Hort des europäischen Kolonialismus in Gestalt der auch nach der formalen Unabhängigkeit im Jahr 1922 weiter im Verborgenen wirkenden, aber ständig spürbaren britischen Präsenz im Land. Der soziale Kontrast trat dort stärker zutage als andernorts in Ägypten. Als Lehrer war Banna in Ismailia täglich mit dieser als beschämend empfundenen Kulisse von Kolonialismus, sozialem Elend und kultureller Entwertung konfrontiert. So verschmolz im Programm der Muslimbrüder die Frage der sozialen Gerechtigkeit mit Vorstellungen von einer Erneuerung des Islam und vom Kampf gegen die koloniale Präsenz.

Die Muslimbruderschaft entwickelte sich zur bedeutendsten islamischen Organisation, die aus der Krise der 1920er Jahre hervorgegangen war. Und sie war vor allem in Ägypten verwurzelt. Dort erreichte sie neben den Massen in Stadt und Land auch die Gebildeten und in der Verwaltung Tätigen ebenso wie wichtige Persönlichkeiten am königlichen Hof. Die Muslimbrüder betätigten sich als Philanthropen und waren in der Sozialfürsorge aktiv. Sie errichteten Schulen, siedelten Fabriken an und verfügten über paramilitärische Abteilungen – ein Umstand, der für die 1930er Jahre weder in Ägypten noch anderswo auffällig war. Bei allem, was sie taten, waren sie bestrebt, eine Art Gegengesellschaft zu etablieren. Ende der 1940er Jahre wurde ihnen nachgesagt, einen Staat im Staate zu bilden. Ihre militärischen Angriffe auf britische Einrichtungen, vor allem in der Suezkanalzone, verschärften die Spannung mit der Regierung. Dies führte 1948 zu einem tödlichen Attentat auf den ägyptischen Premier Nuqrashi Pascha. Die Regierung blieb daraufhin nicht untätig und ließ im Februar 1949 Hasan al-Banna ermorden.

Dass die Ihkwan über gute Kontakte zu den Freien Offizieren unter Gamal Abd el-Nasser verfügten, die 1952 die Monarchie stürzen sollten, nimmt angesichts ihrer weit verzweigten Netzwerke nicht Wunder.[66] Die Verbindung zwischen den Obristen und der Bruderschaft soll anfänglich Anwar as-Sadat gehalten haben, der zu den traditionelleren unter den konspirierenden Militärs gehörte. Doch bald machten sich Meinungsverschiedenheiten zwischen der Bruderschaft und dem neuen Regime bemerkbar, die sich zur offenen Feindschaft auswuchsen. Diese Feindschaft führte zu einem Anschlag auf Nasser. Während der Rais am 26. Oktober 1954 vor Hunderttausenden in Alexandria eine Rede hielt, gab ein Attentäter acht Schüsse auf Nasser ab, verfehlte ihn jedoch. Das Regime holte zu einem Schlag gegen die Bruderschaft aus, inhaftierte Tausende ihrer Mitglieder und verbrachte sie in Gefängnisse und Lager. Folter und andere Malträtierungen waren an der Tagesordnung. Zu denen, die nach dem Attentatsversuch auf Nasser in die Mühlen des Sicherheitsapparats gerieten, gehörte auch jener, der von der Lehre Maududis ausgehend, bald zum ideologischen Leitstern des islamischen Fundamentalismus werden sollte: Sayyid Qutb.[67]

Sayyid Qutb gilt als einer der führenden islamischen Intellektuellen. Er wurde 1906 in Oberägypten geboren, gehört also der gleichen Generation wie Maududi und al-Banna an. Von Kindesbeinen an wurde er islamisch unterwiesen. Mit zehn soll er in der Lage gewesen sein, den Koran auswendig zu rezitieren. Zu den Muslimbrüdern war er als Beamter im Erziehungsministerium Ende der 1930er Jahre gestoßen. Kurz nach dem Putsch der Freien Offiziere soll er sogar als Verbindungsmann der Bruderschaft am Tisch des Revolutionskommandos gesessen haben. Doch bald war jene Entfremdung spürbar geworden, die zum Bruch führen sollte. Die Freien Offiziere hatten nicht vor, den Wertvorstellungen der Ihkwan al-Muslimun zu folgen, während sich für Qutb das Regime als Exponent einer Orientierung entpuppte, die sich jener verabscheuten Moderne verschrieben hatte. Und dass sich das Regime zunehmend der atheistischen Sowjetunion annäherte, verbreiterte den Graben umso mehr.

Said Qutb war mit den seit 1951 auch auf Arabisch verfügbaren Schriften Maududis in Berührung gekommen. Dessen Lehre sollte er verschärfen. Und diese Verschärfung war aus der Erfahrung der nasseristischen Unterdrückung erwachsen. Qutb verachtete das Regime Nassers, aber auch die anderen nationalistischen Regimes in der arabischen und muslimischen Welt als Ausdruck von Blasphemie. Schließlich war nicht der universelle Islam, sondern der auf Herkunft und ethnischer Zugehörigkeit beruhende arabische Nationalismus ihre Grundlage. Nach Qutbs Lehre, die sich sukzessive ausbildete und von ihm wesentlich im Gefängnis verfasst wurde, handelte es sich beim Nationalismus um einen Ausdruck von Heidentum; um ein Heidentum, das in Analogie zur barbarischen Unwissenheit der vorislamischen Araber steht – zur sogenannten *jahiliyya*. Aber dieses Heidentum war verwerflicher als die vorislamische *jahiliyya,* weil seine Vertreter bereits vom Islam erleuchtet gewesen waren. Indem sie sich vom Glauben abwandten, gaben sie sich als Apostaten zu erkennen. In ihrer Apostasie setzte sich fort, was von Atatürk in der Türkei als großer Sündenfall des Islam vorexerziert worden war. Zwischen radikalem Islam und arabischem Nationalismus herrschte Todfeindschaft.

Sayyid Qutb wurde vom Regime Nassers 1966 gehenkt. Bis dahin hatte dieser ungewöhnlich produktive Denker und Schriftsteller eines radikalen Islam ein gewaltiges Werk geschaffen – im Zentrum stand eine dreißigbändige Koraninterpretation. Diese Interpretation suchte wie andere seiner Schriften den Islam in einer Weise zu erneuen, wie dies bereits von Maududi vorgeführt worden war: Der Islam stelle eine in sich geschlossene göttliche Wahrheit dar, die keinerlei Anlass zum Vergleich mit der Erkenntnis- und Wissenskultur des Westens und seiner Moderne gebe. Die Muslime lebten in einer zeitlosen, einer sakral imprägnierten Zeit, für die jegliche historische Zeitauffassung Anathema sei. Alles sei in Koran und Sunna vorgegeben. Jegliche Veränderung komme einer Häresie gleich. Kompromissen oder Adaptionen anderer Weltanschauungen wurde der Kampf angesagt.

In radikal salafitischer Weise lehnte Qutb konsequent jene geistigen Assimilationen an griechisches Gedankengut ab, vor allem die neuplatonische Philosophie, die im islamischen Mittelalter in Verbindung mit islamischer Gelehrsamkeit aufgeblüht war. Unversöhnlich war seine Kritik am Westen, an dessen Materialismus, seiner moralischen und materiellen Zügellosigkeit und Gottvergessenheit. Und diesen Westen vermeinte er aus eigenem Augenschein her zu kennen – aus der Zeit, als er sich als Student der Anglistik und der Erziehungswissenschaften für zwei Jahre in den Vereinigten Staaten aufgehalten hatte. Der Degout der von ihm als haltlos empfundenen Lebensweise soll zu jener Einstellung geführt haben, für die sein Name heute steht. Doch Qutbs Kritik reicht weiter, geht tiefer. Sie stößt in jene Bereiche vor, die für die Ausbildung der westlichen Moderne von grundlegender Bedeutung sind.[68]

Qutb sah in der den Islam begründenden Voraussetzung der Einheit von Gott und Mensch die Fundierung aller Ordnung und Ortung. Nur in dieser Einheit vermöge der Mensch zu sich zu finden, sich mit sich selbst und der Welt zu versöhnen. Im Christentum sei diese monotheistische Einheit von Anfang an aufgespalten worden, und dies seit der von Christus verfügten Trennung von Glaube und Herrschaft. Christi Rede, Gott zu geben, was Gottes ist, und dem Kaiser, was des Kaisers ist, trage bereits die Aufspaltung in sich, die zu jener Entfremdung geführt habe, wie sie für die westliche Moderne charakteristisch sei. Der in dieser frühen Spaltung angelegte Konflikt habe sich in den Kulturzusammenhang des Westens säkularisiert.

Dieser Befund Sayyid Qutbs ist nicht falsch: Tatsächlich wird die Kultur des Abendlandes von einer grundlegenden institutionellen Spannung durchzogen – mag sich diese in den verschiedenen Deutungen der Zwei-Schwerter-Lehre des Hochmittelalters niederschlagen oder sich bereits zuvor in der der kaiserlichen Herrschaft inhärenten Unterscheidung zwischen *imperium* und *sacerdotium* angekündigt haben. Die für den Westen signifikante Individualität und Freiheit des Einzelnen lässt sich auf jenen Grundkonflikt der Christenheit im Mittelalter zurückführen: Wem gilt es zu folgen – Kaiser oder Papst? Beide Autoritäten ringen in der Brust des Zweifelnden um Zustimmung. Und nur für einen von beiden kann er sich entscheiden. So ist die Geburt der Freiheit Ausdruck eines tiefen inneren Zerwürfnisses. Sie ist Ergebnis von Zweifel und Verzagtheit der Person. Freiheit ist Ausdruck von Konflikt und eines damit verbundenen Zwiespalts. Und in diesem Konflikt ist der Einzelne mit sich allein gelassen. Nur das aus jenem Zwiespalt geborene Gewissen mag Orientierung gewähren – Irrtum eingeschlossen.

Der Islam hingegen spricht von Einheit – Einheit von Religion und Herrschaft, aufgehoben in Gott und auf Erden vom Kalifen als dessen Schatten vertreten. Zwar war auch der byzantinische Kaiser, der Basileus, geistlicher wie weltlicher Herrscher zugleich – eine Einheit, für die sich das aus westlicher Sicht abfällig gemeinte Wort vom Cäsaropapismus eingestellt hat. Doch verfügte die Ostkirche immerhin über eine eigene geistliche Hierarchie, eine etablierte Institution, in der Spannungen und Zerwürfnisse ihren regulierten Niederschlag fanden. Kaiser und Patriarch waren getrennte Instanzen. Und auch eine juristische Trennung zwischen *imperium* und *sacerdocium* war in Byzanz vorgesehen.[69] Der Islam hingegen kennt keinen

Klerus. Alles ist in Einem aufgehoben – in Gott und seinem Gesetz.

Der Mensch der westlichen Christenheit bleibt also einem immerwährenden Konflikt ausgesetzt. Diese Spannung verlängert sich aus dem Kosmos des Glaubens in die Welt des Profanen. Aufteilung und Internalisierung der jeweiligen Sphären von intim, privat und öffentlich sind für die Regulierung der verschiedenen lebensweltlichen Bereiche konstitutiv.[70] Aber gerade in dieser Aufspaltung der Einheit des Menschen mit Gott sah Sayyid Qutb den zivilisatorischen Sündenfall angelegt. Ihn erinnerte dieser für den westlichen Menschen konstitutive Zwiespalt an den klinischen Zustand der Schizophrenie – an einen Ausdruck schwärenden geistigen Gebrechens. Doch wo keine Unterscheidung der Funktionssphären und keine Internalisierung dieser Unterscheidung erfolgt, ist es um die äußeren, Gesellschaft und Politik regulierenden Institutionen schlecht bestellt. Dass dies in das dem Westen anzulastende Phänomen der Entfremdung führt, ist verbreitete Ansicht und wird mit Bedauern quittiert. Dass Entfremdung indes zur Kulturbildung beiträgt und damit auch zu dem, was unter Entwicklung und Zivilisation verstanden wird, findet sich nicht in angemessener Weise gewürdigt.

Qutb fordert den Westen in seinem zwar säkularisierten, aber doch nicht weniger religiösen Bestand heraus. Dies macht ihn zu einem politischen Theologen. Und die Frage Qutbs ist alles andere als beruhigend. Sie läuft nämlich darauf hinaus, jene als selbstverständlich erachtete Legitimität zu hinterfragen, mit der der Westen als säkularisierte Christenheit in pseudouniverseller Weise anderen Kulturen einen ihnen fremden Kanon auferlegt.[71] Zu fragen ist auch nach den mit diesem Kanon verbundenen psychischen Dispositionen. Ist es nicht Imperialismus, hier gemeint als christlich-säkulares Ausgreifen in andere Kulturen, wenn die Institutionen westlicher Staatslehre und politischer Theorie auf andere, hier auf muslimische Gemeinwesen übertragen werden? War nicht irgendwo festgehalten worden, alle prägnanten Begriffe der modernen Staatslehre seien säkularisierte theologische Begriffe – hier theologische Begriffe christlichen Ursprungs?[72] Wird nicht die *umma,* die Gemeinschaft der Gläubigen, in eine – wenn auch verstellte – Apostasie geführt, wenn ihnen fremde Begriffe von einem christlich verdeckten religiösen Gehalt auferlegt werden?

Weitere Fragen stellen sich: Hat Thomas Hobbes in seinem *Leviathan,* dem Grundbuch der westlichen Staatslehre, nicht ständig den zur Internalisierung staatlicher Herrschaft führenden Glaubenssatz repetiert, dass Jesus der Christus ist?[73] War es nicht Jean Bodin, der Gott, den Souverän, vom Himmel auf die Erde holte, damit die Menschen sich seiner anverwandelten, um als Volk zur Quelle aller gesetzlichen Autorität zu werden? Und ging der Aufteilung der Autorität des Souveräns in drei sich gegenseitig in Schach haltende Gewalten nicht die götzendienerische Zerschlagung jener göttlichen Einheit voraus? Handelt es sich womöglich ursprünglich um ein säkularisierendes Abbild christlicher Dreifaltigkeit? Und steht diese auf die Verwandlung des Göttlichen in das Weltliche hinauslaufende Aufspaltung der Einheit Gottes in vermittelnde Instanzen nicht am Beginn jener Verworfenheit, die für die westliche Moderne kennzeichnend sein soll? Wenn die Menschen über alles demokratisch zu verfügen trachten, ist ihrer Gier, ihrer Habsucht und ihrer Zügellosigkeit keine Grenze gesetzt. Deshalb steht ihnen und ihren Trieben Gott als letzte und einzige Autorität gegenüber. Verbürgt wird diese Autorität nach Maududi und Qutb allein von Koran und Sunna. Am wörtlich überlieferten Willen Gottes sind keinerlei Abstriche vorzunehmen. Nichts ist überflüssig – nichts ist hinzuzufügen.

Dieser Riegel gegen die Moderne ist sakral versiegelt. Wer diesen Riegel im Sinn einer Reform und Anpassung an westliche Regularien der Lebenswelten und den mit ihnen verbundenen Werten aufzubrechen sucht, erweist sich als Feind des Islam – jedenfalls eines so interpretierten Islam. Und der Feinde des Islam sind viele. Als Imperialismus und Kolonialismus suchen sie von außen her die Kultur der Muslime zu verderben, indem sie ihnen ihre Institutionen andienen, womöglich gar aufzuerlegen suchen. Von innen machen sich sogenannte Modernisten am Islam zu schaffen, indem sie den ihnen als beklagenswert erscheinenden Zustand der Muslime mit den als überlegen hingestellten Errungenschaften des Westens zu vergleichen suchen. Und bei einem auf der Grundlage westlicher Maßstäbe vorgenommenen Vergleich ist es nicht verwunderlich, dass die Muslime wenig überzeugend abschneiden. Doch allein ein solcher Vergleich ist als Sakrileg abzuweisen. Diejenigen, die sich dem Vergleich aussetzen, sind Verderber des Islam. Prototyp solcher, den Islam verderbender Modernisierer war jener Rifa'a at-Tahtawi, der mit seinem Tagebuch aus Paris den Muslimen die Vorzüge des Westens anpries und diese zur Nachahmung anempfahl. Obwohl oder gerade weil Tahtawi Scheich an der al-Azhar in Kairo war, ist er für die radikale Auslegung des Islam eine Unperson. Der gefährlichste Feind ist der innere Feind. In den frühen 1960er Jahren galten Nasser in Ägypten oder Habib Bourguiba in Tunesien als Verderber des Islam. Sie wurden von Maududi und anderen in der Tradition des Apostaten Atatürk gesehen.[74]

Die Vorstellungen der als Apostaten geschmähten verwestlichten Muslime abzuwehren war das eine, eine islamische Alternative anzubieten das andere. Schließlich war es mit den Muslimen wirklich nicht zum Besten bestellt. Der wenig erbauliche Zustand der islamischen Zivilisation bedurfte sowohl der Diagnose wie einer Therapie. Wie waren die Muslime in diese bedauernswerte Lage geraten? Die Antwort ist ebenso verblüffend wie einfach: Sie waren vom Pfad des wahren Glaubens abgekommen. War dem so, dann konnte allenfalls eine Rückbesinnung auf das Ursprüngliche Verbesserung verheißen. Und der Blick zurück ist auf eine Utopie gerichtet: auf das Ideal des frühen Islam, die Zeit des Propheten und der rechtgeleiteten Kalifen – die sakrale Zeit des Islam.

Sicher, auch äußere Einwirkungen hatten ihren Anteil am Niedergang. Diese äußeren Einwirkungen bedurften wiederum einer historischen Erklärung – einer Erklärung ohne Gott. Als Verursacher boten sich an erster Stelle die Kreuzzügler an.[75] Aber diese waren von den Muslimen geschlagen worden. Weitaus besser schienen die Mongolen ins Bild zu passen. Immerhin hatten sie Mitte des 13. Jahrhunderts Bagdad zerstört. Doch die Mongolen hatten sich bald zum Islam bekehrt und waren zu einem integralen Teil der *umma* geworden. Zwar hatte Ibn Taimija, ein auch von Sayyid Qutb geschätzter Schriftgelehrter jener Zeit, mit seiner an Ibn Hanbal orientierten Rechtsinterpretation versucht, die Mongolen als unwahrhaftige Muslime von der Gemeinschaft der Gläubigen fern zu halten; doch diese ausschließende Wertung ihrer Zugehörigkeit zum Islam reichte kaum dazu aus, die immerhin zu Muslimen gewordenen Mongolen *hors la loi* zu stellen.[76]

Ein weiteres Bild, das zur Erklärung des Niedergangs herangezogen wurde, war historisch und theologisch zugleich. Qutb bemühte die Zeit der Renaissance, jene Epoche, von der an sich die Zivilisation des Islam und die der Christenheit in ihrer Entwicklung auseinander zu bewegen begannen. Es war die Zeit, von der an das aufstrebende Europa zu ungekannter Macht und gewaltigem Reichtum gelangte. Mit den als »Entdeckungen« benannten Eroberungen machte sich der Westen die Welt untertan. Der Grund für eine derartige Überlegenheit scheint nach Qutb offensichtlich zu sein: Die Christenheit habe das arabische Wissen des Mittelalters usurpiert, um sich seiner auf der Grundlage der Trennung von Wissen und Glauben in instrumenteller Weise zu bedienen. Weil sich die Wissenschaft aus der Verankerung im Glauben losgerissen habe, habe sie dem Westen die Mittel zu seiner rücksichtslosen Welteroberung in die Hand gegeben. Doch die Überlegenheit des Westens sei nur von vorübergehender Dauer. Die Spiritualität des Islam werde über den ruchlosen westlichen Materialismus obsiegen.

Diese Diagnose Sayyid Qutbs ist nicht so falsch, wie sie auf den ersten Blick anmuten mag. Den Maßgaben historischer Aufklärung folgend, sind die komplexen Umstände der auseinanderdriftenden Entwicklung zwischen den Ländern der Christenheit als Westen und den Ländern des Islam tatsächlich in jener Zeit – der Zeit der Renaissance, der Reformation und der »Entdeckungen« – auszumachen. Nur führt Qutb ebenso wie eine im Orient vorherrschende Selbstdeutung die Veränderungen nicht auf profan erklärbare Gründe zurück, sondern überträgt sie in die Sprache von Verschwörung, Kabale und anderen, gegen den Islam gerichteten Machenschaften. Dabei sind auf Komplott und Verschwörung beruhende Erklärungsversuche von komplexen Zusammenhängen Ausdruck jener fundamentalen Täuschung, die mit dem traumatischen Zusammenstoß vormoderner Kulturen mit den Zivilisationsphänomenen der Moderne einhergehen. Die Vorstellung von Verschwörung beruht auf einer Bebilderung der unverstanden gebliebenen gesellschaftlichen Abstraktion mit aus den eigenen lebensweltlichen Zusammenhängen entliehenen Erfahrungen. Wie in höfisch oder patrimonial organisierten Zusammenhängen die persönliche Machtausübung die eigentliche Quelle von Herrschaft ist, so wird den Abstraktionen der Moderne eine ähnliche Komposition der Einflussnahme angedichtet. Der Schluss von den alltäglichen Lebenserfahrungen auf das große Ganze, sozusagen vom Mikro auf das Makro, ist das Geheimnis jeder Verschwörungsphantasie. Dies ist im Übrigen kein spezifisches Phänomen des muslimischen Kulturzusammenhangs, vornehmlich seines arabischen Teils. Vielmehr ist es allenthalben anzutreffen. Nicht zuletzt auch in Kulturen, die gemeinhin als sozialwissenschaftlich aufgeklärt gelten.[77]

Der westlichen Entzauberung der Lebenswelten steht die Geltung von Transzendenz verständlicherweise distanziert gegenüber. Schließlich handelt es sich bei den Modi der Entzauberung um die Usancen einer Weltdeutung, die sich mittels Geschichtsdenkens generiert – ganz ohne Gott. Hingegen stoßen die Naturwissenschaften, vor allem in ihren technologischen Anwendungen, auf das Interesse fundamentalistischer Neuerer. So stand auch Sayyid Qutb im Unterschied zu den islamischen Traditionalisten und Puristen des 19. und des frühen 20. Jahrhunderts solchen Errungenschaften des Westens keineswegs ablehnend gegenüber. Von einer pauschalen Technikfeindlichkeit kann keine Rede sein. Im Gegenteil. Viele islamistische Aktivisten sind in technischen Disziplinen ausgebildet, haben sich vornehmlich einer Berufsausbildung als Ingenieure unterzogen. Umso mehr wird ihnen dadurch die Distanz ihrer Kultur zum Westen erkennbar. Vor allem der Umstand, dass es um den Bereich der Grundlagenforschung in den muslimischen Ländern nicht zum Besten bestellt ist, führt Technikern und Ingenieuren, den Meistern der angewandten Technologien, die sich weiter öffnende Schere zwischen den Zivilisationen vor Augen. Qutb war zwar der Überzeugung, der Islam behindere nicht die Erforschung der Grundlagen des Wissens. Freilich habe sich die Wissenschaft dabei strikt an die Maßgaben des Islam zu halten – eine Freiheit der Forschung, die ohne die Autonomie des Individuums auszukommen trachtet, allein dem Wort Gottes verpflichtet.

Bald nach der Hinrichtung Sayyid Qutbs erlitten die arabischen Armeen 1967 eine schwere militärische Niederlage durch das als »Kreuzfahrerstaat« geschmähte Israel – für die Islamisten eine Bestätigung ihrer Lehre von der *jahiliyya*. Das verruchte Regime des Apostaten Nasser und mit ihm der arabische Nationalismus waren durch die Katastrophe der Niederlage in ihrem modernistischen Anspruch gewissermaßen widerlegt worden.[78] Die Wendung zum Islam in seiner neuen, seiner puristischen, fundamentalistischen Deutung nahm ihren Lauf.[79] Ihr »naher« zu bekämpfender Feind waren die eigenen, als apostatisch denunzierten arabischen Regime. Diese blieben nicht untätig. Sie verfolgten die radikalen Islamisten mit unerbittlicher Härte, der Härte des Bürgerkriegs. Sadat war gegen sie vorgegangen, bevor er im Jahr 1981 dem von ihnen verübten Attentat zum Opfer fiel.[80] 1982 schlug das sich säkular verstehende baathistische Regime in Damaskus zu. Mit Artillerie kartätschte Hafis al-Asad, selbst als Apostat in Verruf, die muslimischen, vornehmlich den lokalen Muslimbrüdern angehörenden Aufständischen in der Stadt Hama nieder. Tausende sollen dabei zu Tode gekommen sein.

Ein weiterer Höhepunkt der Auseinandersetzungen zwischen den nationalistischen arabischen Regimes und radikalen Muslimen wurde im Jahr 1991 in Algerien erreicht, als die Front Islamique du Salut (FIS), die islamistische Heilsfront, siegreich aus den Wahlen hervorgegangen war. Das Ergebnis des Urnengangs wurde von den Militärs unmittelbar darauf kassiert. Dies war undemokratisch und bestätigte alles, was die Islamisten über das Regime verbreiteten. Das Regime der algerischen Befreiungsfront (FLN) sah keinen Anlass, dem vermuteten Prinzip der islamischen Demokratie eines »one man, one vote – one time« Folge zu leisten. Zudem dachten die Militärs und Bürokraten der alten FLN-Kader nicht im Traum daran, sich und ihrer Klientel die Pfründe der Ölrente zu versagen.[81]

Von als ungläubig und korrupt verachteten Regimes bekämpft und außer Landes getrieben, sammelten sich die Islamisten aller Länder von den 1980er Jahren an in Afghanistan. In einem zwar nicht herrschaftsfreien, aber herrschaftsschwachen, weil umkämpften Raum beteiligten sie sich als Internationalisten des Islam am Kampf gegen den Ausbund des Unglaubens: die atheistische und kommunistische Sowjetunion. Dabei wurden sie in ihrem Glaubenseifer von der wahabitischen Deutung des Islam angefacht und von Saudi-Arabien großzügig alimentiert. Ein Kreis schien sich zu schließen – der Kreis, an dessen Ausgangspunkt das Ende des Osmanischen Reichs, die Auflösung der islamischen Institutionen und die Ablösung der arabischen Schrift in der Türkei gestanden hatten; ein Kreis, dessen Bewegung mit dem Schicksalsjahr 1924 anhebt und sich mit dem Jahr 1979 zu schließen scheint. Das Ende des Kalten Krieges, das Verschwinden der Sowjetunion und der von ihr über Jahrzehnte vertretenen verlangsamten Moderne haben die in diesem Kreis beschlossene Krise in der arabisch-islamischen Welt beschleunigt. Die Ursprünge der Entwicklungsblockade der arabisch-islamischen Welt liegen freilich bei weitem tiefer.

SCHRIFT UND SPRACHE
Über die sakrale Abweisung des Buchdrucks

Mündlichkeit und Schriftlichkeit – Ein Gott, ein Buch – Mechanische Reproduktion und Profanierung – Konsonanten und Vokale – Arabisch und Hebräisch – Baruch Spinoza und Walter Benjamin – Latinisierung und Säkularisierung – Rezitation und Wissensrevolution – Sprachvermögen und Diglossie – *fusha* und *ammiyya*

Das Autorenkollektiv des *Arab Human Development Report* hat den die Entfaltung einer arabischen Moderne erschwerenden Umstand beklagt, dass die arabische Sprache in zwei Varianten geschieden ist: in die wesentlich dem Schriftverkehr dienende Hochsprache einerseits und eine populare, im gesellschaftlichen Umgang gebrauchte Sprache andererseits. Diese Trennung führt zur Ausbildung von zwei voneinander abgegrenzten Kommunikationssphären, die sich gegenseitig behindern. Damit wird Entwicklung der Weg verlegt.

Der Hochsprache, dem klassischen Arabisch, der Sprache des Korans, ist – so will es scheinen – ein sakraler Charakter auch dann eigen, wenn sie profane Inhalte transportiert. So werden durch die Schriftsprache regulierte Bereiche des sozialen Lebens auch dann von Elementen des Erhabenen durchdrungen, wenn ihnen eine weltliche Bedeutung zukommt. Das dabei entstandene Sprachdilemma liegt auf der Hand: Während Wissen und Wissenschaft als Aggregate von Entwicklung in der Schriftsprache kommuniziert werden, die aber wegen ihrer Komplexität der Anwendung wenig freundlich gesonnen ist, vermögen die in der kolloquialen Sprache gemachten Erfahrungen des Alltags und der darüber erfolgende Wandel nicht oder nur sehr zögerlich in den Speicher der Hochsprache einzugehen.

Die Hürde, die ein neues Phänomen zum verschriftlichten Wort nehmen muss, um sich bleibend versprachlichen zu können, ist hoch. Und dies nicht etwa aufgrund einer rigorosen Politik der Sprachakademien oder anderer sprachhütender Gremien, sondern weil die Erfahrungen des Alltagslebens, die den Maßgaben von Spontaneität folgen, in den regulierten Kanon der Hochsprache als einer vornehmlichen Schriftsprache schon der Natur der Sache nach nur schwer Eingang finden können. Die Erschwernis, der Moderne entsprungene soziale Vorgänge, Sachverhalte oder Artefakte ins Arabische zu übertragen, ist so alt wie die Begegnung des islamischen Orients mit der Moderne. Damit hatte schon Tahtawi zu kämpfen. Er war der Erste, der das im Westen Gesehene und als neu Empfundene in notgedrungen freier Formulierung und in Vermischung von arabischer Hochsprache und Umgangssprache übertrug. Das ist nicht selbstverständlich. Die Vermischung der verschiedenen Varianten einer Sprachgemeinschaft, die sich in ihrem Gebrauch erheblich unterscheiden und traditionell an bestimmte Räume und Situationen gebunden sind, kann durchaus als Tabubruch empfunden werden.

Die Hochsprache verweigert sich einer angemessenen Verarbeitung und gesellschaftlichen Verallgemeinerung von Wissen. Die in ihr beschlossene Tradition wirkt sich als Zeitbremse dort aus, wo – wegen der Maßgaben von Anwendung und Funktionalität – Beschleunigung angezeigt wäre. Der Eindruck drängt sich auf, bei der arabischen Sprache, vor allem bei der arabischen Schrift, handele es sich um den Sitz des – wenn auch verdeckt wirkenden – Sakralen. Damit sei dem Arabischen eine religiös begründete Unveränderlichkeit beigegeben. Oder apodiktischer: Sprache und Schrift beherbergten das Sakrale.

Deutlich wird die sakrale Versiegelung der arabischen Sprache durch einen naheliegenden Vergleich mit anderen von Muslimen verwandten Sprachen – dem Persischen etwa. So finden die arabischen Schriftzeichen auch in Farsi Verwendung. Doch den iranischen Muslimen ist nicht die persische, sondern die arabische Sprache heilig. So stehen ihnen verschiedene Sprachen zur Verfügung, und das Sakrale und das Profane können leicht auseinandertreten, trotz Wahrung der arabischen Schriftzeichen in Farsi. Gleiches gilt für das in Pakistan verwendete Urdu. Auch hier stehen beim Gebrauch arabischer Schriftzeichen zwei Sprachen zur Verfügung – eine profane Sprache und das Arabische als sakrales Idiom. Die muslimischen Araber hingegen verfügen neben dem Arabischen über keine weitere, ausschließlich profanen Zwecken dienende Sprache. Dies ist zwar keine hinreichende Erklärung für die Erschwernisse bei der Säkularisierung, verweist aber auf Dilemmata, mit denen muslimische Araber im Unterschied zu muslimischen Türken, muslimischen Iranern oder muslimischen Pakistani konfrontiert sind.

Die Überlegung, das Sakrale wirke als Barriere gegenüber allem, was zur Beschleunigung materieller, von Menschen betriebener Zeit diene, läßt sich an keinem anderen Gegenstand besser deutlich machen als am Buchdruck. Es mag erstaunen, aber erst etwa dreihundert Jahre nach ihrer Erfindung in Europa wurde die Druckerpresse in den Bereich des Islam eingeführt. Kein Geringerer als Kemal Atatürk war sich der Dramatik dieses Umstands bewusst, als er bei der Einweihung einer juristischen Ausbildungsstätte in Ankara im November 1925 auf eine paradoxe Gegenläufigkeit zur Zeit der 1453 erfolgten Eroberung Konstantinopels durch die Osmanen hinwies. Während mit diesem Datum ein Höhepunkt osmanischer Machtentfaltung erreicht worden war, verhinderten islamische Rechtsgelehrte die Einführung der in Europa zum selben Zeitpunkt erfundenen Druckerpresse.[1] Von der Mitte des 15. Jahrhunderts an – so die implizite Botschaft des türkischen Staatsgründers – treten die Entwicklungen von Westen und Orient massiv auseinander.

Bei der Erfindung des Buchdrucks durch Johannes Gutenberg, der *ars impressoria,* handelte es sich um eine gewaltige Revolutionierung der Wissenskultur.[2] Dies wurde bei der Umsetzung ihres Potentials in Europa allenthalben deutlich. Die mit dem Buchdruck entfaltete Beschleunigung von Entwicklung zeigt sich daran, dass nur fünfzig Jahre nach dem Fall Konstantinopels 1453 etwa acht Millionen gedruckte Bücher vorlagen. Das war bei weitem mehr, als alle Kopisten Europas in den über 1000 Jahren seit Gründung der Stadt am Bosporus im Jahr 330 n. Chr. bis zu jenem historischen Einschnitt der Erfindung der Druckerpresse in mühsamer Handarbeit jemals abgeschrieben hatten.[3]

Zudem war mit der Erfindung des Buchdrucks in den Jahren 1452/55 mehr als nur die Einführung einer neuen Technik zu verzeichnen gewesen; die maschinelle Reproduktion von Texten und die von ihr angestoßene, schier grenzenlose Verbreitung von Wissen führten in den unterschiedlichsten Bereichen zu gewaltigen Umwälzungen. An erster Stelle ist die Reformation zu erwähnen. Es ist kaum vorstellbar, dass Luthers erfolgreiches Aufbegehren gegen die Papstkirche ohne die Verbreitung von gedruckter Literatur möglich gewesen wäre. Dass die Autoritäten durch eine nur schwer kontrollierbare öffentliche Meinung umgangen werden konnten, war allein dem Buchdruck zu danken. Konnte ein Manuskript in dem einen Territorium nicht in ein gedrucktes Buch verwandelt werden, wich der Autor auf ein anderes Herrschaftsgebiet aus. Als Druckwerk unendlich zu vervielfältigen, wurde das Buch den Elementen Luft und Wasser ähnlich, die sich ihren Weg überallhin zu bahnen vermögen. Und wurde dem einen Buch der Druck versagt, so würde ein anderes der nimmermüden Druckerpresse entschlüpfen.

Umgekehrt löste erst das Auftreten Luthers und die von ihm verkündete Reformation eine Druckkonjunktur ohnegleichen aus. Die Titelflut der Reformationszeit, vor allem der durch die konfessionelle Polemik und Propaganda ausgelöste »große Zank«, etablierte erstmals eine öffentliche Meinung, die einer solchen Zuschreibung gerecht wurde.[4] Alle an der durch die

Reformation heraufbeschworenen religiösen Polemik Beteiligten waren darauf versessen, ihren Standpunkt zu verbreiten – Rede wie Gegenrede; eine die Druckerpresse immer weiter antreibende Dialektik einer frühen Aufklärung.[5]

In den ersten drei Jahrzehnten des 16. Jahrhunderts wurden an die 10 000 aktuelle Flugschriften in einer Verbreitung von zehn Millionen Exemplaren gedruckt. Damit war das Gedruckte zum Leitmedium der Gesamtkultur geworden. Angeheizt wurde diese Entwicklung vom reformatorischen Eifer und vom Interesse an der Antike, das die Humanisten im 15. Jahrhundert verbreiteten. Dies war verbunden mit der planmäßigen Anlage von Bibliotheken und emsigem Übersetzen aus dem Griechischen. So wurde die Kulturepoche der Renaissance eingeleitet. Die von ihr ausgehende Lernbegierde und Gelehrsamkeit brachte es in Verbindung mit dem Buchdruck dazu, dass die zuvor mühsam abgeschriebene klassische Überlieferung im neuen Medium nicht nur systematisch gespeichert wurde, sondern auch in einer exorbitanten Weise Verbreitung fand. Wie zwischen Reformation und Buchdruck kam es zwischen Buchdruck und Renaissance zu einer sich verstärkenden Affinität. So griffen Buchdruck, Renaissance und Reformation ineinander. Die davon ausgelöste zivilisatorische Beschleunigung ist ohne Beispiel. Im Todesjahr Gutenbergs, 1469, setzte die gezielte Speicherung des Wissens der Antike in Druckform ein. Bis etwa zum Jahr 1530 konnte sie als abgeschlossen gelten.[6] Diese erste frühindustrielle Massenfertigung produzierte das, was von allen Gütern das ubiquitärste ist: Wissen.

Durch den Buchdruck veränderte das Wissen seinen Charakter. Es wurde zu einem öffentlichen Gut, weil seiner Verbreitung als Druckwerk nichts in den Weg gelegt werden konnte. Allein die Masse des gedruckten Materials machte Wissen theoretisch für jedermann zugänglich. Zuvor war es als ein zu hütender geheimnisvoller Schatz behandelt und im Verborgenen bewahrt worden. So ruhten die handschriftlichen

111

Bücher und Manuskripte, neugierigen Blicken entzogen, häufig in Truhen und abseits liegenden Gemächern. Die neue, durch das verbreitete Druckwerk öffentlich gemachte »Wissenschaft« setzte sich von der traditionellen »Weisheit« ab, als geheim gehandeltes Wissen wurde durch eine im einsehbaren Raum überprüfbare Kenntnis abgelöst. So entriss die mit dem Druck verbundene Veröffentlichung vor sich hin dümpelnde Wissensbestände nicht nur der Vergessenheit, sondern trug zur Verselbstständigung eines auf zugänglichen und visuell abrufbaren Informationen aufgebauten Reflexionswissens bei. Verbunden war dieser Vorgang mit einem Umbau der bislang geltenden Hierarchie der Sinnesorgane: Das individuelle Lesen löste das kollektive Hören in der Wissensvermittlung ab.[7] Damit waren der Aufnahme von Kenntnissen keine Grenzen gesetzt. Schließlich übersteigt die Extension der Schrift die des gesprochenen Wortes.[8]

Anders war es um das Verhältnis von Hören und Lesen im Bereich der islamischen Zivilisation bestellt. Dort, wo es über Jahrhunderte hinweg gelungen war, sich den revolutionierenden Wirkungen der Druckkultur zu entziehen, wurde Text weiterhin wesentlich über das gesprochene und rezitierte Wort und damit über das Gehör tradiert. Es handelt sich im Unterschied zur europäischen Zivilisation des Buchdrucks sowie der mit ihr verbundenen Wissensaufnahme durch den Vorgang des individuellen Lesens um die Kultur einer schriftlich gestützten Mündlichkeit. So versteht sich die Sprache des Korans als ein in Schriftform versetztes gesprochenes Wort.[9] Auch die traditionelle Wissensvermittlung vom Lehrer auf den Schüler erfolgte über das gesprochene und zur besseren Memorierung rezitierte Wort – ein Phänomen, das hinsichtlich der Entwicklung der arabischen Sprache unter den Maßgaben der Moderne noch interessieren wird.[10]

Die Beanspruchung von Gehör und Gedächtnis in der Wissensaufnahme führt dazu, dass die Menge des Wissens begrenzt bleibt; und in einer solchen Begrenzung des aufzunehmenden Wissens wird eine Tugend gesehen. Für das islamische »Mittelalter«, die klassische Zeit, die Zeit höchsten Wissens und höchster Gelehrsamkeit unter Muslimen, ist überliefert, dass sich eine Mentalität der Abwehr gegenüber übermäßigem Schreiben eingestellt hatte. Vor zu vielen Büchern wurde gewarnt, neuen Schriften mit einer öffentlich zur Schau gestellten Skepsis begegnet, wie überhaupt dem schriftlichen Wort Misstrauen entgegengebracht wurde. Die Langatmigkeit dickleibiger Schriftwerke wurde ebenso beklagt wie der Umstand, dass das Leben kurz, aber der Bücher viele seien. Der eine nach ihm benannte Rechtsschule begründende Ibn Hanbal (780–855) vertrat die Haltung, nur Koran und Hadith seien der Verschriftlichung wert. Alles andere trage zur Verwirrung der Gläubigen bei. Damit wurde die schriftliche Niederlegung von Wissen und Erfahrung zwar nicht behindert, aber ihre Verbreitung durch handverfasste Kopien hielt sich in Grenzen. Und dies auch deshalb, weil die Gelehrten trotz des weitverbreiteten Berufsstands der Kopisten oft selbst Hand anlegen mussten, wollten sie in den Besitz von ihnen als wichtig erachteten Wissens gelangen.[11] Solche Umstände brachten es mit sich, dass Bescheidenheit und Demut als hohe Tugenden gepriesen wurden.

Woher rührt das Primat der Mündlichkeit im Islam? Wie ist es zu verstehen, dass der Vorgang des Schreibens wenig gelitten war, gar der Besitz von Büchern als verpönt galt? Und hatten diese kulturell tief eingekerbten Sitten und Gebräuche nicht einen Habitus nach sich gezogen, der später, in der frühen Neuzeit, seine retardierende Wirkung auf die Einführung der Druckerpresse ausüben sollte?

In der islamischen Tradition ist eine auffällige Scheu vor, zum Teil sogar eine Aversion gegen die Verschriftlichung *(qahr al-kitab)* zu erkennen. Der Begründer der neueren Islamwissenschaft, Ignaz Goldziher, sprach von einem regelrechten »Widerwillen« gegen das Schreiben.[12] Die Wurzeln dieses erstaunlichen

Phänomens lassen sich bis weit in die frühislamische Zeit verfolgen – bis in die Zeit, als der Islam sich von den anderen monotheistischen Religionen, vor allem dem ihm verwandten Judentum, abzugrenzen suchte. Diese Abgrenzung war insofern paradox, als ihr zwei gegenläufige Tendenzen innewohnten. Die eine Tendenz ist mimetischen, also nachahmenden Charakters, die andere ist von einer distanzierenden Bewegung.[13]

Der mimetische Charakter ist darin begründet, dass sich die frühen Muslime an der jüdischen Tradition orientierten, wenn sie – in Analogie zur Thora, zu den fünf Büchern Mose – neben dem Koran als dem authentischen Wort Gottes keine andere Schrift anerkannten. Die Kommentierungen zur hebräischen Bibel, vor allem die religionsgesetzlichen Überlieferungen des rabbinischen Judentums, die im 3. Jahrhundert verschriftlichte Mischna, gilt trotz ihrer Niederschrift – im Unterschied zum heiligen Buch der Bibel – als mündliche Tradition, als mündliche Thora, als *thora she b'al peh*.[14] Diese Unterscheidung fand sich später kodifiziert, als es nach den Vorgaben des babylonischen wie des palästinischen Talmuds eine Unterscheidung zwischen dem schriftlichen Wort und der verschriftlichten mündlichen Rede zu wahren galt.[15] Es heißt, dass alles, was mündlich weitergegeben wurde, auch mündlich weitergegeben werden müsse, und alles, was schriftlich überliefert ist, in Schriftform weiterzugeben sei.[16] Es handelt sich hierbei also um ein »mündliches Buch«.[17]

Die mündliche Tradition der Auslegung – so wird gemutmaßt – fand durch jüdische Konvertiten zum Islam Eingang in den Kanon der Muslime. Ebenso wie die »mündliche Thora« der Juden ist der Korpus der muslimischen Tradition, der Hadith, dem Prinzip der Mündlichkeit verpflichtet. Wie im Judentum war die »gehörte« Überlieferung *(sama)* der lediglich abgeschriebenen *(kitab)* vorzuziehen.[18] So verhält sich der Hadith zum Koran wie im Judentum die mündliche zur schriftlichen Lehre.[19]

Das ist die eine, die mimetische Traditionslinie, die Judentum und Islam verbindet. Die andere Linie der islamischen Tradition führt vom Judentum weg. Der Islam war bemüht, sich von den Traditionsbeständen des Christentums, vor allem aber von dem ihm näherstehenden Judentum, abzusetzen, weil er sich als letzte und auf den abschließenden Worten Gottes beruhende Religion verstand. Diese war deshalb geoffenbart worden, weil die anderen Religionen die ihnen übertragene ursprüngliche Lehre verfälscht hätten. Die Verfälschung sei erfolgt, indem die Juden mit der Redaktion der Mischna ein zweites Buch neben der Thora hätten gelten lassen wollen.[20] So übernahmen die Muslime das Mündlichkeitsprinzip der rabbinischen Gelehrten und verurteilten zugleich deren Schriftlichkeitspraxis. Es gehört zum Gründungsdogma des Islam, neben dem Koran kein zweites Buch aufkommen zu lassen, jenseits von Gottes Wort keine weitere Verschriftlichung zuzulassen.[21] So wie es außer Gott keinen Gott geben kann, darf es neben dem Koran kein anderes Buch geben. Die beständig unter Verdacht gestellte Schriftlichkeit wurzelt also im absoluten Monotheismus des Islam.[22]

Diese Distanz zum Schriftlichen führt zu einem Generalverdacht gegen das Schreiben: Es könnte sich daraus ein zweites Buch ergeben. Sie hat eine große Tradition der Mündlichkeit, des Rezitierens und Memorierens, nach sich gezogen. Aus der Zeit des frühen Islam ist eine Fülle von Nachweisen überliefert, die über Menschen berichten, die beargwöhnt werden, die Tabuisierung des Schreibens zu umgehen. Zwar geht die Tabuisierung des Schreibens von dem als mündliche Lehre bezeichneten Hadith aus, aber ihre Wirkung bleibt nicht auf die Niederschrift der Tradition beschränkt, sondern meint allgemein das Sammeln von Schrifttum, vor allem von Büchern. Solcher Verdacht stellt alles Verschriftlichte außer dem heiligen Koran unter Kuratel.[23]

Die im Laufe des Lebens gesammelten Verschriftlichungen und Bücher vor dem Tod zu vernichten war ein Kulturelement im frühen Islam. So wurden auf dem Sterbebett oder vor dem

Ausritt zur Schlacht Anweisungen erteilt, alle schriftlichen Unterlagen zu eliminieren, sie vornehmlich zu verbrennen oder in anderer Weise unleserlich und damit unbrauchbar zu machen. Die Gründe liegen nicht darin – wie eine moderne Sicht der Dinge nahelegt –, die privaten Geheimnisse der Einzelperson, sprich: des Individuums, hüten zu wollen. Vielmehr kam es den aus dem weltlichen Dasein tretenden Besitzern darauf an, dass von ihren Verschriftlichungen, die sie künftig nicht mehr begleiten können würden, keine Entstellungen oder gar Verfälschungen der Wahrheit des Glaubens ausgehen konnten. Zudem legten Gelehrte keinen Wert darauf, dass sich nach ihrem Tod herumspräche, sie hätten über Bücher, womöglich gar über viele Bücher verfügt. Das Tabu der bleibenden Verschriftlichung soll sogar so weit gegangen sein, dass es als unschicklich angesehen wurde, einem Buch über Nacht Aufenthalt im eigenen Haus zu gewähren.[24]

Ein derart striktes Tabu galt nicht gegenüber allen Formen der schriftlichen Niederlegung. So wurde eine Unterscheidung zwischen dem wenig angebrachten Besitz von Büchern und anderen Verschriftlichungen, etwa von Briefen, getroffen. Dem Besitz eines Buches kam ein öffentlicher Charakter zu. Insofern unterlag ein solches Schriftwerk der Kontrolle einer imaginären öffentlichen Aufsicht, war öffentliche Angelegenheit und wurde als solche behandelt. Briefe hingegen fielen in den Bereich des Privaten und erregten deshalb jenseits ihres Inhalts kaum Aufmerksamkeit.[25]

Wie erfolgte bei einer derart unter dem Verdacht des Sakrilegs stehenden Verschriftlichung die Übermittlung von Wissen – vor allem des für die Weitergabe der Tradition so wichtigen Hadith? Sie erfolgte über eine hohe Gedächtnisleistung und die von ihr ausgehende Reputation. Denjenigen, die im Memorieren besondere Fähigkeiten vorzuweisen hatten, wurde Anerkennung zuteil. Wem aber das Bewahren des Textes schwer fiel, der durfte auf Hilfsmittel zurückgreifen. Hilfsmittel konnten dabei nur Niederschriften sein. Indes wurde Wert darauf gelegt, dass es sich nur um eine provisorische Stütze handelte. Nach erfolgreicher Einprägung des zu Erinnernden musste die schriftliche Gedächtnisstütze umgehend vernichtet werden. Dass sich für den Beweis des kurzfristigen Charakters der Niederschrift Wandtafeln oder Häuserwände anboten, liegt nahe. Bei einem solchen Schreibgrund war dem beschrifteten Material etwas Vorläufiges eigen. Regen oder andere Witterungseinflüsse sorgten über kurz oder lang für das Verschwinden des Geschriebenen. Zudem sollte im Provisorischen auf das Niederschreiben ganzer Sätze verzichtet werden.

Mancherorts wurde das Schreibverbot so strikt gehandhabt, dass ausdrücklich untersagt wurde, was offenbar üblich war: nämlich Hilfsmittel wie Handflächen oder Sandalen als Schreibfläche zu benutzen. Kam einem Lehrer zu Ohren, dass ein Schüler sich bleibende Notizen von seinen mündlichen Ausführungen gemacht hatte oder wurde der Lehrer von seinem Schüler an eine frühere Aussage erinnert, von der sich der Schüler Aufzeichnungen gemacht hatte, musste er diese Notate umgehend vernichten. Falls Gelerntes schriftlich aufgezeichnet wurde, erfolgte die Niederschrift zu Hause im stillen Kämmerlein, den Blicken der Öffentlichkeit entzogen. Alles andere wäre als grobe Regelverletzung angesehen und entsprechend kujoniert worden.

Ganz ohne schriftliche Stütze kommt auch das beste Gedächtnis nicht aus. Insofern waren Verschriftlichungen und sogar Bücher unabkömmliche Hilfsmittel des Memorierens. Schließlich liegt dieser Art von Mündlichkeit eine, wenn auch zu verlesende Schrift zugrunde. Dies war vor allem im Bereich der Wissenschaften der Fall. Freilich durften diese Bücher von den Schülern nicht ohne Aufsicht zur Hand genommen werden. Lehrende hatten sogar ihre eigenen Schriften, die von den Schülern zum Lernen benutzt wurden, mit dem *quira'a*-Vermerk zu zeichnen und dadurch kenntlich zu machen, dass die Werke von den Schülern nicht etwa allein studiert wurden, sondern unter Kontrolle der Lehrenden. Schließlich war es ein Leichtes, einen arabischen Text falsch zu lesen. Man stelle sich vor, ein Schüler entnehme sein Wissen Büchern oder Heften, deren Texte er nur gelesen, nicht aber gehört hatte. War die Verschriftlichung nicht mit der richtigen Punktierung, also der Vokalisierung, versehen, konnte dies erhebliche Folgen zeitigen. So wird berichtet, wie in einigen Fällen falsche Punktierungen bei Namen von Heilmitteln tödliche Folgen nach sich zogen.[26]

Für den Habitus der Mündlichkeit in der islamischen Zivilisation arabischer Sprache lassen sich gute Gründe anführen. So dürfte das gesprochene Wort vom Gemeinten weniger weit entfernt sein als das geschriebene.[27] Neben der immer wieder erwähnten Unzuverlässigkeit des geschriebenen Wortes ist vom Verlust des Spontanen, Lebendigen und Unmittelbaren die Rede. Auch werde durch das Mündliche ein Offenhalten der Interpretation erleichtert, jedenfalls werde eine »Fesselung des Wissens« *(taqyid al-'ilm)* vermieden. Zudem erschwere die mit der Mündlichkeit einhergehende Flexibilität der Interpretation schismatische Gefährdungen. Und nicht zuletzt diene sie dazu, das Wissen in einem engen Kreis Berufener zu bewahren.

Das begleitete und begleitende Lesen hatte neben seiner Kontrollwirkung hinsichtlich der richtigen Textaufnahme also auch praktische Vorzüge. Zudem werden bei der Wissensaufnahme zwei Sinnesorgane gleichermaßen betätigt: das des Sehens wie das des Hörens, vor allem Letzteres. Denn bei der Tradition der Mündlichkeit kommt es auf die Fähigkeit des Hörers als Rezeptor des sich einzuprägenden Wissens an und nicht auf das Sprechen. Und das Sehen steht ohnehin unter anthropologischem Verdacht. Man denke nur an die alle kulturellen Unterschiede übergreifende Figur des genau hinhörenden blinden Sehers, dem das zweifelhafte Privileg zuteil wird, in seiner Urteilskraft nicht vom Augenschein geblendet zu sein.

Mit dem Hinweis auf die Bedeutung des Hörens stellt sich die Frage, inwieweit es sich bei der Mündlichkeit in der islamischen Tradition um eine Folge allein sakraler Vorbehalte gegenüber dem geschriebenen Wort handelt. Woher rührt das Primat der Mündlichkeit? Könnten nicht auch Besonderheiten der arabischen Sprache eine Rolle spielen, die es notwendig machen, das Hören vor das Lesen zu stellen? Und könnte es nicht sein, dass dem religiös begründeten Schreibverbot ein zwar sakral rationalisierter, aber kulturanthropologisch begründbarer Sachverhalt zugrunde liegt? Wie so oft könnte es sich herausstellen, dass es sich um beides zugleich handelt: um einen kulturanthropologisch erklärbaren Umstand wie um dessen sakrale Rationalisierung – wobei Letztere auf Ersteren verschärfend einwirkt.

Wieder handelt es sich um die Frage der Authentizität, der Wahrheit und der richtigen, der unverfälschten Überlieferung, die es über die zeitliche Distanz vom Textursprung der Verkündung bis in die Gegenwart diskursiv zu beglaubigen gilt. Auch hier ist der Text in seiner Bedeutung immer religiös, sakral eingefärbt – wenn es in diesem Zusammenhang auch eher um die kulturanthropologischen Umstände der Technik seiner Übermittlung geht.[29]

Von zentraler Bedeutung für die Technik der mündlichen Überlieferung, die allein Authentizität verbürgt, sind die rekonstruierbaren Überlieferungsketten, die sogenannten Isnaden – also die Genealogie der Tradition einer Weitergabe von Generation zu Generation. Nur durch die mündliche Überlieferung und die sie beglaubigende Überlieferungskette wird der sakrale Ursprungstext durch den vorgelesenen Text in seiner Originalität erreicht. Allein die Genealogie der traditionellen Weitergabe des Textes, der Nachweis der überliefernden Gelehrten, gewährt Authentizität und davon ausgehend sakralen Rang.[30]

Die Weitergabe erfolgt durch eine das Memorieren erleichternde mündliche Rezitation, zumal nur diese unmittelbare Mündlichkeit eine direkte Verbindung zwischen Lehrer und Schüler herzustellen vermag. Es ist also die über persönliche

Mündlichkeit tradierte Autorität des Lehrers, mittels derer die Wahrheit sich ihrer selbst versichert.[31] Durch die Technik des eigenständigen Lesens wäre eine solche Unmittelbarkeit nicht mehr gewährleistet. Vor allem, weil Texte im streitbaren Diskurs der Auslegung des Religiösen leicht unter Fälschungsverdacht geraten.[32] Allein in der physischen Präsenz des Lehrenden und in der Rezitation des in Versform gefassten Textes, in der Vertrauen einflößenden Figürlichkeit der Intonierung, findet die Originalität des vermittelten Wissens und damit auch sein autoritativer Wahrheitscharakter seinen Niederschlag.[33] Viele der grundlegenden Texte im Bereich des Rechts wie auch auf anderen Gebieten waren ursprünglich in Versform komponiert und wurden traditionell ebenso einstudiert.

Für die Notwendigkeit der mündlichen Weitergabe wie der akustischen Aufnahme des Textes gibt es gute Gründe. Sie sind in der komplexen Phonologie der arabischen Sprache und der Struktur ihrer Schrift angelegt. Erst durch den Sprechakt werden Konsonanten und Vokale miteinander verbunden, weil im Arabischen die Schriftzeichen nur die konsonantischen Phoneme und die Langvokale repräsentieren. Kurze Vokale, Vokallosigkeit und Verdoppelung der Konsonanten werden in der Schriftform nicht gekennzeichnet. Eine richtige Lesart durch sinngerechte Betonung der Vokale lässt sich zwar weitgehend aus dem aus Konsonanten komponierten Einzelwort ersehen, ist aber häufig erst aus dem Zusammenhang des Satzes zu erschließen. Und da die semiotische sich von der phonetischen Wortbedeutung unterscheiden kann, hängt die Richtigkeit der Aussage von der »richtigen« Intonierung ab.[34]

Für den Wahrheitscharakter, für die sakral verbürgte Richtigkeit des verschriftlichten Textes, steht also seine richtige Intonierung ein. Erst der gesprochene oder rezitierte Text ist das wahre Wort. Tonfall und Intonierung geben ihm ewigen, unveränderlichen Sinn. Dieser kann allein durch das Gehör, nicht durch das Auge erfasst werden. Auch aus diesem Grund ist die Bedeutung einer verbürgten Überlieferungskette entscheidend. Solange die Weitergabe des Textes von einer Gelehrtengeneration auf die andere ungebrochen rückverfolgt werden kann, scheinen ihre Richtigkeit und Wahrheit ursprünglich zu sein. Erst dann ist der Text in seiner Erhabenheit und Sakralität vollständig erhalten. Umgekehrt ist das Dilemma der Verschriftlichung nicht zu übersehen: Zwar findet sich das Wort der Schriftform wegen vor der Vergessenheit bewahrt, aber um den Preis des Verlusts seiner ursprünglichen Bedeutung.[35]

Auf das Problem der Missverständlichkeit oder »Doppelsinnigkeit« in der Schrift hat bereits Baruch Spinoza in seinem Theologisch-Politischen Traktat anhand des Hebräischen hingewiesen. Nicht nur, dass der originäre biblische Text ursprünglich nicht vokalisiert war; auch waren die Sätze nicht durch Interpunktionszeichen voneinander geschieden. Erst viel später wurden Vokale wie Satz-, Lese- und Betonungszeichen durch die Punktisten angefügt – für den Philosophen eine zeitgeistige Interpretation. Damit wäre die Vokalisierung Ausdruck menschlicher Deutungsfreiheit; allenfalls die Konsonanten wären auf Gott zurückzuführen, fügte der radikale Aufklärer ironisch hinzu.[36] Eine kabbalistische Deutung würde noch hinter den nicht vokalisierten Text auf eine sogenannte Ur-Thora zurückgehen, auf die *thora kelula*. Dieser Vorstellung nach ist das Wort Gottes nicht enthüllt – nicht einmal in der Signatur der Konsonanten. Die Schrift träte hinter die Mündlichkeit und damit hinter die nicht enden wollende Deutung als Entschlüsselung des Wortes Gottes zurück.[37]

Die Privilegierung der Mündlichkeit gegenüber der Schrift und die Präsenz des Sakralen mögen mehr als alles andere dazu beigetragen haben, die Akzeptanz des Buchdrucks im Bereich des Islam zu verschleppen. Dass es sich nicht um ein Problem des Islam als Religion handelt, sondern dass die islamische Kultur die Mündlichkeit stärker bewahrt hat als andere Zivilisationen, vor allem als die zum Westen säkularisierte Christenheit, wird anhand der anthropologisch angeleiteten Sprachwissenschaft deutlich. So hat der Linguist Ferdinand de

Saussure gegen Ende des 19. Jahrhunderts im Gefolge von Jean-Jacques Rousseau das sich im Westen durchsetzende Primat der Schrift vor dem gesprochenen Wort als einen Vorgang der Usurpation bezeichnet. Er sah eine Usurpation des Mündlichen durch das Schriftliche, weil sich das Schriftbild durch die Verbreitung des Buchdrucks auf Kosten des Lautes einpräge – und dies, obwohl das natürliche Verhältnis umgekehrt sei.

Das Verhältnis ist einleuchtend: Zunächst ist der Laut, dann die Schrift. Von dieser Rang- und Abfolge wusste schon der arabische Geschichtsdenker Ibn Khaldun im 14. Jahrhundert zu berichten.[38] Schließlich sind Sprache und Schrift zwei verschiedene Systeme von Zeichen, wobei letzteres aus Gründen des bloßen Behelfs dazu da ist, das erstere zu repräsentieren. Rousseau hielt es für absonderlich, dem durch Zeichen komponierten Bild größere Sorgfalt angedeihen zu lassen als dem durch die Schriftzeichen transportierten Gegenstand, will heißen: dem gesprochenen Wort.[39] De Saussure ging über Rousseau hinaus, als er feststellte, die Schrift verschleiere den Ausdruck der Sprache. Die Schrift sei nicht etwa die Kleidung der Sprache, sondern ihre Verkleidung.[40] Daraus wurde gefolgert, dass sich die Schrift eine Autorität anmaße, die ihr nicht zustehe.[41] Dies vor allem, weil von der Entwicklung des Kleinkindes her zuerst gehört werde und erst dann gesehen. Die Rückwirkung der Schrift auf das gesprochene Wort kann fehlerhaft sein und ist es auch häufig. Beim zivilisatorisch sich durchsetzenden Primat des Geschriebenen vor dem Gehörten handelt es sich demnach um eine »pathologische Erscheinung«,[42] um einen Vorgang, dem alles Leben entwichen ist – ein Vorgang, für den Jacques Derrida das Wort vom »testamentarischen« Charakter des Graphen geprägt hat.[43]

Die schriftlich gestützte Mündlichkeit in der sakral unterlegten Zivilisation des Islam reflektiert in ihrer spezifischen Form eine universelle Konstante. Denn die Aura des Sakralen geht verloren, wenn Texte durch den Druck mechanisch reproduziert und für jeden in seiner Vereinzelung als Lesender zugänglich werden. Der ursprüngliche, durch rezitierendes Vorlesen sakral imprägnierte Text verliert durch die Schriftlichkeit seine unverfälschte Religiosität. Es ist dieser Verlust, den Walter Benjamin erkannt und beschrieben hat. So spricht er von einer durch die mechanische Reproduktion herbeigeführten Verletzung des lebendigen Kerns des Kunstwerks, von seiner in der Originalität beschlossenen Autorität, seiner unbeschädigten Echtheit. Die Echtheit einer Sache ist nach Benjamin der Inbegriff alles vom Ursprung her Tradierten – von ihrer materiellen Dauer bis zu ihrer geschichtlichen Zeugenschaft.[44] Hingegen bringt die Reproduktion jede geschichtliche Authentizität und damit die Autorität der Sache ins Wanken. Indem die Reproduktionstechnik das Reproduzierte aus dem Bereich der Tradition herauslöst, trägt sie zu deren fundamentaler Erschütterung bei. Dieser Vorgang ist symptomatisch. Seine Bedeutung, so Benjamin weiter, weist über den Bereich der Kunst hinaus.[45]

Aus der Perspektive einer Kultur der Mündlichkeit und der von ihr ausgehenden Scheu vor der Reproduktion der Schrift wird die Gewalt jenes Umbruchs fassbar, der von der europäischen Druckrevolution und den Mentalitäten, die sich in ihrem Gefolge durchsetzten, ausging. Die Technik der Reproduktion eines verschriftlichten geistigen Gutes zieht Veränderungen nach sich, die nach außen wie nach innen folgenreich sind. Der Einzelne fügt sich nicht ergeben in eine ihm vorausgegangene wie ihm nachfolgende Überlieferungskette, sondern stellt seine Individualität heraus. Ihr Wert macht sich an der Verbreitung des mit seinem Namen verbundenen Schrifttums kenntlich. Erst der Druck machte das Wissen ewig und den Autor unsterblich.

Neben dem durch das Drucken herausgeforderten übermäßigen Schreiben werden Ruhm und Reichtum des individuell kenntlich gemachten Autors anhand der Auflagenhöhe ermessen. So fand die durch die Reformation angestoßene Druckkonjunktur in Luther ihren so umtriebigen wie gefeierten Erfolgsautor. Sein durch die Ausbildung von Öffentlichkeit geschützter und zugleich angefachter Erfolg wird schon daran erkennbar, dass bereits 1519, also nur zwei Jahre nach dem Thesenanschlag zu Wittenberg, die von ihm verfassten Druckwerke im Titel nicht mehr durch seinen vollen Namen ausgewiesen waren, sondern dass dessen Initialen genügten. Die nach ihm benannte Lutherbibel hat sich noch zu seinen Lebzeiten über eine Million Mal verkauft.

Die Lutherbibel war keineswegs die erste nicht-lateinische Bibel. Übersetzungen der Heiligen Schrift in die Volkssprachen hatte es schon früher gegeben. Seit dem Übergang vom 13. zum 14. Jahrhundert war es üblich geworden, die christliche Botschaft in der jeweiligen Volkssprache zu verkünden, im Französischen, Italienischen oder Deutschen – freilich noch nicht im Druck. Die Bedeutung des Lateinischen als der universellen Sprache Europas war sukzessive zurückgegangen, nachdem sich etwa vom 11. Jahrhundert an vernakulare Sprachen zu formieren begonnen hatten und auch verschriftlicht worden waren.[46] Die stetige Ausbildung verschriftlichter Volkssprachen brachte es mit sich, dass sich eine Unterscheidung zwischen der universalen Sprache als Medium des Sakralen einerseits und den vernakularen Sprachen als profane, das Sakrale ausdünnende Idiome andererseits einstellte. Eine parallele Entwicklung ist zeitgleich im südasiatischen Bereich hinsichtlich des Sanskrit zu beobachten. Auch dort bildeten sich verschriftlichte Volkssprachen aus. Allein das Arabische als weitere bedeutende Universalsprache blieb von dieser Entwicklung unberührt.[47]

Mit der Durchsetzung der europäischen Volkssprachen in Verbindung mit der Druckkultur hat sich das Sakrale keineswegs verflüchtigt. Luther hatte den Buchdruck geradezu mit religiösen Weihen versehen, als er ihn als das »letzte und zugleich größte Geschenk Gottes« sakralisierte. Bis zum jüngsten Tag – so Luther – werde es kein neues vom Himmel erfolgendes Geschenk mehr geben.[48] Damit wurde der Buchdruck als

Bestandteil der Verkündigung erachtet. Er erfolgte also in göttlichem Auftrag. Die Offenbarung war für die Christenheit erst mit dem Empfang des Buchdrucks abgeschlossen.

Dem durch den Buchdruck in seiner deutschen Versprachlichung möglich gewordenen eigenständigen, individuellen Lesen der Bibel kam eine rituelle Bedeutung zu. Es handelte sich um eine Aufforderung zum Gottesdienst. Im 16. Jahrhundert war »die Schrift« mit dem gedruckten Wort Gottes identisch geworden. Gottes Wort hatte sich in gedruckter Form zu offenbaren, sollte es als solches erkannt werden. Bei dieser Verwandlung des Religiösen durch die nunmehr selbst zu lesende Schrift handelt es sich um eine Konversion des Sakralen. Die allumfassende Religion wurde durch die Individualisierung des Verhältnisses zu Gott konfessionalisiert und somit teilsäkularisiert. Dass jeder Mensch unmittelbar zu Gott stehe – also an der Geistlichkeit vorbei –, wurde erst im typographischen Zeitalter möglich.

Auch die Vorstellung von Ewigkeit wandelte sich durch die Erfindung des Buchdrucks. Denn erst durch die neue Technik und die mit ihr verbundene massenhafte Verbreitung der Schrift, ihre real gewordene Ubiquität, ihre allseitige Erreichbarkeit, vermochte sich die Verkündung zu verewigen. Damit ging ein verändertes Verhältnis zur Zeit einher. War das Sakrale vormals an die Ewigkeit und damit an Embleme der Unveränderlichkeit gekettet, versöhnte sich die Kirche mit Vorstellungen von einer beschleunigten Zeit, weil sich erst durch diese Technik der Segen der Verkündung unbegrenzt verbreiten ließ. So entpuppte sich die volkssprachlich abgefasste, die gedruckte Bibel auch und gerade durch ihren verpflichtenden sakralen Charakter als ein trojanisches Pferd der Moderne.

Die neue Zeit trat also in der Verbindung zwischen vernakularen Sprachen und Buchdruck auf. Diesem Bündnis stellte sich die Papstkirche entgegen.[49] Denn durch den Gebrauch der popularen Idiome sah sie die alten lateinischen Begriffe zerstört, ihren überlieferten Sinn entstellt, die Hierarchie des Glaubens unterminiert; also eine Gefährdung der orthodoxen Religiosität und die Vernichtung der traditionellen geistigen wie weltlichen Bindungen. Die Kirche suchte die durch den Buchdruck ausgelöste Lawine von Informationen einzudämmen, um der davon ausgehenden großen Verwirrung zu begegnen.[50] Nicht anders als in der Welt des Islam galt dem Menschen des christlichen Mittelalters das Anhäufen von Wissen als bedrohlich und gefährlich. Es war besser, das Wissen seinen berufenen Verwaltern, der Geistlichkeit und den Universitätsgelehrten, zu überlassen.

Gegen die neue Kunst des Druckens setzte sich auch das um Lohn und Brot gebrachte Schreibergewerbe zur Wehr, und dies in Verbindung mit der religiösen Hierarchie, die nur zu gern *de laude scriptorum* – das Lob des Handschriftenschreibers – sang. Ein alter wie ehrbarer Stand sollte bewahrt werden. Zudem galt das Abschreiben als sakraler Akt innerer Einkehr und Ruhe, als Gottesdienst. Aber in der Welt der Christenheit wurde die vormalige Kontemplation und Langsamkeit des mühseligen Abschreibens durch eine vom menschlichen Einfallsreichtum verursachte Hast und Gier des Druckens ersetzt – der *multiplicatio librorum*.[51] Die vom Druck ausgehende Sucht nach Ruhm und Reichtum galt den Altgläubigen als Sakrileg. Das gedruckte und grenzenlos sich vervielfältigende Buch wurde zu einem Pionier der Warenwelt – und der frühen Industrialisierung. Als »freie Kunst« stand das Gewerbe des Buchdrucks vorläufig noch jenseits von Zunft und Gilde. So machte es den alten Handwerkstraditionen zu schaffen. All das, was mit dem späteren Aufkommen der Maschinenwelt in Verbindung gebracht wird, findet hier seine erste Ausformung. Schließlich setzt der komplexe und auf Langfristigkeit gerichtete Prozess aufwändiger Herstellung wie der Vertrieb von Büchern kapitalkräftige Geldgeber voraus. Als »Vorleger« bedeutender und auf Dauer angelegter Mittel geht der Investor im Buchgeschäft ein nicht unerhebliches Risiko ein – ein Geschäft, das vom später so genannten Verleger unternommen wurde. So waren dem

Buch alle Merkmale einer sich ankündigenden Moderne eingeschrieben.[52]

Dreihundert Jahre mussten vergehen, bis sich der Buchdruck in den Ländern des Islam etablieren konnte. Wie konnte seine Einführung so lange abgewehrt werden? Was hinderte diese revolutionäre, industrielle Kunst daran, in den Ländern des Islam Einzug zu halten? Immerhin handelte es sich bei aller mündlichen Tradition beim Islam auch um eine entwickelte Schriftkultur, um einen auch als solchen bezeichneten »kalligraphischen Staat«. Der Druck hätte der Verbreitung der Schrift, seiner heiligen Schrift, also dem Koran, nur dienlich sein können. Doch hat die Dichte des Sakralen allem anderen widerstanden. Sie war stark genug, die Einführung der Technik der mechanischen Reproduktion der Schrift zu verhindern.

Während es in Europa, in den Ländern der Christenheit, den geistlichen und weltlichen Autoritäten schon aufgrund der vielen Territorialherren versagt war, der Verbreitung des Buchdrucks Einhalt zu gebieten, war es um die Einflussnahme der entsprechenden Instanzen im Bereich des Islam anders bestellt. Dies konnte zweierlei Ursachen haben: zum einen den praktischen Umstand, dass die religiösen Respektspersonen des Islam mehr Macht auf die dortigen Lebenswelten ausübten, zum anderen, dass das Sakrale im Orient von einer undurchlässigeren Beschaffenheit war, die Einheit der Gläubigen mit Gott enger geschlossen, die Wirkung des Sakralen im Orient also absolut.

Wie lässt sich das Sakrale ermessen? Allenfalls an seiner Wirkung – und vielleicht gerade anhand der Abwehr einer solchen dramatischen Neuerung wie der des Buchdrucks. Zwar stand am Anfang ein autoritatives Druckverbot, erlassen 1485 vom osmanischen Sultan Bajasid II.[53] Aber ein offizielles Druckverbot hätte den Buchdruck ebenso wenig aufhalten können wie eine interessengeleitete, also den Berufsstand schützende, korporative Widerständigkeit von Schreibern und Kopisten, wäre das Publikum von den Leistungen der mechanischen Reproduktion von Texten wirklich beeindruckt worden. Tatsächlich ist die historische Interpretation versucht, die Ursache für die Verhinderung der Druckerpresse im Islam dem Einfluss der Kopisten zuzuschreiben.[54] Dies dürfte zu kurz greifen. Wenn, dann mochte dies weniger der berufsständischen, sondern allenfalls der rituellen Seite ihrer Tätigkeit zuzuschreiben gewesen sein. Dazu gehörte die Ansicht, dass die handschriftliche Übertragung dem Abschreiber nicht nur Segen verheiße, sondern ihn mit allen Abschreibern der Überlieferungskette des jeweiligen Textes und somit mit der heilsverheißenden Frühzeit des Islam in eine direkte spirituelle Verbindung versetze.[55] So stand der Widerstand gegenüber dem Buchdruck mit einer Haltung, mit jenem Habitus im Einklang, der bei Muslimen verbreitet war – im Unterschied zu den im Osmanischen Reich beheimateten Juden und Christen, die sich ohne Umschweife der Innovation der mechanischen Vervielfältigung ihrer Texte annahmen.[56]

Der Vergleich mit der anderen Gesetzesreligion – dem Judentum – ist erhellend. Denn während sich die Muslime unter muslimischer Herrschaft dem sakralen Tabu kaum zu entziehen vermochten, machten die Juden von der Technologie des Buchdrucks regen Gebrauch. Dabei kam ihnen entgegen, dass sie als eine diasporische Bevölkerung zwischen den Welten lebten. Denn kaum war der Buchdruck erfunden, ergingen rabbinische Responsen, die einen pragmatischen Umgang mit dem Buchdruck gewährten. Denn in den rabbinischen Responsen wurde zwischen solchen Schriften unterschieden, die liturgischen Zwecken dienten, und solchen, die zwar religiösen Inhalts waren, jedoch dem Studium oder dem Memorieren für das Gebet zugute kamen. Erstere waren allein handschriftlich zu kopieren. Dazu gehören bis zum heutigen Tage Thorarollen, die Pergamentrollen der Gebetsriemen – der Tefillin –, und die Pergamentstreifen der am Türrahmen befestigten Mesusa. Alles andere konnte ohne religiöse Vorbehalte mechanisch vervielfältigt werden. Und da es sich um den Löwenanteil allen jüdischen Schrifttums handelte, ist davon auszugehen, dass sich die Juden im Bereich der Christenheit wie des Islam ohne Einschränkung den Vorzügen des Buchdrucks hingeben konnten.[57]

Anders die beständig unter dem Gesetz des Islam lebenden Muslime. Die von ihnen dem Buchdruck gegenüber demonstrierte Widerständigkeit dokumentiert eine tief verwurzelte Abwehr – eine Abwehr, wie sie nur von einem schwer zu neutralisierenden Tabu auszugehen vermag. Und seinen Ausdruck findet dieses Tabu in einer intuitiven Selbstbindung an die das Sakrale vermittelnde Autorität der Schrift. Dabei offenbart sich die sakral imprägnierte Autorität der Schrift nicht unmittelbar, sondern findet sich durch unterschiedliche, dem Verstand leicht zugängliche Rationalisierungen begründet. In der Kultur des Islam können diese Rationalisierungen einen technischen, juristischen, ästhetischen, theologischen oder einen wie immer auch religiös verfassten Charakter annehmen. Gemeinsam ist ihnen bei aller Rationalisierung eine enigmatische Ablehnung des gedruckten Buches.

Wie tief verankert die muslimische Abweisung gedruckter arabischer Texte war, zeigte sich etwa, als venezianische Kaufleute 1588 im Osmanischen Reich in Italien gedruckte Bücher arabischer Philosophen des Mittelalters feilboten. Obwohl Sultan Murad III. ihr Handelsprivileg ausdrücklich bestätigte, fanden die Bücher keine Abnehmer. Niemand war bereit, die dargebotenen Druckwerke in arabischen Lettern zu erwerben. Das Publikum stieß sich an den verwendeten Schrifttypen. Sie galten als ästhetisch missraten. Außerdem waren die Drucke fehlerhaft. Die Vorstellung, durch die mechanische Vervielfältigung würden Fehler und Unregelmäßigkeiten verbreitet, war den Muslimen ein Gräuel. Aber auch jenseits satztechnischer Missgriffe konnten die in Europa produzierten Druckwerke mit der ästhetischen Qualität handgeschriebener arabischer Manuskripte nicht mithalten.[58]

Als sich im Lauf der Zeit bei den im Westen produzierten arabischen Druckwerken technische Verbesserungen ankündigten, wurde Widerstand bei den islamischen Schriftgelehrten spürbar. In der Tat war der institutionelle Einfluss der Schrift- und der Rechtsgelehrten hinsichtlich des geschriebenen und verbreiteten Wortes absolut. Diese Machtposition war Ausdruck ihrer Monopolstellung in der islamischen kulturellen Produktion. Die Schriftgelehrten und mit ihnen das Schreibergewerbe verfügten über das gesamte, die Texte wie die Herstellung von Texten betreffende Netzwerk. Dieses Monopol galt nicht nur der Tätigkeit des Schreibens, Kopierens und Verbreitens von Texten, sondern auch ihrer öffentlichen Verlesung. Zudem kontrollierten sie neben der Verbreitung auch die Verwahrung der Manuskripte. Kurz: Sie verfügten über den Schlüssel zum verschriftlichten Wort. So standen etwa in Istanbul auch die Buchhändler unter striktester Kontrolle der Schrift- und Rechtsgelehrten wie der mit ihnen verbundenen Richterschaft. Diese absolute Verfügung über den islamischen Text setzte sich noch fort, als – wenn auch in eingeschränktem Maße – gedruckt werden durfte. Ihre führende Rolle in der Überwachung aller zur Verbreitung vorgesehenen Texte, handschriftlicher oder gedruckter, behielten die *ulama* (Ulema) und *kuttab* auch als Mitglieder im Rat der Zensoren bei, den Sultan Abd ül-Hamid I. 1784 zur Sicherstellung der geistigen Kontrolle einsetzte. In solchen Einrichtungen fand die Autorität des Islam ihren unübersehbaren Ausdruck.[59]

Die von Schriftgelehrten und Richtern ausgeübte Kontrolle über den Text war also keineswegs gelockert worden, als Sultan Ahmed III. 1727 erstmals den Buchdruck im Osmanischen Reich für Muslime gestattete. Seine nur zögerliche Einführung im Bereich des Islam sollte keine gesellschaftlichen Folgen nach sich ziehen. Eine Umwälzung wie in den Ländern der frühneuzeitlichen Christenheit blieb aus. Auch waren im Unterschied, ja in Umkehrung zur europäischen Entwicklung, wo der Druck gerade mit der Reproduktion eines heiligen Buchs, der Bibel, eingesetzt hatte, im Osmanischen Reich sakrale Texte explizit vom Druck ausgenommen. Dies galt nicht nur für den Koran, sondern für sämtliche Texte, die sich mit islamischen Themen befassten. Angesichts der Durchdringung fast aller muslimischen Diskurse mit Elementen des Sakralen handelte es sich um eine extensiv gefasste Einschränkung, die gerade noch den Druck von Grammatiken, technischen Handbüchern und Sprachlehren erlaubte. Der damals gängige Hinweis, bei den zum Druck herangezogenen beweglichen metallischen Schrifttypen handele es sich um Produkte der Christenheit, die es von der Sprache der Offenbarung fernzuhalten gelte, mag zu den äußerlichen Merkmalen gerechnet werden, in denen sich das Sakrale niederschlägt.[60] So verwundert es nicht, dass 1747 die zwanzig Jahre zuvor in Istanbul eingerichtete Druckerei wieder geschlossen wurde. In dem Zeitraum ihres Bestehens waren lediglich siebzehn Titel in einundzwanzig Bänden gedruckt worden – ein Beleg dafür, dass der mechanischen Reproduktion von Text im Islam keine besondere Bedeutung zukam.

Außerhalb der Domäne des Islam, unter christlicher Herrschaft, waren Druckwerke islamischen Inhalts fortwährend hergestellt worden. Sogar der Koran war im Bereich der Christenheit typographisch produziert worden – in Venedig, und dies schon um 1537 und für den gelehrten Bedarf.[61] Später erfuhr der Korandruck einen Aufschwung, als im Gefolge des Friedens von Kütschük-Kainardsche 1774 von Muslimen bewohnte Gebiete, vornehmlich im Bereich der Krim und der weiteren nördlichen Schwarzmeerküste, an Russland gefallen waren. Zarin Katharina II., der Aufklärung verpflichtet, gefiel sich darin, in St. Petersburg unter christlicher Regie für ihre neuen muslimischen Untertanen das heilige Buch des Islam aufzulegen. Anderen Zwecken diente die im ersten Drittel des 19. Jahrhunderts auf Malta tätige Druckerei der English Church Missionary Society. Sie produzierte für die Christen des Orients Druckwerke zur religiösen Erbauung.

Wie die zunächst gleichfalls auf Malta, später in Beirut etablierte Druckerpresse der amerikanischen Mission förderten die englischen Missionare durch Rationalisierung und Standardisierung des Druckvorgangs eine Tendenz der Modernisierung in der arabischen Sprache. Damit war eine weitere Voraussetzung für die *nahda,* die arabische Renaissance, die später, zum Ausgang des 19. Jahrhunderts, einsetzte, gelegt worden. Dazu gehört im Übrigen die 1836 auf Malta erfolgte Produktion einer zur *editio princeps* erhobenen, in ein modernes Schriftbild übertragenen arabischen Grammatik. An dieser Entwicklung war der orientalische Christ Faris asch-Schidjak beteiligt, der später zum Islam konvertierte und um 1860 in osmanische Dienste trat. Als Ahmed Faris übertrug er die auf Malta und in Beirut gemachten Erfahrungen mit dem christlichen Buchdruck in arabischer Sprache in den Kontext eines langsam sich der Moderne öffnenden Islam. Unmittelbar nach dem Erlass des ersten osmanischen Gesetzes über die Zulassung von im Land hergestellten Druckwerken übernahm er in Istanbul das Amt des obersten Korrektors in der imperialen Druckerei.[62]

Mit der Herrschaft Mehmed Alis war 1822 in Ägypten eine von der Autorität des Paschas streng observierte Druckerei eingerichtet worden. Die staatliche Druckerei von Bulaq, einem Vorort Kairos, war seinerzeit die bedeutendste des Orients. Bis zum Jahr 1843 wurden dort neben Lehrmaterialien für den Schulunterricht an die 250 Titel publiziert. Weitgehend handelte es sich um solche Literatur, die dem von oben administrierten Modernisierungsprozess des ägyptischen Landesherrn zu entsprechen hatte, also vornehmlich um Bücher zu Fragen des Militär- und Marinewesens, aber auch Bücher geistigen und aufklärerischen Charakters sowie solche aus dem Bereich der Natur- wie Technikwissenschaften. Allein Rifa'a at-Tahtawi übersetzte oder verfasste 38 Bücher zu den verschiedensten Gegenständen. Sie wurden wie sein berühmtes Tagebuch in osmanisch-türkischer, arabischer oder persischer Sprache gedruckt.[63]

Die erste in Ägypten etablierte Druckerei war von den 1798 das Land unter Bonaparte besetzenden Franzosen eingerichtet worden. Die dort produzierten Flugschriften und anderen Druckwerke sollten die Bevölkerung mit den Gedanken der

Aufklärung und der Menschenrechte vertraut machen. Damit hatte es freilich schnell sein Ende, als eine aufgebrachte Menschenmenge die Einrichtung nebst Druckplatten und anderen Utensilien zerstörte.[64] Ob es sich hierbei um einen religiös motivierten Gewaltakt handelte, entzieht sich der Kenntnis. Was sich der Kenntnis nicht entzieht, ist eine Bestimmung der wenigen, zu Beginn des 19. Jahrhunderts sowohl in Kairo wie auch in Istanbul zum Druck freigegebenen Bücher religiösen und sakralen Inhalts. Allein anhand dieser Bücher und eben nicht an profanen Druckwerken lässt sich die langsame Bewegung einer verhaltenen Säkularisierung beobachten. Denn wenn Bücher sakralen Charakters dem Vorgang der mechanischen Vervielfältigung anvertraut wurden, kann von einer Rückbildung des sie besetzenden Tabus des Sakralen gesprochen werden. So wurden in Istanbul zwischen 1803 und 1817 nur acht Bücher religiösen Inhalts aufgelegt, während für die Zeit ab 1818 von einem publizistischen Aufschwung gesprochen werden kann.

Der Koran selbst wurde im Jahr 1828 erstmals von Muslimen für Muslime mechanisch vervielfältigt. Dies erfolgte in Teheran, allerdings nicht mit der weiterhin abgelehnten Technik des Bleisatzes mit beweglichen Schrifttypen, sondern nach dem Prinzip der Lithographie, des Steindrucks.[65] Diese Methode bewahrte den Eindruck des handschriftlichen Originals und ließ die mit ihm verbundene Emblematik des Sakralen unberührt. Bis heute wird der Koran nicht mit beweglichen Schrifttypen gedruckt, sondern entweder lithographisch oder photomechanisch vervielfältigt. Dies gilt auch für den Azhar-Koran, der – nach langer Vorbereitung – ausgerechnet im Krisenjahr der islamischen Welt, im Jahr 1924, fertiggestellt wurde. Der Azhar-Koran ist der einzige für Muslime verbindliche Korantext. Er wird den Ansprüchen traditioneller islamischer Gelehrsamkeit im Hinblick auf den ursprünglichen, unter dem Kalifen Othman (reg. 644–656) eingeführten Konsonantentext gerecht. Daneben sind ihm jene Lesehilfen beigegeben, die ein professioneller Vortrag erfordert.[66]

Der Text des Korans wird mit lauter Stimme vorgetragen. Er wird rezitiert. Einer solchen Rezitation kommt liturgische Bedeutung zu. Demzufolge ist es die intonierte Schrift, von der aus die Verwerfungen sprachlicher Kommunikation im Arabischen zu denken sind. So mag ermessen werden, von welcher gewaltigen Tabuwirkung des Sakralen die arabische Sprache beschwert wird und unter welcher Last alle Unternehmungen stehen, die sie den Erfordernissen der Moderne anzupassen suchen. Denn alle Bemühungen um eine Reform der arabischen Sprache stehen unter dem in ihr beschlossenen Vorbehalt des Sakralen. Die Sprache anzutasten bedeutet, sich am Heiligen zu vergreifen. Umgekehrt ist jeder Versuch einer Säkularisierung gehalten, sich der Sprache und Schrift zu bemächtigen, sie dem Unternehmen der Moderne zu unterwerfen – kurz: sie zu reformieren.

Die Araber verfügen über zwei Sprachen ein und derselben Sprachfamilie. Zum einen die »erhabene« arabische Hochsprache, die *al-lugha al-arabiyya al-fusha,* zum anderen die kolloquiale, am jeweiligen Ort gesprochene arabische Sprache. Vornehmlich handelt es sich um ihre ägyptische Variante, die sogenannte *ammyya*. Die ägyptische Volkssprache ist von größerer Bedeutung als die anderen regionalen arabischen »Dialekte« – und dies, weil sie durch die in der arabischen Welt führende ägyptische Kulturproduktion, vor allem in Film und Musik, weit über die Landesgrenzen hinaus Verbreitung findet.[67]

Das Nebeneinander von zwei Varianten derselben Sprache wird als Diglossie bezeichnet.[68] Dieses Phänomen ist keineswegs auf die arabische Sprachgemeinschaft beschränkt, sondern findet sich in den verschiedensten Sprachkulturen – so etwa in der Schweiz, wo das Hochdeutsche und das Schwyzerdütsch nebeneinander gesprochen werden. Im arabischen Sprachgebrauch erlernt ein Kind den »Dialekt« als die eigentliche Muttersprache. Zeit seines Lebens bleibt dieser das natürliche Idiom der gesprochenen Kommunikation. In dieser vermeintlich regellosen Sprache entwickelt es ein sicheres Sprachgefühl, wird also in der Lage sein, phonologische, syntaktische oder lexikalische Abweichungen eines anderen Sprechers als solche zu identifizieren. Die Hochsprache hingegen, die man sich wegen ihres komplexen Regelwerks erst später aneignet und derer man sich vornehmlich bei der Verschriftlichung bedient, wird wie eine Fremdsprache erlernt – etwa in Analogie zum Latein in den hiesigen Breiten. In ihr kommt es kaum zur Entwicklung eines Sprachgefühls.

Die nebeneinander existierenden Sprachen lassen sich nicht beliebig anwenden. Sie sind vielmehr situationsgebunden. Zwar lassen sich seit einigen Jahrzehnten Aufweichungen zwischen beiden Sprachen feststellen, entstanden durch die Massenmedien Rundfunk und Fernsehen. So ist eine in mancher Hinsicht modernisierte, eine vereinfachte sogenannte dritte Sprache, eine Art von Zwischensprache auszumachen. Aber im Prinzip bleiben die diese Sprachen unterscheidenden Räume der Kommunikation voneinander getrennt. Problematisch wirkt sich die Trennung dadurch aus, dass die Kontexte der Hochsprache verschriftlicht werden, die der Umgangssprache jedoch von einer Verschriftlichung ausgespart sind. Und während die sakral imprägnierte Schriftsprache die profane Lebenswirklichkeit abwehrt, findet Letztere keinen angemessenen Sprachspeicher. Der in ihr erworbene gesellschaftliche Erfahrungsschatz geht verloren. So behindern sich die mit den unterschiedlichen Sprachen einer Sprachfamilie verbundenen Lebenswelten gegenseitig.

Auf die davon ausgehende Entwicklungsblockade hatten die Autoren des *Arab Human Development Report* hingewiesen, als sie von der unaufschiebbaren Dringlichkeit sprachen, eine den modernen Erfordernissen der Kommunikation angepasste arabische Schriftsprache zu entwickeln. Und in der Diskussion der entwicklungspolitischen Darlegungen des arabischen Autorenkollektivs war zudem vermutet worden, dass in der spezifischen Verdoppelung des arabischen Sprachvermögens – was ansonsten kein Problem darstellen würde – sich eine grundsätzliche Erschwernis spiegele, nämlich die einer verschleppten Säkularisierung der Gesellschaft. Denn die spezifische arabische Diglossie reflektiert neben der durch den Sprachgebrauch ausgedrückten funktionalen Trennung sozialer Sphären auch die blockierte Unterscheidung von sakral und profan, was weitaus dramatischer ist.

Weshalb ist diese Blockade so schwer auflösbar? Wie kommt es, dass das Sakrale, das sich in den Poren der Schrift- und Hochsprache festsetzt, eine derart nachhaltige Wirkung entfaltet? Was lähmt jeden zur Veränderung der Sprache ansetzenden politischen Willen? Wie ist das Tabu beschaffen, das jeden Wandel der arabischen Hochsprache oder eine Aufwertung der kolloquialen Sprache durch ihre Verschriftlichung abweist?

Die Imprägnierung des Sakralen und damit die Ehrfurcht vor der Hochsprache beginnt im frühen Kindesalter. Sie erfolgt parallel zum Erlernen der kolloquialen Sprache. Und sie erfolgt über die allgegenwärtig vernehmlichen Laute des Sakralen, den eindringlichen Klang des *adhan,* den Aufruf zum Gebet, die vertraute Intonation der Koranrezitation – ob sie nun über das Radio, mittels des Abspielens von Tonträgern oder in der nachbarschaftlichen Wirklichkeit des heimischen Stadtviertels vernommen wird. Diese Laute wird das Kind in seinem Herzen einschließen. Sie sind der Ursprung, von dem aus sich das Sakrale in alle anderen Bereiche verlängert, vor allem in die Hochsprache. Dabei sind Wirkung und Geltung des Sakralen insofern paradox, als es sich – obschon vom Kind durch Intonation empfangen – im späteren Leben durch die das Sakrale transportierende Hochsprache in der ihr vorbehaltenen Schrift niederschlägt. Gleichzeitig bleibt die ebenfalls über das Gehör erworbene kolloquiale Sprache vom Sakralen frei.

Der Transfer des Sakralen erfolgt also über das Anhören des als sakral identifizierten Textes, also über Liturgie und Ritus, um von dort aus seinen Weg in die verschriftlichte arabische Sprache zu nehmen. Damit die Sprache ihre Sakralität bewahren kann, muss sie grammatikalisch und syntaktisch den höchsten Erfordernissen der Sprachkunst entsprechen. Nur die korrekte arabische Sprache ist eine Wahrheit transportierende Sprache. Jede an der Hochsprache vorgenommene Veränderung, jede von funktionalen Erfordernissen getragene Sprachreform würde die in sie eingelassene Sakralität beschädigen. Deshalb erweist sie sich gegenüber jeder Veränderung resistent.[69]

Vorschläge, die Schriftsprache zu verändern, sie dem Wandel der Zeit anzupassen, werden mittels zweier Argumentcluster abgewehrt. Das eine Cluster ist islamischen Charakters, das andere wird arabisch-national begründet. Die islamisch aufgeklärte, keineswegs islamistisch argumentierende Haltung legt Wert auf die Feststellung, dass die Ägypter nicht die wahren Eigentümer der Sprache seien – allenfalls ihre Verwahrer. Ihnen sei das heilige Idiom zwar zu treuen Händen übertragen, über die Sprache verfügten aber allein die ursprünglichen Araber, die Araber der Halbinsel. Schließlich handelt es sich bei der Halbinsel um den ursprünglichen Raum des Islam, und die dort lebenden Beduinen werden als die wahren Araber angesehen – jedenfalls als Araber, die das reinste, das unverfälschte Arabisch beherrschen; und auf sie geht die heilige Sprache zurück. Dieser Haltung, die jede Veränderung an der Sprache von sich weist, liegt die Auffassung zugrunde, dass die Sprache Gottes Schöpfung sei. Ihrer Heiligkeit wegen wird sie als ewig angesehen. Menschen können, dürfen nicht Hand an sie legen.[70]

Auch dem Argument, die arabische Hochsprache sei die Sprache aller Araber, kommt eine sakrale – wenn auch verdeckt sakrale – Bedeutung zu. Der arabische Nationalismus in seiner klassischen Form stützt sich auf das islamische Korpus und damit auf die herausragende Bedeutung der arabischen Sprache. Nicht nur, dass die als gemeinsam bewahrte arabische Sprache zur Grundlage eines Verständnisses von der Unteilbarkeit der arabischen Nation angesehen wird.[71] Der arabischen Sprache kommt für das arabische Nationalbewusstsein eine konstitutive

Bedeutung zu. Sie ist bleibender Ausdruck einer als »episch« erachteten Zeit (Niloofar Haeri), weil der Glauben an die erhabene arabische Sprache als emblematische Verlängerung einer glorreichen Vergangenheit in die Gegenwart wirkt.[72] Eine Beschädigung, gar ein Verlust dieser als perfekt und rein erachteten Sprache würde auch die im Bewusstsein der Araber mit ihr verbundene Gedächtniszeit vergehen lassen.

Die arabische Sprache hütet also das Erbe der historischen arabischen Nation in einer weit über das Funktionale hinausgehenden, magischen Weise.[73] Gerade weil das glorreiche arabische Reich in der Realität nicht besteht, findet es sich in der klassischen arabischen Sprache aufbewahrt. Eine schriftliche Festlegung des Kolloquialen würde dem jeweils regionalen Charakter folgen und damit die Spracheinheit der Araber unterschiedlicher Länder untergraben. Diese aber ist eine nicht unerhebliche Fiktion, auf der das arabische Selbstverständnis beruht. Die ausgebliebene politische Einheit der Araber wird so durch die gemeinsame Sprache kompensiert.[74] Jede substanzielle Veränderung oder Anpassung der Hochsprache an die Erfordernisse der Moderne gerät so zum Sakrileg – zu einem Sakrileg gegenüber dem Korpus des Religiösen oder des Nationalen. Sakral oder national: Dem klassischen Arabisch geht die Gegenwärtigkeit ab. Die *fusha* ist katechontisch aufgeladen. Sie hält Zeit auf.[75]

Die arabische Sprache ist nicht die einzige Sprache, die sich als vornehmlich sakrale Sprache den Anforderungen der Moderne ausgesetzt sieht. Auch das Hebräische ist eine im Kern sakrale Sprache.[76] Im jiddischen Idiom wird sie als »heilige Zunge«, als *loyshen koidesh,* bezeichnet. Als die hebräische Sprache im Lauf des 19. Jahrhunderts erneuert wurde, war es auch solchen Juden, die sich nicht mehr an das religiöse Gesetz hielten, keineswegs selbstverständlich, sich ihrer in allen Bereichen des Lebens zu bedienen. Bei ihrer Verwendung legten sie sich Zurückhaltung auf. Und für das wirklich Profane, für das Alltägliche ebenso wie für das Grobe, nahmen sie weiterhin das Jiddische oder andere jüdische Umgangssprachen in Anspruch. Hinzu gesellt sich das Moment der hebräischen Schriftzeichen und das Problem der ihnen – wie den arabischen Lettern – innewohnenden Heiligkeit.

Als der bedeutendste deutsch-jüdische Aufklärer Moses Mendelssohn (1729–1786) zum Ausgang des 18. Jahrhunderts die hebräische Bibel ins Deutsche übertrug, benutzte er hebräische Schriftzeichen.[77] Dies mochte pragmatische Gründe gehabt haben – etwa, dass trotz geringer Hebräischkenntnisse innerhalb der jüdischen Bevölkerung die Verwendung der Schriftzeichen allenthalben verbreitet war. Doch eine solche Erklärung zielt nur auf das Praktische. Die mit den lateinischen Lettern verbundene Grenzüberschreitung und die sie begleitende Scheu geraten dabei aus dem Blick. Die damit einhergehende Profanierung des Sakralen wurde zudem dadurch abgeschwächt, dass die Mendelssohnsche Übertragung der hebräischen Bibel ins Deutsche eben in hebräischen Schriftzeichen erfolgte.[78] Eine Übersetzung der fünf Bücher Mose ins Deutsche unter Verwendung lateinischer Schriftzeichen hätte das jüdische Lesepublikum, das Mendelssohn im Auge hatte, aus religiösen Gründen überfordert.[79] Allein der Umstand, dass die lateinischen Lettern im damaligen jüdischen Alltagsgebrauch als *galkhes* bezeichnet wurden – eine aus dem Hebräischen abgeleitete und auf den rasierten Schädel und die im Unterschied zu den Juden glattrasierten Gesichter der Priester und Mönche anspielende Bezeichnung *(galakh/galokhim)* –, verweist auf die sakrale Aufladung der jeweiligen Alphabete. Für das Empfinden des an der Schwelle zur Moderne stehenden Menschen waren das lateinische ebenso wie das hebräische oder das arabische Alphabet religiös unterschiedlich eingefärbt.

Trotz der Verwendung hebräischer Lettern stieß Mendelssohns Übersetzung keineswegs auf einhellige Zustimmung in der Rabbinerschaft, ohne dass es aber zu einem Bannspruch *(kherem)* gekommen wäre. Mendelssohn dürfte von der von ihm unternommenen Grenzüberschreitung vom Sakralen zum Profanen durchaus eine Vorstellung gehabt haben. Jedenfalls unternahm er keinen Versuch, eine rabbinische *haskama,* eine Approbation also, für seine Bibelübersetzung zu erwirken. Sein Hinweis, der auf Deutsch und nicht auf Hebräisch verfasste Text entbinde ihn davon, verdeutlicht die von ihm vorgenommene Transgression.[80] In lateinischen Lettern wurde seine Thora-Übersetzung bis auf zwei unvollständig gebliebene Bemühungen in den Jahren 1813/1815 erst im Rahmen der Gesamtausgabe seiner Werke 1845 gedruckt.

Der Übergang zum lateinischen Alphabet bedeutete für Juden einen nicht unerheblichen Einschnitt.[81] So bewegten sich die Juden in Mitteleuropa im Übergang von der Frühmoderne zur Moderne in einem breiten Feld deutsch-jüdischer Sprachvarietät. Dabei wurden unterschiedliche deutsch-hebräische Mischformen praktiziert – vom Jiddischen über das Judendeutsche bis zum zunehmend angenommenen Hochdeutschen. Diese hybride Diglossie – abgesehen von der weiteren Verwendung von Hebräisch und Aramäisch für sakrale Zwecke – erlaubte den Juden, die unterschiedlichen Lebensbereiche im Spannungsverhältnis von Sakral und Profan sprachlich zu diversifizieren.

Ein weiter Fall von Diglossie, der der muslimischen Araber nicht unähnlich, fand sich bei den orthodoxen Griechen bis ins 20. Jahrhundert. Auch ihnen standen zwei Varianten derselben Sprache zur Verfügung. Zum einen die griechische Hochsprache, *katharevousa* – die »reine« Sprache, zum anderen die Volkssprache, das *dhimotiki* – die »populare« Sprache. Der letzteren bediente sich der überwiegende Teil der griechischen Bevölkerung. Auch im Griechischen machte sich der Unterschied zwischen den Sprachformen am Sakralen fest. So ist die griechische Bibel in der »reinen« Sprache, in *katharevousa* abgefasst, das alltägliche Leben hingegen spielte sich in *dhimotiki* ab. Als das Neue Testament 1903 erstmals in schriftlicher Form in die Volkssprache übertragen wurde, kam es in Griechenland zu

Unruhen. Der Vorgang der Übertragung von der einen in die andere Sprachform wurde als Sakrileg aufgefasst.[82] Erst nach dem Sturz des Obristenregimes 1974 und der Regierungsübernahme durch die Sozialisten bald darauf wurde die Volkssprache in den Rang einer offiziellen Landessprache erhoben. Damit war die griechische Sprache vollends säkularisiert.

In Ägypten, dem bevölkerungsreichsten und kulturell wie politisch bedeutendsten Land der arabischen Welt, ist in Artikel 2 der Verfassung festgeschrieben, dass der Islam offizielle Religion und das Arabische, also die Hochsprache, offizielle Landessprache ist. Damit kommt der Verbindung zwischen Religion und Sprache Verfassungsrang zu. So durchdringt die sakral aufgefasste Sprache das Gemeinwesen. Es bedarf dazu nicht erst einer expliziten Wiedereinführung der Scharia, des islamischen Religionsgesetzes. Allein die religiös aufgeladene Sprache stellt eine unmittelbare Verbindung zum Sakralen her. Dabei wird die Hochsprache als einzig zulässige Schriftsprache von großen Teilen der Bevölkerung nicht wirklich beherrscht. Die überwiegende Mehrheit der Bevölkerung kommuniziert weiterhin in der vernakularen Sprache, der Volkssprache, in der *ammyya*. Das Fernsehprogramm bedient sich der Volkssprache, ebenso Theater und Kino. Die Nachrichten werden auf Hocharabisch gesprochen, wenn auch die Einschaltquoten im Vergleich zu den ägyptischsprachigen Programmen eher niedrig sind. Dennoch ist die Volkssprache für eine Verschriftlichung nicht vorgesehen. Mehr noch: Alle in der Vergangenheit unternommenen Bemühungen darum sind gescheitert. Und sie sind nicht nur deshalb gescheitert, weil solchen Vorhaben keine Unterstützung seitens staatlicher Stellen zuteil wurde, sondern weil – ähnlich der Blockierung des Buchdrucks – sich die Menschen einer solchen Grenzüberschreitung verschließen. Ebenso wie der Buchdruck in der Vergangenheit das Sakrale in der Schrift zu beeinträchtigen schien, käme eine systematisch vorgenommene Verschriftlichung der *ammyya* einem Tabubruch gleich.

Die klassische Sprache ist allein schon deshalb sakral durchdrungen, weil der Mensch in ihr mit Gott Zwiesprache hält. Untereinander verkehren die Menschen hingegen in der Volkssprache. Würde ihre Verschriftlichung hingenommen, setzte sich der Mensch an die Stelle des göttlichen Souveräns. Dies wäre in der Tat Ausdruck von Säkularisierung. Umso deutlicher wird, welche Bedeutung die Hochsprache als Hindernis von Verweltlichung einnimmt.

Sosehr die Hochsprache ihres sakralen Charakters wegen auch verehrt wird – was ihre Anwendung in den Bereichen des Alltags und der Wissensaneignung angeht, stößt sie in der Bevölkerung auf erheblichen Unwillen. Ägypter gestehen unverblümt ihre Schwierigkeit mit der Hochsprache ein. Schüler und Studenten würden – anstatt sich der Mühsal zu unterziehen, umfangreiche Bücher in der arabischen Hochsprache zu lesen – wenn möglich auf europäische Sprachen zurückgreifen, genauer: Literatur unterschiedlicher Genres in lateinischen Schriftzeichen lesen. Autoren sehen sich veranlasst, ihre Werke aus der im Alltag geltenden Volkssprache in die allein druckbare schriftliche Hochsprache zu übertragen. Der ägyptische Präsident Hosni Mubarak bedient sich in freier Rede der *ammyya,* um am nächsten Tag in der Zeitung den eigenen Text in *fusha* »übersetzt« nachzulesen. Als Gamal Abd el-Nasser im Juli 1956 seine berühmte Rede zur Verstaatlichung des Suezkanals hielt, brauste der Beifall der versammelten Volksmenge immer dann auf, wenn er von der Hochsprache auf die kolloquiale Sprache wechselte. Es mag eine bösartige Übertreibung sein – aber die Frage, ob die Begeisterung der Massen bei der Verkündung der Nationalisierung des Kanals dem Akt der Verstaatlichung oder dem Sprachwechsel Nassers von der *fusha* in die *ammyya* galt, ist nicht ganz von der Hand zu weisen.

Die Schanzen des Sakralen sind dicht gestaffelt. Gelingt es ikonoklastischen Reformen, eine einzureißen, so steht bereits die nächste zur Abwehr bereit. Die gegen die vernakulare Sprache errichteten Sperren sind schier undurchdringlich. Es beginnt damit, dass die Volkssprache in der Schule als bloßer Jargon verächtlich gemacht wird – eine Sprache für Esel, so heißt es, für Dumme und Ungebildete; eine Sprache ohne Grammatik und festgefügte Regeln. Vornehmste Aufgabe der Lehrer ist es, den Schülern die als vulgär verachtete Volkssprache systematisch auszutreiben. Schleichen sich in der Unterweisung des klassischen Arabisch Worte der *ammyya* ein, werden sie exorziert, indem der Schreiber dem kollektiven Spott der Mitschüler ausgesetzt wird. Die Furcht, die Syntax des kolloquialen Arabisch könnte die klassische Sprache kontaminieren, ist allenthalben spürbar. Es ist eine Furcht vor der Verunreinigung des klassischen Idioms. Sogar Nagib Machfus (geb. 1911), der mit dem Nobelpreis ausgezeichnete volksnahe ägyptische Dichter, hat sie als verabscheuungswürdigen Ausdruck kultureller Armut und Verderbtheit herabgesetzt.[83] Schließlich sei in der *ammyya* die Welt der Schamlosigkeit, der Grobheit und des Unflats zu Hause. So wird der popularen Sprache psychisch das Rückgrat gebrochen. Aus ihr soll sich keine Sprache entwickeln, an der sich kulturelles Selbstbewusstsein ausbilden kann. Selbstbewusstsein lässt sich allein in der klassischen Sprache erlangen – und diese ist das Medium des Sakralen.

In den 1930er Jahren gab es Vorstöße, die *ammyya* in den Stand einer offiziellen Sprache zu heben. Aber sie wurden erfolgreich abgewehrt.[84] Zudem waren diese Vorhaben auf die politische Linke beschränkt, die darin auch ein Säkularisierungsprojekt erkannte. Weil jedoch die ägyptische Linke in der hohen Zeit des arabischen Nationalismus und seiner antiimperialistischen und staatssozialistischen Rhetorik in der Anlehnung des Landes an die Sowjetunion von den 1950er Jahren an eine strategische Option sah, schloß sie sich der panarabischen Vorstellung der Spracheinheit aller Araber an.[85] So opferte sie ihr Eintreten für die vernakulare Sprache als der Sprache des Volkes auf dem Altar der arabischen Einheit. Die Entwicklung, die im Westen mit der Erfindung des Buchdrucks anhob und durch Renaissance und Reformation beflügelt wurde, konnte in den muslimischen Ländern arabischer Sprache durch die Beständigkeit des Sakralen aufgehalten werden. Diese Entwicklung nachzuholen ist ein herkulisches Unternehmen zukünftiger Generationen.

Aufstieg und Niedergang
Osmanische Verwerfungen in der Frühmoderne

Europa und Asien – Osmanen und Neue Welt – Gold und Silber – Piri
Reis und Selim I. – 1517 und 1589 – Mamluken und Venetianer –
Preisrevolution und Merkantilismus – Janitscharen und Bürokraten –
Beylerbeyi-Aufstand und Inflation – Kaufleute und Handwerker –
Marktgebaren und Preisfestsetzung – Stagnation oder Krise – Mustafa
Ali und Katib Çelebi

Renaissance und Reformation markieren in Europa den Übergang vom Mittelalter in die Vormoderne. Der im 15. Jahrhundert von den Humanisten angestoßene Kult des antiken Wissens wie die einsetzende Konfessionalisierung des Glaubens
waren Ausdruck früher Verweltlichung – einer Säkularisierung
vor der Säkularisierung. Durch die Erfindung des Buchdrucks
als mechanischem Beschleuniger von Zeit fand die Tendenz
des zum Westen sich wandelnden Abendlands allseits Verbreitung. Die Kumulation von Veränderungen kündete vom Anbruch einer neuen Zeit.

Bestätigt wurde dieser Zeitenwechsel durch einen vormals
unbekannten Raum, der das alte Weltbild revolutionierte. Mit
der physischen Aneignung und geistigen Verarbeitung der zum
Ausgang des 15. Jahrhunderts erfolgten Entdeckung der Neuen
Welt wurde die von Renaissance und Reformation durchdrungene Zeit endgültig umbrochen. Zwar war durch die mit der
Renaissance einhergehenden Rückbezüge auf die Antike das
alte, dem ptolemäischen Weltbild verpflichtete Verständnis der
Erde zu neuem Leben erwacht;[1] doch mit wachsendem Ab-
stand zu dem im Jahr 1492 erbrachten Nachweis ihrer Kugel-
gestalt kam dieser Erkenntnis eine umstürzende Bedeutung zu:
Durch die Entdeckung des neuen Kontinents waren die Menschen gehalten, die Welt aufs Neue zu interpretieren.[2]

Im muslimischen Universalreich der Osmanen erregte die Entdeckung Amerikas keine Aufmerksamkeit. Eigentlich blieb sie unbemerkt. Während die Europäer alle transatlantischen Nachrichten begierig aufnahmen, interessierte die Osmanen die von der Neuen Welt ausgehende Kunde nicht. Zwar ist hier und da eine Spur flüchtiger Wahrnehmung auszumachen, von einer wirklichen Kenntnisnahme aber kann nicht die Rede sein. Auch die in osmanischem Besitz nachgewiesene – übrigens älteste erhaltene – Nachzeichnung der Karte des Kolumbus ist für Gegenteiliges kein Beleg. Sie wurde vom osmanischen Admiral Piri Reis (gest. 1553) in ein 1513 kunstvoll gestaltetes Kartenwerk integriert und 1517 Sultan Selim I. vorgelegt – einem Schlüsseljahr für die damals vor sich gehenden gewaltigen osmanischen Gebietserweiterungen.[3] Piri Reis, der auch das berühmte Werk *Bahariye* (Über Navigation) verfasst hatte und als Neffe des großen Admirals Kemal Reis schon von Kindesbeinen an mit den Fährnissen des Meeres vertraut gemacht worden war, hatte die Karte zu Zwecken des Studiums und der Erbauung erstellt. Den Weg nach Amerika sollte sie der osmanischen Schifffahrt nicht weisen. Zwar hatte Piri Reis den auf der Karte verzeichneten Teil Amerikas mit der Beschriftung *vilayet antilia* versehen, also mit der Bezeichnung eines osmanischen Verwaltungsbezirks. Aber ein solcher Gebietsanspruch konnte nicht wörtlich gemeint sein. Weder lässt sich daraus auf konkrete Absichten schließen noch auf intime Kenntnisse über die Verhältnisse in der Neuen Welt.

Auch das um 1580 abgeschlossene, von einem Anonymus verfasste Buch *Tarih-i Hind-i garbi* (Geschichte Westindiens) ist kein Beleg für eine besondere osmanische Aufmerksamkeit gegenüber der Neuen Welt. Das aus spanischen und italienischen Quellen kompilierte Werk ist nämlich singulär; die im 17. wie im 18. Jahrhundert mehrfach kopierte Schrift blieb über dreihundert Jahre die einzige osmanische Quelle zu den mit der Entdeckung des neuen Kontinents verbundenen Ereignissen. Zudem ist nicht überliefert, dass sich ein größeres Publikum der dort ausgebreiteten Beschreibungen angenommen hätte.[4] Dabei hätte es zu weiterführender Neugierde Anlass gegeben: Der Genuss des 1601 von englischen Kaufleuten in die Türkei eingeführten Tabaks erfreute sich in weiten Volksschichten großer Beliebtheit.[5]

Dass die Osmanen die Entdeckung der Neuen Welt ignorierten, bedeutet nicht, dass sie von den davon ausgehenden Veränderungen unberührt geblieben wären; vor allem, wenn es sich um Veränderungen handelte, die die traditionelle Struktur des Osmanischen Reichs als eines zentralistisch organisierten Militär- und Fiskalstaates in Mitleidenschaft ziehen sollten. Hier kamen zwei unterschiedliche, aber miteinander verbundene Phänomene zur Wirkung: zum einen die sogenannte Preisrevolution, die durch das Einströmen von Edelmetallen aus Amerika nach Europa ausgelöst wurde, zum anderen der Merkantilismus, der sich in Europa ausbildete. Seine Ursprünge gehen unter anderem auf die vom amerikanischen Gold und Silber ausgelösten Wirkungen zurück.

Unter dem Phänomen der »Preisrevolution« ist eine in Europa im 16. Jahrhundert eingetretene massive Teuerung zu verstehen.[6] In einem Zeitraum von etwa einhundert Jahren wurden regional unterschiedliche Preissteigerungen von 100 bis 200 Prozent verzeichnet; bei Lebensmitteln war sogar eine Verteuerung um das Sechsfache und mehr festzustellen.[7] Die Gründe für den Anstieg der Nahrungspreise sind unterschiedlich. So stieg nach den massiven, durch den Schwarzen Tod im Hoch- und Spätmittelalter verursachten Bevölkerungseinbußen die demographische Kurve wieder an, und mit dieser Erholung nahm der Bedarf an Agrarprodukten zu.[8] Der anwachsende Austausch zwischen Stadt und Land und über weiter entfernt liegende Räume bedurfte vermehrt der Geldform. Von einem regelrechten »Hunger« nach Edelmetallen war die Rede. Die Nachfrage nach Silber stieg; und das aus Amerika einströmende Edelmetall trieb die Preise noch höher. Zuerst kam es in Spanien zu erheblichen Preissteigerungen. Diese wurden in das übrige Europa getragen und von dort in den Vorderen Orient und nach Asien weitergegeben.

Die massiven Preiserhöhungen zur Mitte des 16. Jahrhunderts wurden bereits von den Zeitgenossen in ihrer ökonomischen Bedeutung reflektiert. Der Philosoph und Staatsdenker Jean Bodin schrieb 1568 über die von ihnen ausgehenden Phänomene.[9] Viel später, im ersten Drittel des 20. Jahrhunderts, wussten historische Untersuchungen seine Erkenntnisse über die Folgen des Zuflusses amerikanischer Edelmetalle zu bestätigen. Die sich auf Bodin berufende »Quantitätstheorie« war schulbildend geworden.[10]

Die massive Zufuhr von Edelmetallen schädigte die hochentwickelten, den Zentralstaat bürokratisch regulierenden Institutionen des Reichs der Osmanen in einer für das vormoderne Gemeinwesen der Muslime bisher ungekannten Weise. Darauf deuten Indikatoren inflationärer Entwicklung. So betrugen in der Zeit Süleimans des Gesetzgebers (reg.1520–1566) die Staatseinnahmen das Äquivalent von zehn Millionen Goldstücken. Im Jahr 1653 waren die Einnahmen nominell zwar nicht zurückgegangen, machten aber ihrem Wert nach nur noch etwas über vier Millionen Goldstücke aus.[11] Für eine stationäre Gesellschaftsformation wie die des Osmanischen Reichs, dessen Bürokratie auch über die Mechanismen der Geldwertstabilität ein hochkomplex organisiertes Gemeinwesen regulierte, sind das nicht unerhebliche Einbußen. Parallel dazu wurde deutlich, dass die Institutionen des muslimischen Zentralstaates der gleichzeitig vom Westen angestoßenen dynamischen Entwicklung eines kapitalistischen Weltmarktes nicht gewachsen sein würden.[12] Weder waren sie mit den Erfordernissen einer beschleunigten gesellschaftlichen Zeit kompatibel noch war eine Rückkehr in das traditionelle, in sich geschlossene Wirtschafts- und Herrschaftssystem denkbar.[13] Dieser Hiatus zwischen dem »nicht mehr« und dem »noch nicht« sollte das Osmanische Reich auf Generationen begleiten.

Das sensible Regelsystem der Osmanen sollte durch den fortschreitenden Währungsverfall in seiner Integrationskraft zerrüttet werden. Und weil ein Auseinandertreten der Sphären von »Politik« und »Ökonomie« nicht erfolgt war, gingen die Beeinträchtigungen aus dem Bereich des Nutzens unmittelbar in den Bereich der Herrschaft über – und umgekehrt. Schwächen des Staates, wie im 17. Jahrhundert überhand nehmende militärische Niederlagen und damit verbundene Territorialverluste, wirkten sich auf die innere Stabilität und damit auch auf die Wohlfahrt aus.

Dem Phänomen der Verschränkung von Politik und Ökonomie kommt zum Verständnis der vom ausgehenden 16. Jahrhundert an chronisch erscheinenden Stagnation, des Niedergangs des Osmanischen Reichs erhebliche Bedeutung zu. Während sich in Europa mit dem Aufkommen des Merkantilismus eine Differenzierung dieser Sphären abzeichnete, blieb im Osmanischen Reich die für vormoderne soziale Zusammenhänge charakteristische ganzheitliche lebensweltliche Verschränkung von Herrschaft und Nutzen notorisch. Und dieser Verschränkung von Politik und Ökonomie war zudem das Sakrale eingeschrieben.

Bei der Einwirkung des Sakralen auf das Erwerbsgeschehen handelte es sich um religiöse Regulierungen dessen, was im Bereich des Wirtschaftens als erlaubt galt und was besser zu unterlassen war. Diese sakral angeleiteten Regelungen waren Maßgaben des Triebverzichts und der Tabuisierung des allzu menschlichen Drangs nach Bereicherung. Im Unterschied, ja in Umkehrung zur sakral verfügten Beschränkung von Habsucht trug in Europa das in jener Zeit sich ausbildende Merkantilsystem dazu bei, das Gewinnstreben zu befördern. Und die merkantilistische Förderung materieller Begehrlichkeiten verstärkte im Westen die Säkularisierung. Merkantilismus und Säkularisierung gingen Hand in Hand; vor allem deshalb, weil parallel zur Ausdifferenzierung der Sphären des Staatlichen einerseits und des Ökonomischen andererseits sich die gesellschaftlich akzeptierten Modi der Bereicherung von religiös und ethisch begründeten Beschränkungen frei machten.[14] So förderte der Geist des Merkantilismus auf die unablässige Erweiterung von Nutzen gerichtete, moralisch agnostische Mentalitäten. Und dass in ökonomischen Theorien über das Phänomen der legitimen Bereicherung nachgedacht wurde, war auf jene »Preisrevolution« zurückzuführen – ein Umstand, über den sich der bereits erwähnte Jean Bodin im Klaren war. Es waren die mit dem Zufluss von Edelmetallen aus Amerika verbundenen massiven Preisschwankungen, die neben dem neuen, allein auf wirtschaftlichen Erfolg gerichteten Handeln auch die dieses Verhalten abbildenden Reflexionen nach sich zogen – die Denkformen der politischen Ökonomie.[15]

Die Belastung des empfindlichen Gewebes des Osmanischen Reichs vom ausgehenden 16. Jahrhundert an durch inflationäre Schübe geschah also just zu jenem Zeitpunkt, als der Merkantilismus als neue und robuste Form staatlich angeleiteten Erwerbshandelns in Europa Einzug hielt.[16] Robust war diese Form des Wirtschaftens schon deshalb, weil sie den traditionellen Strukturen gegenüber wenig Rücksicht walten ließ – und mochten dabei Gilden und Zünfte zugrunde gehen. Die staatlichen Regulierungen der Osmanen hingegen waren den traditionellen Formen von Erwerb und Austausch gegenüber von sakral durchdrungenen Rücksichtnahmen getragen.

Die mit dem Merkantilsystem verbundene Wirtschaftsweise der Europäer, gekennzeichnet durch dirigistische Warenproduktion und aggressiven Außenhandel, lässt sich als ein System der Produktivierung um der Produktivierung willen charakterisieren. Der Unterschied zum System der ausgeglichenen Bedarfsbefriedigung der Osmanen konnte nicht größer sein. Einer überlieferten Staatstradition folgend, hielten die Osmanen am Verständnis einer idealen, geschlossenen, in sich ruhenden, ausgeglichenen und sakralen Ordnung fest. Zwar waren beide Systeme – das westliche wie das orientalische – in »bullionistischer« Absicht auf die Anhäufung von Edelmetallen und damit auf die Vergrößerung des Staatsschatzes aus; dies aber mit dem Unterschied, dass das Merkantilsystem sich als ein auf einen ständig sich steigernden Wirtschaftsertrag gerichteten Betrieb verstand und als solcher handelte – die damit verbundene Sozialdisziplinierung der Bevölkerung eingeschlossen. Folge war deren wenig rücksichtsvolle Produktivierung.[17]

Die Ordnung der Osmanen war in folgenschwerer Weise auf das Gegenteil ausgerichtet. Zwar war man auch dort bemüht, den Staatsschatz mittels des Imports von Edelmetallen – von Gold, vor allem aber von Silber – zu erweitern und alles zu unternehmen, um einem Währungsabfluss administrativ vorzubeugen. Doch der Vorstellung vom guten Gemeinwesen verpflichtet, war das Osmanische Reich zugleich gehalten, zur Versorgung der Bevölkerung Einfuhren zu begünstigen. Ein Schutz osmanischer Fertigungsstätten vor billiger und ruinöser ausländischer Konkurrenz war im Unterschied zum europäischen Merkantilismus, der alles daran setzte, die eigenen Produktionsstätten mit hohen Zollschranken zu schützen, nicht beabsichtigt.[18]

Die Auswirkungen dieser unterschiedlichen Art des Wirtschaftens und der damit verbundenen politischen Ordnungen waren über lange Dauer nur deshalb nicht zu verspüren, weil außer für wenige von den Europäern feilgebotene Waren im Osmanischen Reich für deren Produkte keine Nachfrage bestand. Bis zum Beginn der industriellen Revolution beschränkte sich der Austausch zwischen Europa und dem von den Osmanen dominierten Orient auf relativ wenige Güter wie etwa wollene Textilien und metallurgische Produkte.[19]

Aber darauf kam es nicht an. Nicht die Überschwemmung mit europäischen Waren – die erst viel später, im ersten Drittel des 19. Jahrhunderts einsetzte –, sondern die damals, im 17. Jahrhundert, gelegten unterschiedlichen und gegenläufigen Strukturen und Mentalitäten des Wirtschaftens und die mit ihnen verbundenen Institutionen machten jene Kluft aus, die sich als Niedergang oder Stagnation manifestierte. Diese in der frühen Neuzeit sich herausbildende strukturelle Differenz zwischen Westen und Orient sollte sich in der Zeit der Industrialisierung dramatisch zu erkennen geben.[20]

Nicht durch westliche Einfuhren, sondern durch osmanische Ausfuhren wurde das System der traditionellen Ausgeglichenheit durchbrochen. Diese fragwürdige Öffnung war dem Bestreben osmanischer Kaufleute geschuldet, im Ausland höhere Erzeugerpreise zu realisieren – vor allem für Agrarprodukte. Diese Ausfuhren wurden entgegen den Maßgaben des gebotenen wirtschaftlichen Verhaltens vorgenommen. Es handelte sich also um illegale Exporte, um einen Schmuggel großen Ausmaßes. Dieser führte zu einem unkontrollierten Wertabfluss bei gleichzeitiger Überflutung des Osmanischen Reichs mit fremder Währung. Es waren jene inflationären Schübe, von denen die traditionellen osmanischen Institutionen so nachhaltig erschüttert werden sollten. Das Maß des illegalen Außenhandels und die von ihm ausgelösten Währungsschwankungen sollen so groß gewesen sein, dass dem Sultan im ersten Drittel des 17. Jahrhunderts zeitweise sogar die seine souveräne Macht symbolisierende Prägehoheit entglitten war. Der defensive Bullionismus der Osmanen war in den Sog des offensiven Merkantilismus der Europäer geraten. Und von der Mitte des 18. Jahrhunderts an sollten die Unterschiede zwischen europäischem Westen und islamischem Orient noch auffallender werden. Spätestens von da an lässt sich jene als Unterentwicklung diagnostizierte Differenz zu Europa feststellen.[21]

Wie immer die These von einer monetären Strukturkrise, ausgelöst durch die aus Amerika nach Europa strömenden Bestände an Gold und Silber und durch die in das Osmanische Reich in der zweiten Hälfte des 16. Jahrhunderts eingeschleppte Inflation, bewertet werden mag – ein Zusammenhang, wenn auch ein weit gespannter, zwischen dem dramatischen Verlauf der osmanischen Geschichte und der mit Gold und Silber eng verknüpften Entdeckung Amerikas besteht.[22] Neben der in den Annalen der europäischen Geld- und Währungsgeschichte im späten Mittelalter verzeichneten sprunghaften Binnennachfrage nach Edelmetallen, jenem »Hunger« nach Silber, trieb ein beständiges Problem im Außenhandel die Suche nach allseits akzeptablen Tauschäquivalenten an: der durchgehend defizitäre Warenaustausch Europas mit Asien. Dieses Defizit war notorisch, seine Gründe waren evident: Für die aus Südasien nach Europa gelangenden Waren, vor allem Gewürze, gab es keine tauschbaren Güter. Für das, was Europa anzubieten hatte, gab es etwa in Indien keinen Bedarf.

Mit den begehrten Gewürzen des Orients waren erstmals die ins Heilige Land aufgebrochenen Kreuzritter im 12. Jahrhundert in Berührung gekommen. Seitdem erfreuten sie sich im Abendland als Güter des höheren Konsums, aber auch als Zutaten für Heilmittel größter Beliebtheit. Doch dieser Konsum hatte seinen Preis: In Ermangelung tauschbarer Waren musste bezahlt werden, vor allem mit Silber. Der Silberabfluss aus Europa nach Südasien, aber auch nach China, war chronisch – worüber die Geschichte des Marco Polo in exotischen Farben aufklärt.[23] Und dass die von den Muslimen ausgeübte Kontrolle über die Europa mit Asien verbindenden Handelswege durch Transfersteuern zu Kostensteigerungen führen musste, erschließt sich aus der komplexen Verkehrsgeographie.[24]

Vom historischen Schlüsseljahr 1517 an erweiterten die Osmanen ihre Herrschaft auf den gesamten Vorderen Orient. Damit kontrollierten sie alle relevanten, den Raum durchziehenden Handelsstraßen. Auch zuvor schon stand der durch die Region führende Transithandel unter muslimischer Kontrolle – unter der Kontrolle der mit Venedig verbundenen Mamluken, die von Ägypten aus ihren Einfluss bis zum Indischen Ozean ausübten.[25] Als die Osmanen durch Eroberung der Kernländer des Islam im 16. Jahrhundert an die Stelle der Mamluken traten, verstärkte sich die Rivalität Istanbuls mit Venedig. Dessen traditionelle Dominanz im östlichen Mittelmeer kam einem logistischen Monopol im Handel zwischen Asien und Europa gleich.

Trotz des wechselvollen Ringens zwischen Venedig und den Osmanen um die Kontrolle des östlichen Mittelmeeres bildeten beide in ihrem nicht enden wollenden Gegensatz paradoxerweise eine Schicksalsgemeinschaft. Schließlich war das Wohl beider – der christlichen wie der muslimischen Macht – an die Verkehrsgeographie des Austauschs zwischen Asien und Europa gebunden. Der Niedergang der traditionellen Karawanenwege infolge des um Afrika herum geführten Indienhandels, verbunden mit dem wachsenden transatlantischen Handel, trug zu einem von den Osmanen und Venedig gemeinsam erfahrenen Bedeutungsverlust bei.[26] Von der Mitte bis zum Ausgang des 17. Jahrhunderts stellten Osmanen wie Venezier angesichts des neuartigen, von Engländern, Franzosen und Holländern betriebenen Kommerzes das *ancien régime* der alten Handelswelt dar.[27]

Inwieweit der europäische, vom defizitären Asienhandel angetriebene »Hunger« nach Edelmetallen durch den Umstand verstärkt wurde, dass die Muslime die Transitwege beherrschten, und ob diese damit zur später für die Osmanen sich als schicksalsträchtig erweisenden Entdeckung Amerikas beigetragen haben, dürfte sich kaum klären lassen. Weiterführen hingegen mag manche offenkundige Paradoxie; etwa jener bereits erwähnte Umstand, dass Admiral Piri Reis die Karte des Kolumbus mit dem Eintrag eines *vilayet antilia* Sultan Selim I. ausgerechnet im Jahr 1517 aushändigte – dem besagten Jahr der bis dahin wohl imposantesten osmanischen Expansion und Machtentfaltung im Herzen der Alten Welt, am Schnittpunkt dreier Kontinente und im Kreuzungsbereich der wichtigsten Handelswege. Diese im von den Mameluken eroberten Kairo erfolgte symbolische Handlung ist von epistemischer Bedeutung für die Frage, warum die Osmanen die mit der Entdeckung der Neuen Welt verbundenen Umwälzungen so standhaft ignorierten: Sie waren zu jener Zeit einfach mit Wichtigerem befasst.

Ein Blick auf die Geographie wie auf die Chronik der Ereignisse ist aufschlussreich. In kurzer Zeit dehnte sich der Herrschaftsbereich der Osmanen in bisher nicht gekannter Weise aus. Die Heere des Sultans drangen weiter nach Westen vor als jemals zuvor. Im Jahr 1521 eroberten sie Belgrad und stießen damit das Tor zur Donauebene auf. Buda fiel 1526, Wien wurde 1529 erstmals belagert, Siebenbürgen 1541 okkupiert. Im Osten waren 1516 mit der Niederlage der Mamluken Syrien und Palästina eingenommen worden; 1517 fiel ihnen mit Kairo die nach Istanbul bedeutendste Stadt der muslimischen Welt zu. Hinzu trat der Hedschas mit den heiligen Städten Mekka und Medina. Von nun an konnte sich der osmanische Sultan als Beschützer und erster Bannerträger des Islam empfinden. 1534 wurde Bagdad und einige Jahre darauf Basra dem Imperium der Osmanen einverleibt – womit diese nicht nur über den Zugang zum Roten Meer, sondern auch über den Persischen Golf zu Anrainern des Indischen Ozeans wurden. Die Besetzung Adens 1538 und später des südlichen Jemen vervollständigte diesen Eroberungszug.[28]

An der Expansion zur Vormacht des Vorderen Orients waren neben den Heeren des Sultans auch seine Flotten beteiligt. Mit der Einnahme von Rhodos 1522 war der Weg aus der Ägäis ins Mittelmeer gebahnt. Schon Sultan Bajasid II. war im Jahr 1487 versucht gewesen, den von der spanischen Reconquista bedrängten Muslimen in Andalusien beizustehen. Hierzu hatte er einen von Admiral Kemal Reis angeführten Flottenverband in den fernen Westen expediert. Ein halbes Jahrhundert später büßten die Venezianer bei der Seeschlacht von Prevesa 1538 mit der dem Kondottiere Andrea Doria durch Cheireddin Barbarossa zugefügten Niederlage ihre dominierende Stellung ein. Wenn es galt, Muslime vor dem Zugriff der um Afrika herum in den Indischen Ozean sich ausbreitenden Portugiesen zu schützen, wurden osmanische Galeeren auch nach so fernen Weltgegenden wie Marokko im Westen oder nach Aceh auf Sumatra entsandt.

Angesichts eines derart imposanten Auftritts zu Lande und zu Wasser erscheint es nicht verwunderlich, dass es den Osmanen um die Zeit der Entdeckung Amerikas nicht danach war, dieses für die westliche Welt so einschneidende Ereignis zur Kenntnis zu nehmen und sich um neu entdeckte Länder am Rand der Welt zu kümmern. Die Erkenntnis, dass es sich bei der Entdeckung Amerikas um ein gewaltiges Geschehen handelte, das eine neue Zeit einleitete, stellte sich auch in Europa erst später ein. Bis dahin waren die Osmanen mit Bedeutsamerem beschäftigt, als sie im Kernbereich der alten Zivilisationen das Hochplateau ihrer Machtentfaltung erklommen und eine Monopolstellung im Transithandel von Asien nach Europa einnahmen. Sie beherrschten die ost-westlichen Routen ebenso wie die vom Süden nach Norden führenden Passagen. Der daraus gezogene Reichtum war gewaltig und wurde dem Schatz des auf Steuern und anderen Abgaben fußenden Finanz- und Militärstaates der Osmanen zugeführt. So gesehen waren nur jene veranlasst, sich in fremden Weltgegenden auf die Suche nach Edelmetallen, nach Gold und nach Silber zu begeben, die als abendländische Christen von den Wohltaten der Kontrolle über die transkontinentalen Handelswege ausgeschlossen waren.

Die Entdeckung Amerikas durch christliche Seefahrer war Ergebnis einer westwärts unternommenen Umrundung der Erde auf dem Weg nach Indien. Diese wiederum war Folge einer weit ausholenden Bewegung zur Umgehung der muslimisch beherrschten Gebiete des Orients. Es war dem schwächeren Part in einem – zudem religiös aufgeladenen – Gegensatz auferlegt, in derartig waghalsigen Manövern Ausflucht zu suchen. So stellte die Entdeckung Amerikas anfänglich nichts anderes als eine Kompensation dar – ein bloßer Ersatz für das, was den christlichen Mächten durch die von Muslimen ausgeübte Vorherrschaft über die Verkehrswege von Asien nach Europa versagt geblieben war. Dass sich diesem Unternehmen weitaus

mehr, vor allem aber ein neues, ein alle bisherigen Gewisshei-
ten umstürzendes Verständnis der Welt erschließen sollte, war
weder voraussehbar noch beabsichtigt.

Als die christlichen Seefahrer – anfänglich Portugiesen, dann
Spanier – begannen, übers Meer einen Zugang nach Indien zu
suchen, taten sie dies auch im Geist religiöser Sendung. Sowohl
wegen der finanziellen Ausstattung als auch wegen der päpstlichen Beglaubigung der erstrebten Handelsmonopole standen
solche Unternehmungen im Zeichen des Kreuzes. Und da sie
womöglich die Befreiung Jerusalems aus der Hand der Ungläubigen nach sich ziehen konnten, kam ihnen der Charakter
von Kreuzzügen zu – von Kreuzzügen zwischen den Zeiten:
zwischen dem alten, noch dem Sakralen verhafteten Weltbild
des mittelalterlichen Menschen[29] und einer neuen, einer profanen, säkularisierte Konturen annehmenden Welt. Gott und
Gold, Heil und Handel waren noch nicht auseinandergetreten.
Das sollte in späteren, weltlicheren Tagen geschehen. Erst die
– übrigens den Osmanen freundlich gesonnenen – protestantischen Mächte England und Holland sowie das mit dem
Papst und den Habsburgern ständig über Kreuz liegende Frankreich werden den überseeischen Kommerz offen in der Sprache des Handels, genauer: in der Form des Raubes betreiben.
Nichts anderes suchte Hugo Grotius völkerrechtlich und damit säkular zu legitimieren, als er 1605 in niederländischen
Diensten in seiner Schrift über das Beuterecht – *de jure praedae*
– die Plünderung der katholischen Plünderer rechtfertigte.[30]
Aber all dies sollte seine Zeit noch vor sich haben.

Im Gründungsakt der neuen Zeit, der Entdeckung Amerikas,
waren die Dinge noch so gehalten, wie es sich für ein Ereignis
des Übergangs geziemt: Das Alte und das Neue waren noch
ungetrennt – Sakrales und Profanes noch nicht auseinandergetreten. So ist dem Logbuch des Kolumbus zu entnehmen, dass
seine *empresa de las Indias* ein Unternehmen war, dem Elemente
eines Kreuzzugs wie solche einer politischen Rochade beigegeben waren. Der zum Entdecker Amerikas gewordene genuesi-

sche Seefahrer im Dienste der spanischen Krone beabsichtigte, den mongolischen, zu einem Bündnis mit der Christenheit aufgeschlossenen Gross-Khan aufzusuchen. Er wollte die muslimischen Länder umschiffen. Vor allem galt es, das Gebiet der den Vorderen Orient wie die Handelswege von und nach Indien beherrschenden Mamluken zu umgehen, das sagenumwobene Goldland el Dorado zu erreichen und Jerusalem für die Christenheit zu erringen.[31] Seiner Welt des Glaubens nach war Christoph Kolumbus noch den Vorstellungen des Mittelalters verhaftet. Dass er mit seiner Reise das Tor in eine neue und dem naiven Gottvertrauen wenig gewogenen Zeit aufstieß, musste ihm entgangen sein.[32]

Wie immer hatte alles viel früher begonnen – mit dem Jahr 1291. Damals, als die genuesischen Brüder Vivaldi als Erste den Seeweg nach Indien um Afrika herum erprobten, um schon auf der Höhe der nordafrikanischen Küste zu scheitern. Ihre Geschichte wäre keiner Erwähnung wert, erschlösse sich nicht aus dem Jahr ihres gescheiterten Unternehmens eine erhellende Verschränkung zwischen den zu solchen Risiken verführenden sakralen wie profanen Motiven der Seefahrer. In jenem Jahr 1291 fiel nämlich die Festung von St. Jean d'Acre – der letzte Stützpunkt der Kreuzzügler im Heiligen Land. Und es fügte sich, dass all jene Unternehmungen, die den Seeweg nach Indien in Umgehung der von Muslimen beherrschten Länder zum Ziel hatten, auch im Zeichen des Kreuzes standen. Kreuz und Kommerz gingen Hand in Hand – und dies in der Absicht, das muslimische Monopol im Transithandel zu brechen. So ernannte der portugiesische König Dinis den genuesischen Kaufmann Pessagno zum Admiral, um mit der spirituellen Unterstützung von Papst Johannes XXII. im frühen 14. Jahrhundert an der Spitze einer mit päpstlichen Mitteln erbauten Flotte gegen die Muslime vorzugehen. Erste sichtbare Erfolge waren zu vermelden, als Heinrich der Seefahrer 1415 Ceuta einnahm, um die von diesem nordafrikanischen Brückenkopf nach Marokko führenden Karawanenwege unter portugiesische Kontrolle zu bringen und von dort aus weiter in Richtung westliches Afrika vorzudringen. Es ging um Gold, Elfenbein und Sklaven.

Die Eroberung Konstantinopels durch die Osmanen im Jahre 1453 – ein Vorgang, der in den Annalen der Christenheit als großes Unglück verzeichnet ist – bestärkte die nach Reichtum wie nach Segen Ausschau haltenden kreuzzüglerischen Seefahrer in ihren Unternehmungen. Als es Vasco da Gama 1497 gelang, das Kap der Guten Hoffnung zu umschiffen, stand einer portugiesischen Beherrschung des Seeweges nach Südasien und des Indischen Ozeans kaum noch etwas im Wege. Die traditionell im gewinnträchtigen Gewürzhandel aktiven muslimischen Mamluken hatten mit ihren Galeeren den hochbordigen, wendigen und kanonenbewehrten Dreimastern der Portugiesen auf den asiatischen und afrikanischen Meeresstraßen nichts Ebenbürtiges entgegenzusetzen.[33]

Das angestrebte portugiesische Monopol im asiatischen Gewürzhandel war gesichert, als die Lusitaner die strategischen Schlüsselstellungen der Eingänge des Persischen Golfs wie des Roten Meeres in ihre Hand brachten. Durch ein militärisch seegestütztes und mit dem Verkauf von *cartazas,* von Geleitbriefen, beglaubigtes Monopol im Indienhandel war nicht nur das mamlukische Sultanat in Kairo getroffen, sondern auch die venezianischen Zwischenhändler.[34] Die Portugiesen hatten beabsichtigt, die venezianischen Kaufleute durch Kontrolle der asiatischen wie afrikanischen Seewege gefügig zu machen. Sie sollten die Gewürze des Orients allein auf portugiesischen Märkten erwerben.[35] Die Abnehmer der begehrten Ware stellten sich unmittelbar auf die neue Lage ein. Antwerpen erhielt bereits 1501, nur wenige Jahre nach der Umschiffung Afrikas, die erste Ladung von Gewürzen direkt aus portugiesischen Händen.[36]

Räuberischer Kommerz und göttliche Sendung standen miteinander im Einklang. Alfonso de Albuquerque, der Eroberer des am Persischen Golfs liegenden Hormuz wie des indonesischen Malakka, stellte sich Papst Leo X. mit dem Hinweis zur Verfügung, die Herrschaft über die dortigen Meerengen eröffne den Weg nach Jerusalem. Das Vorhaben de Albuquerques, Mekka über eine Landung in Dschidda als Geisel zu nehmen, um so die heilige Stadt des Islam für das den Christen so teure Jerusalem einzutauschen, ließ sich nicht bewerkstelligen. Zudem sollte Portugal bald den Zenit seiner Macht im Orient überschreiten. Sukzessive brachen die aufstrebenden protestantischen Mächte England und Holland sein Monopol im lukrativen Asienhandel auf. Inzwischen hatten die Osmanen die Mamluken geschlagen und die Kernländer des Islam ihrem gewaltigen Reich einverleibt. Wären die Osmanen entschlossen gewesen, durch den Isthmus von Suez einen Kanal anzulegen, um über den künstlichen Wasserweg ihre im Mittelmeer kreuzende Flotte schnell und ungehindert ins Rote Meer und damit in den Indischen Ozean zu verlegen, hätte dies einen Ausgleich für die von den Europäern neben dem lukrativen Asienhandel transatlantisch beanspruchten Reichtümer Amerikas bedeuten können.[37]

Mit der Verlagerung der Transportwege für Gewürze und andere begehrte Güter Asiens auf See kündigt sich ein Vorgang an, in dem die wirtschaftsgeschichtliche Forschung vor wenigen Jahrzehnten noch den Ursprung einer weltweiten Handelsrevolution erkannte.[38] Diese Handelsrevolution schien zweierlei Ursachen zu haben: zum einen die Verdrängung des traditionellen Karawanenhandels von Asien nach Europa über den nunmehr um das Kap der Guten Hoffnung herum führenden Seeweg, zum anderen die Zunahme des transatlantischen Handels.

Der Transport auf dem Landweg führte wegen der Gefährdungen, aber auch wegen der vielfältigen Zölle, Steuern und Abgaben zu einer enormen Verteuerung der Ware. Der Seeweg konnte die Kosten erheblich senken. An manchen Orten ist gar von einer zwanzigfachen Verbilligung die Rede.[39] Zudem war die Logistik auf See sicherer und der Transport schneller zu bewältigen – ein Umstand, der auch der Haltbarkeit der Ware zugute kam. Dennoch war es nicht zwingend, dass eine Zunahme des über See führenden Handels wie ein gestiegener transatlantischer Austausch sich für das Osmanische Reich, das seit dem Beginn des 16. Jahrhunderts alle Routen kontrollierte, negativ auswirkten. Schließlich nahm das Handelsaufkommen zu, und der Anstieg der Schiffsbewegungen musste nicht notwendig eine Beeinträchtigung des Karawanentransports nach sich ziehen. Zeitweise galt Engländern und Holländern sogar der über die osmanischen Häfen dirigierte Levantehandel als einträglicher als der vollständig über See geleitete Indienhandel.[40]

Aus dem Warenfluss über die traditionellen Karawanenrouten zogen die Osmanen über lange Dauer erheblichen Nutzen. Zwar waren die auf den durchziehenden Handel erhobenen Abgaben weder die alleinige noch die zentrale Einnahmequelle des osmanischen Fiskalstaates, die Einnahmen aus der Agrikultur schlugen stärker zu Buche. Dennoch handelte es sich um eine Quelle, auf die um den Preis einschneidender Einbußen nicht verzichtet werden konnte – Einnahmen, deretwegen bewaffnete Unternehmungen durchgeführt wurden. So ist etwa überliefert, dass bei der Planung der Besetzung Adens und des Jemens mit einer jährlichen Einnahme für den Staatsschatz von Hunderttausenden von Goldstücken und Juwelen gerechnet wurde. Schließlich werde der Hafen von Aden jedes Jahr von fünfzig bis sechzig Schiffen angelaufen, was eine Revenue von etwa 200 000 Golddukaten verspreche. Bei allen Kosten, die der Handel als kalkulierte Steuer an die zentrale Herrschaft abzuführen hatte, war diese Regulierung günstiger, als beim Fehlen einer Zentralgewalt an verschiedene Elemente Schutzgebühren abzuführen. Deshalb war es für das Gedeihen des Fernhandels sinnvoll, dass sich sowohl Hormuz wie auch Aden in Händen der Osmanen befanden.[41]

Wie sehr sich die Ware auf dem Transportweg durch osmanisch beherrschtes Gebiet verteuerte, welche dem Staat zugute kommenden Reichtümer aus den mehrfach den Waren auferlegten Steuern geflossen sein müssen, mag an der Höhe der Abgaben abzulesen sein, die eine Kamelladung Gewürze von etwa 250 Kilo dem Fiskus allein auf einer Teilstrecke des langen und beschwerlichen Landweges bescherte. Erreichte etwa ein aus Südasien kommendes Schiff den Hafen von Jedda am Roten Meer, teilten sich der osmanische Staatsschatz und die traditionelle Autorität am Ort – der Scharif von Mekka – die Wegesteuer. Damit war die Ware aber noch längst nicht am Ziel angelangt. Die Route führte weiter über Damaskus nach Aleppo, bis sie zur einstweiligen Einlagerung im Handelszentrum von Bursa anlangte. Bis dahin waren wieder Steuern angefallen. In Damaskus betrugen die Abgaben für eine Kamelladung sieben Goldstücke. Sollten die Waren von einem »fränkischen«, also einem europäischen Handelspartner erworben werden, waren neunzehn Goldstücke zu entrichten – neun davon von den Europäern selbst.[42]

Neben den aus Indien über die verschiedenen Stationen des Vorderen Orients nach Europa gelangenden begehrten Gewürzen war Seide traditionelles Handelsgut. Seide wurde in Persien hergestellt und kam über die vom Osmanischen Reich kontrollierten Handelswege in ost-westlicher Richtung nach Bursa, später auch nach Aleppo. Der Kontrolle des Seidenhandels und der aus diesem Handel gezogenen fiskalischen Abgaben kam ein ebenso monopolistischer Charakter zu wie dem Handel mit Gewürzen. Und das Bestreben, Monopole zu erlangen, führte unter den Handelsmächten zu gewalttätig ausgetragener Konkurrenz. Auf dem Indischen Ozean machten sich nationale Kompanien der Europäer gegenseitig das Monopol streitig. Auf dem Land wurde der Anspruch auf die Beherrschung der Karawanenwege zwischen muslimischen Gemeinwesen ausgetragen. Was den Seidenhandel angeht, suchte 1514 der osmanische Sultan Selim I. die iranische Wirtschaft mittels einer strengen Embargopolitik zu strangulieren.

Nicht anders handelte der persische Schah Abbas I., als er Anfang des 17. Jahrhunderts im Jahrzehnte anhaltenden iranisch-osmanischen Gegensatz eine Schwäche der mit den Habsburgern in Kriege verstrickten Osmanen nutzte, um die heiß umkämpfte Seidenroute von deren Gebiet weg in Richtung Indischen Ozean und damit auf den Wasserweg zu lenken. Dabei kam den safawitischen Persern der Umstand zugute, dass Engländer und Holländer, die im Indischen Ozean gegen die Portugiesen die Oberhand gewannen, nicht willens waren, die hohen Abgaben zu entrichten, die ihnen in den osmanischen Häfen abverlangt wurden. So lag es in der Natur der Sache, dass im Jahr 1603 der von Osmanen und Iranern mit allen Mitteln gegenseitiger Blockade geführte Handelskrieg wieder in eine militärische Auseinandersetzung überging. Gemäß der internationalen Konstellation verwandelte sich der osmanisch-persische Gegensatz zu einem Frontabschnitt des beständigen Ringens zwischen den dominierenden Mächten jener Zeit – den Osmanen und den Habsburgern.

Die Osmanen waren ein integraler Bestandteil der damaligen europäischen Mächteordnung. Als anhaltende Gegner Habsburgs waren sie direkte oder mittelbare Bündnispartner all jener, die mit Kaiser und Papst sowie deren venezianischen Alliierten über Kreuz lagen. Von der osmanischen Unterstützung profitierte im 16. Jahrhundert vor allem Frankreich. Dessen Entwicklung zu einem nationale Konturen annehmenden Territorialstaat wäre ohne die osmanische Rückendeckung im Kampf gegen Habsburg kaum denkbar gewesen. Auch die protestantische Partei der Konfessionskriege, vor allem aber die Calvinisten in Ungarn und Siebenbürgen hätten ohne die Unterstützung der Osmanen dem Druck der katholischen Seite kaum zu widerstehen vermocht. Die gegenseitige Sympathie schien derart anhaltend gewesen zu sein, dass in Europa die Rede von einem *Calvino-Turcismus* die Runde machte.[43]

In die innereuropäischen Auseinandersetzungen zwischen ihrem Hauptgegner Habsburg und den sich dem Kaiser entziehenden westeuropäischen Gemeinwesen griffen die Osmanen auch unter Einsatz handelspolitischer Mittel ein. So gewährte der Sultan europäischen Kaufleuten aus befreundeten Ländern – vor allem Franzosen, später auch Engländern und Holländern – Handelsprivilegien in Gestalt sogenannter Kapitulationen. Diese Handelsprivilegien sollten nicht nur dazu beitragen, die Stadt Istanbul mit Gütern aus Europa zu versorgen. Ihnen kam auch die Bedeutung zu, den Warenverkehr von Asien nach Europa über die von den Osmanen kontrollierten Handelswege und Häfen zu lenken. So wurden den Engländern Kapitulationen just zu dem Zeitpunkt gewährt, als sie wieder Anstalten machten, einem Handelsweg über Russland, den Kaukasus und den Iran nach Hormuz den Vorzug zu geben.[44]

Die Kapitulationen waren aber auch ein Instrument der großen Politik, weil sie den im Levantehandel aktiven und den Habsburgern sowie der kaiserlichen Autorität wenig gewogenen Mächten des westlichen Europa erlaubten, ihre Eigenständigkeit weiter auszubauen. In Verbindung mit ihren transatlantischen Aktivitäten und den ihnen über Spanien für ihre Fertigprodukte zufließenden Edelmetallen entwickelten die westeuropäischen Küstenstaaten das für den europäischen Weg fundamentale Wirtschaftssystem des Merkantilismus. Etwa von der Mitte des 18. Jahrhunderts an verwandelten sich die Kapitulationen von durch den Sultan verliehenen Handelsprivilegien in ungleiche Vertragsbeziehungen zur europäischen Durchdringung des Vorderen Orients.[45]

Die Gründe für den Niedergang oder angemessener: für den angesichts der von den Europäern vorgegebenen Entwicklung als osmanische Stagnation erscheinenden Zustand sind ebenso vielfältig wie kontrovers. Bei aller unterschiedlichen Bewertung der ins Auge stechenden Vorgänge lässt sich zum Ausgang des 16. Jahrhunderts eine Kumulation von Veränderungen im Osmanischen Reich ausmachen, denen sowohl die Tendenz des Verfalls der traditionellen Institutionen wie eine territoriale Kontraktion innewohnt. Nicht, dass territoriale Ausdehnung ein hinreichender Ausweis für Macht und Wohlstand eines Gemeinwesens wäre. Aber in der agrarisch geprägten Vormoderne, vor allem bei einem vorderorientalischen Fiskal- und Militärstaat wie dem der Osmanen, in dem der Heeresdienst der Reiterei mit einem Lehen abgegolten wurde, was mit der Tätigkeit der Einziehung von Steuern zugunsten des Fiskus verbunden war, mögen Gebietsverluste, verbunden mit dem Verlust der Kontrolle über die Verkehrswege des Durchgangshandels, von einschneidender Wirkung sein.

Die Seeschlacht von Lepanto 1571, bei der die Osmanen fast ihre gesamte Flotte verloren, war ein böses Omen. Doch erst der zwischen 1593 und 1606 wogende habsburgisch-osmanische Krieg und sein für die Osmanen wenig schmeichelhafter Ausgang zeigte, wenn nicht das Ende, so doch ein Abbremsen osmanischer Expansionen an. Im Osten nahm zudem die Macht Persiens zu, was zu territorialen Verlusten der Osmanen im Kaukasus führte. Die jahrzehntelangen osmanisch-persischen Kriege endeten 1638 mit einer endgültigen Gebietsabgrenzung, nicht ohne auf Dauer zu einer finanziellen Auszehrung der Osmanen beizutragen. In den 1660er Jahren kam eine großangelegte osmanische Offensive gegen Österreich zum Erliegen; und der zum Ausgang des Jahrhunderts geführte habsburgisch-osmanische Krieg mit der 1683 abgebrochenen zweiten Belagerung Wiens endete mit dem 1699 geschlossenen Vertrag von Karlowitz. Dieser verlangte den Osmanen die bislang massivsten Gebietseinbußen ab: Ungarn, Siebenbürgen, Slawonien und Kroatien fielen an Österreich; Kamieniec, Podolien, die Ukraine an Polen; der Peloponnes und ein großer Teil Dalmatiens an Venedig. Dieser Prozess dramatischer territorialer Einbußen wurde im 1718 geschlossenen habsburgisch-osmanischen Frieden fortgesetzt, ein Datum, das aber bereits außerhalb der hier interessierenden kritischen Zeit des ausgehenden 16. und 17. Jahrhunderts liegt.

Außerhalb dieser Zeit liegen auch die mit dem Aufstreben Russlands und seiner südwärts erfolgenden Expansion verbundenen osmanischen Gebietsverluste. Spätestens seit dem für die Osmanen ebenso folgenreichen wie demütigenden Friedensschluss von Kütschük-Kainardsche 1774 sollte Russland zur künftigen Schicksalsmacht des letzten muslimischen Universalreichs werden. Von da an war es das Prinzip des europäischen Gleichgewichts, das die Türkei im Unterschied zum bereits 1772 erstmals geteilten Polen vor ähnlichen Unbilden bewahrte, zumindest bis zum wenig bedachten Eintritt des Regimes der Jungtürken an der Seite der Mittelmächte in den Ersten Weltkrieg, das heißt bis zu dessen Ausgang 1918.[46]

Die im 17. Jahrhundert sich erstmals einstellende territoriale Kontraktion des Osmanischen Reiches kann sowohl ursächlichen wie symptomatischen Charakters für den damals als solchen empfundenen Niedergang gewesen sein. Wo sich dessen Ursachen befunden haben mögen und ob es sich bei diesen Vorgängen überhaupt um einen Niedergang handelte und nicht um eine alsbald überwundene Krise, ist weiterhin umstritten.[47] Nicht umstritten ist, dass etwas eingetreten war, das eine Verwandlung des Militärs und der für die osmanische Sozialstruktur so signifikanten Verknüpfung von mit dem Heeresdienst verbundenen Einkünften nach sich zog: die Wandlung des Gefolgschaftsdienstes in eine durch monetäre Besoldung abgegoltene Leistung der unmittelbar dem Sultan unterstehenden Truppen. Die Bedeutung der zuvor mit Land belehnten Reiterei, der *sipahi,* ging zurück zugunsten einer stehenden infanteristischen Truppe, der Janitscharen.

Für diesen Übergang sind vielfältige Gründe ursächlich, wobei der auffälligste mit vom Westen ausgehenden waffentechnischen Neuerungen in Verbindung stand.[48] Die habsburgisch-osmanischen Kriege hatten dem Sultan vor Augen geführt, dass seine schwer gerüstete Reiterei den mit Musketen bewaffneten Fußtruppen des Kaisers nicht gewachsen war. Die Umrüstung von den sowohl für die Agrarordnung wie für das Heereswesen unverzichtbaren Tamarioten auf mit Feuerwaffen ausgerüstete

Janitscharen führte nicht nur zur Etablierung eines teuren, pekuniär abzugeltenden stehenden Militärs, sondern auch zur technologischen Umstellung von der traditionellen und nur im Kriegsfall zu mobilisierenden, mit kalten Waffen ausgerüsteten Reiterei auf mit Musketen bewaffnete Fußtruppen und schweres Gerät bewegende Kanoniere.[49] Die bei dieser Umrüstung notwendigen und über das gesamte Reich verteilten Depots für Pulver und Geschosse waren nur ein Symptom für die Veränderungen, von denen das Osmanische Reich ergriffen wurde. Dazu gehörte auch die durch den Niedergang der Reiterei notwendige Verwandlung des Systems der agrarischen Steuerschöpfung in eine Art von in Geldform zu leistender Steuerpacht. Der Staat, also der Sultan als Eigentümer des Bodens, versteigerte nunmehr Land meistbietend an sogenannte Steuerpächter.

Damit war ein weiterer Schub der Monetarisierung über die komplexen Sozialbeziehungen des Osmanischen Reichs hinweggegangen. Die Janitscharen waren bereits zuvor für ihre Dienste auch in Geldform entlohnt worden. Die Ausweitung dieses Truppenteils musste zu weiteren finanziellen Belastungen des Staatsschatzes führen. Jetzt war die Wertigkeit des Geldes umso mehr zu einem Faktor staatlicher Regulierung geworden. Vom Geld – sowohl von den auf Basis von Edelmetallen in Geldform zur Verfügung stehenden Mitteln als auch von der den Wert bestimmenden Qualität der Münzen – hingen Stabilität und Wohlfahrt des Osmanischen Staates ab.

Wodurch zeichneten sich die lebensweltlichen Strukturen des Osmanischen Reichs aus, dessen Gesamtgefüge derart sensibel auf die von außen herangetragenen monetären Verwerfungen reagierte? Und wie unterschieden sich diese Regulierungen von jenen Formen des institutionalisierten Wirtschaftens, die um diese Zeit im Westen ihren Aufstieg nahmen, also vom Merkantilismus?

Die Lebenswelten des Osmanischen Reichs waren von einer

Verschränkung dessen gekennzeichnet, was sich damals im Westen als das für die spätere Moderne so entscheidende Auseinandertreten der Sphären des Ökonomischen und des Politischen ankündigte. Zudem wurde im osmanischen Kontext die gegenseitige Durchdringung von politischen und ökonomischen Funktionsanteilen durch ein weiteres Element verstärkt – das Element des Sakralen.

Die Präsenz von Sakralem auch dort, wo es nicht vermutet wird, ist keine Besonderheit des Islam. Solche Verschränkungen waren für die Vormoderne insgesamt signifikant – vor allem aber im Orient und bei einem Primat einer alles regulierenden Herrschaft. So auch für Byzanz, dessen Institutionen die Osmanen in vieler Hinsicht übernommen und, persisch-iranischer Tradition folgend, weiter zentralisiert hatten. Die Wirkung des Sakralen läßt sich anhand einer ihr eigenen liturgischen Semantik und der ihr entsprechenden Ordnungen erkennen, wie sie den beständigen Eingriffen des zentralistischen Staates in das lebensweltliche Gefüge des Sozialen und des Wirtschaften eigen sind.

Das Gefüge von Stand und Rang im Osmanischen Reich war zweigeteilt: zum einen in die Gruppe der Kaufleute, der Handwerker und der Bauern, zum anderen in die von Bürokratie und Militär. Die eine, die wertschöpfende Gruppe, hatte die andere, die den hochzentralisierten Staat repräsentierenden Funktionsträger, durch Steuern und Abgaben zu versorgen. Der zentralistische Fiskal- und Militärstaat der Osmanen zwang in orientalischer Tradition die ihm unterstehenden Lebenswelten, die nur unzureichend mit dem Begriff der Gesellschaft im modernen Sinn beschrieben wären, in ein Gewebe von Regulierungen und Kontrollen. Die Konstellation des lebensweltlichen Gefüges wurde von Institutionen dirigiert, die auf das Zentrum der Herrschaft orientiert waren. Der Versorgung Istanbuls als Schalt- und Knotenpunkt mit Lebensmitteln und anderen Gütern des täglichen Bedarfs kam absoluter Vorrang zu. Dieses Privileg hatte eine funktionale Bedeutung, weil es der Stabilisierung von Bürokratie und Militär als den Grundpfeilern des osmanischen Zentralstaates diente.

Kern der Herrschaft war der Staatsschatz, der Hort von Stabilität und Wohlfahrt. Am Ausmaß seiner Bestände spiegelte sich die Lage des Gemeinwesens. So war die Herrschaft zu ihrer Selbsterhaltung bemüht, den Wert des Schatzes durch die Zufuhr von Edelmetallen zu wahren oder zu steigern. Sie hatte die Währung zu hüten und sich der Bevölkerung gegenüber gütig und großzügig zu erweisen. Gute Herrschaft schlug sich symbolisch in Handlungen nieder, etwa wenn der Sultan anlässlich religiöser Festtage die öffentlich sichtbare Verausgabung von Gütern vornahm und somit Tugenden der Freigiebigkeit und des Edelmuts bewies. Zu solchen an rituelle Handlungen erinnernde Schaustellungen gehörten etwa Massenschlachtungen von Schafen zur Freude der Armen oder die Ausgabe der begehrten wollenen Bekleidung an die Janitscharen.[50]

Unter den besteuerten Gruppen der Kaufleute, der Handwerker und der Bauern kam Ersterer das höchste Prestige zu. Dies mag damit zusammenhängen, dass es wesentlich dem Handel obliegt, die Reichtümer sowohl in Erscheinung treten zu lassen als auch diese im topographischen Raum zu bewegen. Zudem lässt sich in der Sphäre der Zirkulation die in Geldform abzuschöpfende Revenue optimal entnehmen. Es ist aber auch der Bereich, an dem sich das Geld wegen seines abstrakten Charakters zu verflüchtigen versteht, sich also den Ansprüchen des Staatsschatzes zu entziehen sucht. Die Kaufleute wie der Handel sind für den Steuerstaat ebenso unerlässliches wie problematisches Klientel. Ihr Verhältnis war von nicht enden wollendem Misstrauen geprägt.

Das Prestige der Kaufleute rührt jenseits aller muslimischen Tradition, die den Kaufmann ohnehin mit besonderen rhetorischen Ehrungen überhäuft, daher, dass ihnen die Versorgung der Städte als dem Hort des Gemeinwesens obliegt. Die Organe der Herrschaft wiederum tragen dafür Sorge, dass die Handelswege so nahe wie möglich an die Hauptstadt, aber auch an andere zentrale Handelszentren wie Bursa, Edirne, später auch an Aleppo, herangeführt werden. Auch die osmanische Politik der Gebietserweiterung in der mit dem Jahr 1517 verbundenen großen Expansionsphase war nicht zuletzt mit der Absicht unternommen worden, den Karawanenhandel abzuschöpfen. Dies war an der großen Bewegung in Richtung Indischer Ozean ebenso abzulesen gewesen wie an den Kriegen mit den safawidischen Persern.

Der Zugriff des Sultans auf das osmanische Sozialgefüge war absolut. Dies wurde augenfällig, wenn das Funktionieren von Stadtkulturen durch drastische Erlasse zu gewährleisten war oder wenn solche Zentren nach Kriegen oder anderweitigen Erwerbungen etabliert wurden. Dazu gehörten so rigorose Maßnahmen wie die Ansiedlung und Ausweisung von bestimmten Berufsgruppen. Im Fall der von der iberischen Halbinsel wie aus Italien vertriebenen sefardischen Juden mochte sich diese Praxis des *sürgün* für die Betroffenen als Segen erwiesen haben. Sultan Bajasid II. (reg. 1481–1512) forderte sie auf, sich in das Osmanische Reich zu begeben. Mit ihren aus frühen merkantilen Kontexten mitgebrachten Fähigkeiten ermöglichten sie dem Osmanischen Reich, in der für den Militärstaat so wichtigen Waffentechnik, aber auch im Bereich der Medizin am europäischen Wissens- und Fertigungsvorsprung zu partizipieren. Zudem bildeten die iberischen Juden in den Hafenstädten, in Saloniki, Izmir und Istanbul, ein urbanes, auf den Außenhandel und das Wechselgeschäft ausgerichtetes Wirtschaftselement. In Saloniki etablierten sie ein Zentrum der osmanischen Produktion von Wollstoffen und verbanden sich mit den aufstrebenden und dieser Stoffe bedürfenden Janitscharen. Weniger glücklich mit der Politik der von Staats wegen betriebenen Umsiedlungen dürften die etwa 1500 Kaufleute und Handwerker aus Kairo und Täbriz gewesen sein, die nach der Eroberung ihrer Städte durch die Osmanen von Sultan Selim I. mit Sack und Pack nach Istanbul beordert wurden.[51]

Zentral für die Kontrolle des Wirtschaftslebens durch die

Herrschaft war die osmanische Einrichtung des *narh*. Dabei handelt es sich um eine Institution zur Preisfestsetzung durch die offiziellen Autoritäten für die auf dem Markt feilgebotenen Waren. Von Staats wegen, wenn auch in Beratung mit den Vertretern der an Gilden und Zünfte erinnernden Berufsvereinigungen, wurde der Maximalpreis für Lebensmittel und andere Güter des täglichen Bedarfs festgelegt. Der *narh* war eine osmanische, keine genuin islamische Einrichtung und verweist auf den zentralistischen und regulierenden Charakter des Staates. Der Islam in seinen verschiedenen Rechtsschulen erkennt die Freiheit der Vertragspartner im Aushandeln des Preises einer Ware an. Nur in Ausnahmefällen, etwa bei Hungersnöten oder anderweitig hervorgerufenem Mangel, sind auferlegte Preisbindungen zulässig.

In der osmanischen Ordnung diente das Prinzip des festgelegten Maximalpreises der Regulierung der Versorgung der Bevölkerung nach Maßgaben von Billigkeit, Gerechtigkeit und Voraussehbarkeit. Es war Ausdruck staatlicher Sorge um das Wohlergehen der Allgemeinheit, vor allem aber diente es der Gewähr des öffentlichen Friedens und somit auch der Sicherheit der Herrschaft. Dies galt vor allem für die Festlegung des Brotpreises. War dieser überhöht, konnte das auch im Zentrum der Macht, in Istanbul, zu die Herrschaft gefährdenden Unruhen führen – eine Situation, die der Sultan um alles in der Welt abzuwenden suchte. Brotpreis und öffentlicher Frieden waren auf das Engste miteinander verbunden. Die Angelegenheit des Brotpreises war so delikat, dass der Sultan sogar den Großwesir, der den Brotpreis persönlich kontrollierte, durch Personen seines Vertrauens bespitzeln ließ – nur um gewiss zu sein, dass die durch seinen obersten Minister eingeholten Erkundigungen über den aktuellen Brotpreis der Wahrheit entsprachen.

Die Preisbildung im Osmanischen Reich war also alles andere als frei. Es handelte sich nicht um Marktpreise, die sich durch Angebot und Nachfrage regulierten. Kaufleute und Handwerker waren angesichts der Preisfestlegung eher Agenten des

Staates als frei kontrahierende Vertreter eines partikularen Interesses. Obendrein war übermäßige Bereicherung nicht gern gesehen und stand unter der moralischen Kuratel einer Art von »fairem Profit«. Der zulässige Gewinn war als ein Bonus für erbrachte Dienstleistung zu verstehen; und Dienst als eine der Herrschaft abgeleistete Pflicht. Zwar ging die Erwartung eines freien Handels ohnedies am Geist und an den Vorstellungen der Zeit vorbei, doch machen die Regulierungen deutlich, welche mentalen und habituellen Hürden zu überwinden waren, sollten sie später einmal von der sich einstellenden Realität eingefordert werden.

Die Beschränkungen des mit der Marktwirtschaft verbundenen Drangs nach höchstmöglichem Gewinn sind auch an den Vertriebsformen ablesbar. So war Handelsware niemals frei verfügbar, sondern kontingentiert. Zudem konnte sie nicht an beliebigen Plätzen feilgeboten werden, sondern allein in den ihren Händlern speziell zugewiesenen Stadtvierteln und Straßen. Dann die Instrumente der Preisfestsetzung. Für manche Güter wurden die Preise täglich festgelegt, für andere – vornehmlich für Fleisch- und Milchprodukte – galten saisonale und von Festtagen abhängige Fixierungen. Der administrative Charakter der Preise war auch daran erkennbar, dass sie täglich laut ausgerufen wurden. Niemand konnte sich dieser Art der Öffentlichmachung entziehen, ohne sich den Unmut der Kundschaft, aber auch der für das Marktverhalten zuständigen Kontrollorgane zuzuziehen.[52]

Die Institution des *narh* war also ein Mittel politischer Regulierung und gerechter sozialer Verteilung. Sie beruhte auf der von der herrschenden Militärkaste verbreiteten Annahme, dass dem Bereicherungstrieb der Kaufleute nicht zu trauen sei. Schließlich haben es dem Erwerb dienende Betätigungen an sich, den eigenen Vorteil zu suchen. Dabei waren die dem Profit als einem als anrüchig erachteten Trieb entgegengebrachten Bedenken sowohl ethisch als auch funktional begründet. Alle, die nach Gewinn strebten, standen unter dem Verdacht, sich den Pflichten gegenüber dem Gemeinwesen zu entziehen. So waren die Kaufleute, aber auch die nicht weniger auf ihren eigenen Vorteil erpichten Handwerker der Aufsicht der politischen Macht zu unterwerfen. Ihren Aktivitäten wurden die Fesseln einer nicht nachlassenden Kontrolle angelegt.

Der *narh* war das zentrale osmanische Instrument der politischen Steuerung des Gesamtgefüges. Ziel war die Erhaltung eines inneren Gleichgewichts mittels staatlich regulierter Preiskontrolle zum Zwecke der Festschreibung der Macht der Militärklasse, der *askeri,* über die Kräfte des Marktes. Oder anders formuliert: Es ging um die Festschreibung der Herrschaft der reinen »Politik« über die triebhafte »Ökonomie«.[53] Es lässt jedenfalls aufhorchen, dass bis in das 19. Jahrhundert im *narh* ein entscheidendes Instrument gerechter wie funktionaler Regulierung des Erwerbslebens gesehen wurde.

Die Institution festgelegter Maximalpreise, also die Politik regulierter Gewinnmargen, macht deutlich, welche Bedeutung der Geldwertstabilität unter den Bedingungen des Vorrangs der Tugenden der Herrschaft vor den Trieben des Nutzens zukommt. Verfällt nämlich der Geldwert, kann sich die Herrschaft ihrer Verantwortung für den Zustand der von ihr verfügten »Ökonomie« nicht entziehen. Bei Verfall des Geldwertes durch Inflation oder Abwertung stellen die durch festgelegte Maximalpreise in ihrem Handeln beschränkten Kaufleute und Handwerker entweder den Verkauf ihrer Waren oder Dienstleistungen ein, was die zu versorgenden Städte in Mitleidenschaft ziehen würde, oder sie greifen zu einer in der historischen Krisenzeit sich einbürgernden Praxis und setzen jenseits der Legalität ihre Waren ab, bringen sie womöglich außer Landes – kurz: entziehen sich durch Schmuggel den Forderungen von Bürokratie und Militär.

Eine andere Reaktion war die Orientierung an Devisen. Die Kaufleute begannen, die osmanische Währung, den *akçe,* nicht mehr zu akzeptieren und stattdessen für ihre Waren die im Land zirkulierenden Fremdwährungen zu verlangen – vor allem venezianische Golddukaten oder die international verbreitete Silberwährung des Groschens.[54] Dieses Verhalten führte zur Unruhe unter den Gruppen der Bediensteten, deren Besoldung in osmanischer Währung erfolgte. Sie konnten für ihr Einkommen keine Güter mehr einhandeln und mussten stattdessen bei den Geldwechslern anstehen, um zu einem geringeren Kurs ihre schlechte Münze in gute und akzeptierte Währung zu konvertieren.

Die staatliche Bürokratie, die *kuttab,* war nicht die einzige Instanz, die an der Kontrolle von Preis und Profit beteiligt war. Auf die Bewahrung der traditionellen Regeln des berufsgemäßen Verhaltens achteten auch Funktionsträger des Sakralen, religiöse Ordnungshüter: die Kadis, also die Vertreter der Gerichtsbarkeit, denen die Rechtsfindung oblag, sowie die Institution des *muhtasib* – eine Instanz, deren Tätigkeit als die eines Marktinspektors, einer Sittenpolizei des Marktgebarens, umschrieben werden könnte.[55] In seinem Amt verband der *muhtasib* die Aufsicht über das kommerzielle wie über das religiöse Regelverhalten am Markt – von der Produktkontrolle über die Preisfixierung bis zur Einhaltung der Gebetsvorschriften. Schließlich kam dem Erwerbsleben eine »liturgische« Bedeutung (Halil Inalcik) zu.[56]

Die Verschränkung von sakralen und profanen Anteilen im Erwerbsleben zeigte sich auch daran, dass an die Spitze einer gildenähnlichen Berufsvertretung ein von ihren Angehörigen gewählter Scheich, also eine religiöse Autorität, berufen wurde.[57] Im Fall kommerzieller Streitigkeiten übernahm er als religiöser Würdenträger die Aufgabe des Schlichters, dessen Spruch sich die Parteien zu unterwerfen hatten. Auch hier galt die Prärogative der religiösen Autoritäten.

Die für den islamischen Zivilisationszusammenhang selbstverständliche Durchdringung des Erwerbslebens durch das Sakrale schlug sich auch räumlich nieder. Signifikant dafür ist die osmanische Institution des *imaret,* der öffentlichen Suppenküchen. In diesem städtischen Komplex fanden sich kommerzielle Einrichtungen und Anstalten der religiösen Wohlfahrt nicht nur räumlich miteinander verbunden, sondern waren auch gehalten, sich gegenseitig zu unterstützen. Die religiöse Imprägnierung von Handel und Geschäftswelt war bereits dadurch gegeben, dass der Komplex des *imaret* rechtlich als fromme Stiftung etabliert war. Die an solchen Orten befindlichen Moscheen, Medressen, Schreibstuben, Hospize und Krankenhäuser, ebenso die merkantilen Zwecken dienenden Anlagen wie Karawanserei, Han und Bazar, gaben der Verschränkung von sakralen und profanen Elementen architektonisch Ausdruck.[58] Ähnliche kommerzielle Komplexe, sogenannte *bedestans,* überdeckte Handelszentren für anspruchsvolle Ware, wurden an den Handelsrouten angelegt und bildeten den Nukleus einer sich daraus entwickelnden Stadt.

Auch Gilden und Zünften ähnelnde Berufsvereinigungen fielen unter die religiös begleitete Kontrolle staatlich legitimierter Organe. Dabei ging es um Preis- und Qualitätsüberprüfung wie um die Verhinderung von Konkurrenz und Regelverletzungen bei der Anstellung von Arbeitskräften. Um die Verwendung der handwerklich bearbeiteten Rohstoffe und Güter zu überwachen, wurden in den Städten spezielle Magazine eingerichtet. Dort wurden die eingelagerten Materialien vermessen, gewogen, besteuert und einer Qualitätskontrolle unterzogen.

Ebenso wurde die Produktion von Gütern regulierenden Maßgaben unterworfen. Alle Versuche, Güter auf dem Land, also außerhalb der Städte, herzustellen und die Produktion so dem Blick der städtischen Überwachungsorgane zu entziehen, wurden unterbunden. Bei einer derart strikten Kontrolle stand es schlecht um die Chancen, ein Verlagssystem einzuführen, wie es zu den frühen Anfängen der Industrialisierung gehörte. In Europa hatten Kaufleute unter Umgehung der Zünfte begonnen, die Produktion aufs Land zu verlegen, um sich die billigere Arbeitskraft der Landbevölkerung in Heimarbeit zunutze zu machen.[59] Im Orient zeitigten derartige Versuche keinen Erfolg. Solche illegalen Unternehmungen wurden von den Zünften verfolgt und bei der Pforte, der Regierung des Reichs, angezeigt. Auf das gesellschaftliche Gleichgewicht und die gute Ordnung unter den Berufsgruppen bedacht, wurde die Regierung tätig und unterband solche unredlichen Praktiken. Im 18. Jahrhundert häuften sich Versuche von Kaufleuten, die Zünfte durch direkte Anstellung von Handwerkern zu umgehen.[60] Diese Bemühungen nahmen aber nur geringe Ausmaße an und vermochten nicht, eine Dynamik zu entwickeln, deren jene Proto-Industrialisierung – also der Zugriff des Kaufmannskapitals auf die Bauernschaft zur direkten Produktion von Gütern auf dem flachen Land – bedurft hätte, um sich zu einer relevanten Tendenz entfalten zu können.[61]

Die Verschmelzung von religiöser, herrschaftlicher und Erwerbssymbolik gelangte kaum sinnfälliger zum Ausdruck als bei der osmanischen Währung. Der Tradition nach wurden *sikka,* also die geprägte Münze, und *khutba,* das Freitagsgebet für den Herrscher, als ineinander verschränkte Zeichen souveräner Macht angesehen. Der osmanische Bürokrat und Geschichtsschreiber Mustafa Ali (1541–1600) deutete *sikka ve khutba* als Ausdruck »göttlicher Schenkung«. Für das Gemeinwesen kam ihnen die Bedeutung von Fundamenten der Stabilität und des Vertrauen zu. *Khutba* war Ausdruck der Erhabenheit des herrschaftlichen Prestiges. Im Gebet erinnerten sich die Gläubigen an die gottgewollte Pflicht, dem Herrscher Folge zu leisten, also an den im Glauben ruhenden Akt der politischen Unterwerfung. *Sikka,* die geprägte Münze, trug mit den ihr eingekerbten Zeichen von Wert und Herrschaft die Aura der erhabenen Gewalt des Sultans ins Land. Indem die Münze im Gemeinwesen zirkulierte, von Person zu Person, von Hand zu Hand, zeugten die in Silber gefassten Male des Wertes als Gewicht von jener sakral legitimierten herrschaftlichen Macht. So verschmolzen in der Währung zweierlei Art von Glaube: der Glaube an die göttliche Macht wie der Glaube, dass der aufgeprägte Wert der Münze von ihrem Gehalt an Edelmetall gedeckt ist – eben *sikka ve khutba.* Die in der Währung beschlossene Sakralität kam auch einer ständigen Aufforderung gleich, sich im Geschäftsleben der *hisba* entsprechend gottgefällig zu verhalten. Wurden Geschäfte angestrebt, die im Ruch standen, unehrenhaft zu sein, galt es, dafür besser fremde Währung in Anspruch zu nehmen.[62]

Die dem Pekuniären eingepresste und Kraft des Gebets sich Geltung verschaffende sakrale Symbolik der Münze barg das herrschaftliche Versprechen, den Wert der Währung durch das ihr beigegebene Edelmetall zu wahren. Inflation und Abwertung, wie sie sich im reduzierten Gehalt an Edelmetall der Münze niederschlägt, zieht neben dem davon ausgehenden Ansehensverlust herrschaftlicher Autorität eine Verletzung des sakral imprägnierten Vertrauens in die Währung nach sich. Dafür steht der Aufstand des Jahres 1589, ein Ereignis, das sich an der Schwelle zum Jahr 1000 (1591/92) muslimischer Zeitrechnung abspielte und das wegen dieser magischen Ziffer zu apokalyptischen Erwartungen Anlass gab. Damals rotteten sich Angehörige der Janitscharen, aber auch Handwerker und andere Teile der Bevölkerung zusammen, um gegen die Abwertung der *akçe* und als drakonisch empfundene steuerliche Maßnahmen der Pforte gewalttätig vorzugehen.[63] Wie bei ähnlichen den Geldwert betreffenden Unruhen wurde das jüdische Viertel gebrandschatzt und geplündert.

Vorausgegangen war jene bittere Erfahrung der in Landeswährung ausbezahlten Janitscharen. Die Händler am Markt hatten die Annahme der schlechten Münze verweigert. Und da der Verfall der Währung notgedrungen die Legitimität der Herrschaft affizierte – *sikka ve khutba* –, sah Sultan Murad III. (reg. 1574–1595) zur Sicherung seiner Autorität keinen anderen Ausweg, als die für die Währung verantwortlichen Amtsträger, den für Rumelien zuständigen Gouverneur *(beylerbeyi)* Mehmet Pascha sowie den Chef der Staatsschatzes, den *defterdar* Mahmud Efendi, zu opfern. Sie wurden hingerichtet. Zudem wurden die unbotmäßigen Aufständischen mit Auszahlungen aus den Reserven des »inneren Schatzes« besänftigt.[64]

Der Beylerbeyi-Aufstand war Folge der im Jahr 1586 vorgenommenen massiven Abwertung der Währung – eine Tendenz des Wertverfalls, die unaufhaltsam voranschritt. Innerhalb von zehn Jahren sollen sich die Preise für die grundlegenden Güter, am Goldstandard gemessen, verdoppelt haben.[65] Und ein Ende des Währungsverfalls war nicht abzusehen. Zeitgenössischen Beobachtern war die bestürzende Beschädigung der Währung Ausdruck eines allgemeinen Niedergangs – des Niedergangs von Moral, von Sitte und Institution. Bei den Eliten des Osmanischen Reichs stellte sich der Eindruck allgegenwärtiger Dekadenz ein, das Imperium gleite ab in einen Zustand von Starre, Stagnation und Verfall. Die dabei empfundene Unruhe führte zu einer gesteigerten Produktion von Schriften, die zur dramatisierenden Überlieferung von jener Periode als großer Krise beitrugen. Später hieß es über diese Quellen, man habe es mit dem verzerrten Eindruck übermäßig erregter bürokratischer Intellektueller zu tun, in deren Abbildung der Zeitstimmung sich eher ihr eigener Gemütszustand spiegele, als dass es sich um eine wirklichkeitsgetreue Diagnose handele.[66]

Was die Ursachen der osmanischen Stagnation waren und ob es sich überhaupt um einen Niedergang handelte und nicht um eine bald überwundene Krise, ist weiterhin umstritten.[67] Und tatsächlich erholte sich das Osmanische Reich nach den kataklystischen Ereignissen des Jahres 1589, während in dem von den Chronisten der Zeit kaum besser gelittenen 17. Jahrhundert eine Stabilisierung zu verzeichnen war; und im 18. Jahrhundert war sogar eine merkliche Erholung zu vermerken. Diese spiegelte sich in den günstigen Zahlen der Außenhandelsbilanz wider.[68] Dass auf den Beylerbeyi-Aufstand vor dem Hintergrund der ihm vorausgegangenen, von den Zeitgenossen noch erlebten »goldenen Zeit« überreagiert wurde, mag der Umstand zeigen, dass den weiteren, gar zum Sturz des Sultans führenden Aufständen unzufriedener Janitscharen in den Jahren 1622 und 1623 weniger Aufmerksamkeit geschenkt wurde als jenem auf das Jahr 1589 zu datierenden Beginn des unaufhaltsamen Niedergangs.[69]

Paradigmatisch für das sich seit dem ausgehenden 16. Jahrhundert der Selbstwahrnehmung der Osmanen einprägende Bild vom Niedergang *(ihtilal)* ist der bereits erwähnte Bürokrat und Geschichtsschreiber Mustafa Ali. In den Jahren 1591–1598, also unmittelbar nach dem Verstreichen der apokalyptischen Erwartung zur Jahrtausendwende muslimischer Zeitrechnung, verfasste er sein Hauptwerk *Künh ül-ahbar* (Das Wesen der Geschichte). Diese Arbeit gilt als maßgebliche osmanische Schrift über das Paradigma von Verfall und Niedergang. Wesentlich von dieser Schrift aus wurden die Bilder über den beklagenswerten Zustand der Osmanen und ihr Reich von Generation zu Generation weitergegeben. Es sollte zur Grundausstattung des osmanischen Selbstverständnisses gehören.[70]

Das Bild von Niedergang und Verfall fand sich wie mit höheren Weihen versehen, als just zu dieser Zeit, genau im Jahr 1598, in Kairo eine Kopie der *Muqaddima* des Ibn Khaldun (1332–1406) entdeckt und im Osmanischen Reich bekannt gemacht wurde. Zwar sollte es noch einige Zeit dauern, bis es zu einer breiteren Rezeption des tunesischen Gelehrten kam. Dafür war die Wirkung seiner zyklischen Geschichtstheorie, die wenig auf Gott, aber umso mehr auf kulturanthropologische Konstanten von Aufstieg und Niedergang der Dynastien und Reiche setzte, umso nachhaltiger.[71]

Zu den bedeutendsten Rezipienten der *Muqaddima* gehörte der Reisende und Gelehrte Katib Çelebi (1609–1657).[72] Als wandelnder Enzyklopädist seiner Zeit gilt er als unerschöpfliche Quelle von Wissen und Erfahrung über die durch den Beylerbeyi-Aufstand ins Bewusstsein getretene Krise. Seine Schriften wurden in ihrer reflektierten Authentizität als diagnostische Ikonen gehandelt. Sie berichten aufschlussreich über den Geist der Epoche und die Gebrechen des Gemeinwesens.

Zudem suchten sie mit guten Ratschlägen auf die Politik ihrer Zeit einzuwirken. Dies vor allem, wenn zu dringend erachteten Reformen aufgerufen wurde. So hatte die Verbreitung der Erkenntnisse von Çelebi eine nicht unerhebliche Wirkung auf die den Staat lenkenden Bürokraten, eine Einwirkung, zu der sich auch der Prototyp des osmanischen intellektuellen Bürokraten, Mustafa Ali, berufen fühlte.

Während die historische und politische Diagnostik des Niedergangs durch Mustafa Ali noch aus sich heraus erfolgt war, waren die von Çelebi verbreiteten Prognosen bereits von der Autorität der Ibn Khaldun'schen Geschichtstheorie beseelt. Die von dem tunesischen Gelehrten vorgeschlagenen Analogien zwischen dem menschlichen Körper und dem Körper des Gemeinwesens und seine Ausführungen über die fünf Stufen des dynastischen Staates und die der Herrschaft inhärente Spannung zwischen nomadischer und sesshafter Lebensform leuchteten den osmanischen Gelehrten ein. Auch der auf Çelebi folgende Mustafa Naima (gest.1716) lehnte sich an Ibn Khaldun an, als er den Zustand des Osmanischen Reichs beklagte und Wege zur Überwindung des Niedergangs empfahl. Zu nennen ist hier auch Mehmed Sahib Pirizade (gest. 1749), von dem die Übersetzung der *Muqaddima* ins Türkische ausging und der später das wichtige Amt des *sheikh-ul-islam* antrat.[73] Spätestens von da an war Ibn Khaldun mit seiner zyklischen Theorie der Geschichte tief im osmanischen Bewusstsein verankert. Vor allem dann, wenn sie dafür herhalten musste, als Niedergang empfundene Krisenerscheinungen zu verstehen.

Die Übertragung der zyklischen Geschichtstheorie Ibn Khalduns auf die osmanischen Verhältnisse führte dazu, dass die intellektuellen Bürokraten und Gelehrten die Krise mit der Wiederherstellung der traditionellen und als bewährt erachteten Institutionen einer glorreichen Vergangenheit zu überwinden suchten. Nicht etwa in der Einführung neuer Einrichtungen, sondern in der Restitution der alten wurde der Schlüssel zur Genesung des Gemeinwesens gesucht. Der Blick war auf die

Vergangenheit als die bessere, weil ursprünglichere Zeit gerichtet. Diese Sicht ist nicht als Nostalgie abzutun, sondern sie entsprach dem Verständnis dessen, was als »Geschichte« zu gelten hatte. Weil diese sich zyklisch zu bewegen schien, galt es, mit der Rückkehr zum Ausgangspunkt der Kreisbewegung die »goldene Zeit« einzuholen.

Bei der wiederherzustellenden »goldenen Zeit« der Osmanen, der *medine-i fazile,* handelt es sich um eine Phase von etwa hundert Jahren – von der Eroberung Konstantinopels 1453 bis um die Mitte des 16. Jahrhunderts – mit der Regentschaft Süleiman des Gesetzgebers als Scheitelpunkt. Mit dieser Geschichtskonstruktion siedelten die Osmanen – obschon gläubige Muslime – den Idealzustand der Vergangenheit nicht, wie sonst für das sakral eingefärbte islamische Geschichtsverständnis üblich, in der Zeit des Propheten und der vier rechtgeleiteten Kalifen an, sondern in der Blütezeit ihrer, der osmanischen Machtentfaltung. Darin stimmten die Intellektuellen von Mustafa Ali über Katib Çelebi bis zu Mustafa Naima und den ihnen folgenden Gelehrten überein. Diese von der klassischen islamischen Tradition abweichende Tendenz erklärt sich daraus, dass die Osmanen – was die Herrschaft betraf – nicht allein auf den islamischen Gesetzeskanon der Scharia setzten, sondern auf ihren eigenen Kodex, den *kanun.* Und es war die Tradition des eher weltlichen *kanun* im Unterschied zur geoffenbarten Scharia, die jene zwar rückwärts gewandte, nicht aber auf die ideale Zeit des Islam gerichtete Geschichtssicht erlaubte.

Was hat es mit dem Bild vom Niedergang auf sich? Reflektiert es, wie manche meinen, den tristen Gemützustand intellektueller Eliten, die – wie Mustafa Ali – über den in jener dramatischen oder dramatisierten Zeit eingetretenen Verlust des eigenen Einflusses klagen und deren persönlich erfahrene Unbilden sich leitmotivisch in zeitdiagnostischen Werken niederschlagen? Oder handelt es sich um einen Eindruck, der in der Wirklichkeit der osmanischen Verhältnisse seine Bestätigung findet? Der Hinweis auf die persönliche Pechsträhne Mustafa Alis, der

181

darüber verärgert war, dass er mit ihm wenig genehmen Ämtern bedacht wurde, und dessen Patrone – Mehmet Pascha und Mahmud Efendi – bei den Beylerbeyi-Unruhen zur Besänftigung der empörten Bevölkerung hingerichtet worden waren, dürfte zur Erklärung einer derart beständigen pessimistischen Zeitdiagnose nicht genügen.[74] Dass es mit dem Osmanischen Reich vom ausgehenden 16. Jahrhundert an nicht zum Besten stand, war schließlich allgemein akzeptiert worden. Hierfür sind die Bemühungen der sogenannten Köprüli-Restauration (1654–1691) signifikant. Unterschiede freilich bestehen in einer angemessenen Zustandsbeschreibung ebenso wie in der Diagnose der Ursachen.[75]

Hinsichtlich der Ursache der gemeinhin als Niedergang aufgefassten Stagnation des Osmanischen Reichs lassen sich zwei Tendenzen ausmachen. Die eine führt die zunehmende, spätestens im 19. Jahrhundert sichtbar gewordene Schwächung des letzten muslimischen Universalreichs auf äußere Gründe zurück; die andere auf seine innere, mit den Anforderungen der Moderne wenig verträgliche strukturkonservative Komposition. Freilich vermögen Äußeres und Inneres ineinander überzugehen; eine klare Abgrenzung wird nicht immer möglich sein. So kann die Theorie von den das Osmanische Reich im ausgehenden 16. Jahrhundert zerrüttenden Schüben der Inflation sowohl exogen wie endogen verstanden werden. Exogen insofern, als die Inflation von außen, von den aus Amerika nach Europa transferierten Edelmetallen verursacht wurde; endogen insofern, als argumentiert werden könnte, das Festhalten an traditionellen Strukturen habe – im Unterschied zu den europäischen Gemeinwesen – einen Wandel zur Wirtschaftsform des Merkantilismus behindert.[76]

Erschwert werden Unterscheidungen zudem durch eine jeweils tendenziöse Aufladung des Diskurses über die Gründe von Niedergang, Stagnation oder den wie auch immer charakterisierten Verfall des Reichs der Osmanen. So ist auffällig, dass jene, die äußere Gründe reklamieren, die Krise relativ spät eintreten lassen, während solche, die dazu neigen, innere Gründe ins Feld zu führen, sie recht früh, vor allem in der besagten problematischen Zeit des ausgehenden 16. Jahrhunderts lokalisieren. Tendenziös von beiden Seiten können solche zeitlichen Zuordnungen schon deshalb sein, weil sie häufig mit Schuldzuschreibungen verbunden werden. Je später die zum Verfall führende Krise lokalisiert wird, desto eher kann sie nämlich von außen her verursacht worden sein. Wird sie weit ins 19. Jahrhundert gerückt, so können die damals zutage getretenen territorialen, politischen und wirtschaftlichen Einbußen der Osmanen oder des Islam mit der offenen und sich als überlegen erweisenden militärischen Gewalt der Europäer in Verbindung gebracht werden. Die Erklärung kann sich optimal der Theorien über Kolonialismus und Imperialismus bedienen. Wird die zum Verfall führende Krise jedoch in die weiter zurückliegende Vergangenheit, die kritische Periode der frühen Neuzeit, versetzt, dann werden andere, vornehmlich innere Gründe hierfür in Stellung gebracht.

Die Bewegungen in der Deutung von endogen zu exogen und umgekehrt stehen zudem mit Konjunkturen der Politik, aber auch mit wissenschaftlichen Moden in Verbindung. So haben kemalistische Historiker der gerade begründeten türkischen Republik von den 1930er Jahren an schulbildend dahingehend gewirkt, alles Osmanische in Bausch und Bogen zu verwerfen. Umso mehr waren sie bereit, sich den Urteilen altvorderer osmanischer Geschichtsschreiber, Geographen und Chronisten wie Mustafa Ali, Katib Çelebi und ihrer Nachfolger anzuschließen, ja diese gar zu verschärfen.[77] Den in den 1970er Jahren vorherrschenden Theorien über die Ausbildung des kapitalistischen Weltsystems, deren Leuchtkraft inzwischen verblasst ist, passte die Krise des ausgehenden 16. und 17. Jahrhunderts schon allein deshalb gut ins Bild, weil der Westen als ökonomisches Zentrum des Globus das Osmanische Reich zur Rohstoff liefernden Peripherie herabsetzte.[78]

Von den 1980er Jahren an ist ein neuerlicher Umschwung

zu verspüren. Aus den Kulturwissenschaften kommende post-koloniale Deutungen wollen das Wort vom »Niedergang« nicht mehr gelten lassen. Dies gilt auch für solche bislang als historisch gewiss erachteten Phänomene wie die »Preisrevolution« der frühen Neuzeit. Diese soll es nun nicht gegeben haben.[79] Auch die sich kulturgeographisch zurückführenden Unterscheidungen zwischen »Europa« und »Orient« werden eingeebnet und als Ausdruck westlicher Dominanz und westlicher Anmaßung in der Prägung der Begriffe zurückgewiesen. Analog den Theorien über das imperialistische Ausgreifen Europas werden die Ursachen für die Dekomposition des Osmanischen Reichs weit nach vorn, also ins 19. Jahrhundert, verlegt. Diese Überlegungen sind inzwischen tief in den Kanon der Osmanistik eingedrungen.[80] Dennoch ist gegenwärtig ein Interregnum in der Deutungshoheit zu diagnostizieren. Zwar haben die alten, vornehmlich auf endogene Ursachen hinauslaufenden Erklärungen an Gewissheit eingebüßt; doch schweigen sich die neuen Darstellungen über die Gründe für die nicht in Abrede zu stellenden, ins Auge stechenden Phänomene von Stagnation, jedenfalls von Stillstand, im Osmanischen Reich aus – und dies angesichts der doch so anders verlaufenden westlichen Entwicklung. Um eine plausible Antwort sind sie jedenfalls verlegen.[81]

Eine wenn auch pauschale Antwort mag sich indes aus den für die Entwicklung des Westens signifikanten Parametern ergeben. Sie weisen zurück auf die Zeit von Reformation und Säkularisierung, auf den Buchdruck und die »Entdeckung« Amerikas; auf die vom Merkantilismus ausgehende Sozialdisziplinierung, das moralisch beglaubigte Gewinnstreben, das Auseinandertreten der Funktionssphären von Herrschaft und Nutzen, von Staat und Gesellschaft, von öffentlich und privat. Die damit verbundenen Veränderungen waren anscheinend so nachhaltig, dass auch Ereignisse katastrophalen Ausmaßes innerhalb der westlichen Zivilisation – so die Konfessionskriege des 17. Jahrhunderts mit ihren gewaltigen demographischen

Einbußen und massiven Produktionsrückgängen – dem mit jener angestoßenen Dynamik verbundenen Wandel nicht haben Einhalt gebieten können.

Im Orient hingegen schien alle Entwicklung vom starken, die Lebenswelten regulierenden Zentralstaat abzuhängen. Waren zur westlichen Entwicklung anscheinend analoge Tendenzen zu erkennen, etwa die im ausgehenden 17. Jahrhundert zu beobachtenden Ansätze einer Dezentralisierung oder die im 18. Jahrhundert von sich reden machende Ausbildung einer neuen, an den »bürgerlichen« Erwerbsstand erinnernden Schicht von Notabeln, der *ayan,* so wurden diese Anfang des 19. Jahrhunderts von dem sich seines vollen Zugriffs auf die Herrschaft wie auf den Nutzen versichernden Zentralstaat als »Klasse« von oben liquidiert.[82]

Ein solcher Wiederholungszwang der sich immer wieder aufs Neue etablierenden Zentralgewalt ist durch die Jahrhunderte zu beobachten. Öffneten sich Militär und Bürokratie europäischen Neuerungen in Technologie und Institution, so dienten sie doch dazu, die zentrale Herrschaft über die »Gesellschaft« zu stärken. Der in Gestalt des zentralen Staates sich niederschlagende und zudem sakral legitimierte Strukturkonservativismus bildete für substanzielle Veränderungen ein schier unüberwindliches Hindernis. So kam es, dass die ins Osmanische Reich einsickernde Moderne nicht etwa Veränderungen zum Erhalt des Gemeinwesens mit sich brachte, sondern zu seiner Zerstörung beitrug.

Wie stark die Tendenzen der Moderne an den Strukturen des traditionell verfugten Osmanischen Reichs nagten, wird an seiner Wandlung im 19. Jahrhundert deutlich. Vor allem das für die neue Zeit grundlegende Prinzip einer horizontal verfassten Gleichheit wälzte die Grundlage der vertikal getrennten, auf sakralem Recht beruhenden und sich selbst verwaltenden religiösen Gruppen, der Millets, um.[83] Nicht nur, dass sie sich zunehmend als Nationen und Nationalitäten verstanden; wegen des sich durchsetzenden Prinzips der Repräsentation begannen sie sich nach den Emblemen ihrer Zugehörigkeiten in »Mehrheit« und »Minderheiten« voneinander zu scheiden. Es bedurfte lediglich noch der sich bald einstellenden territorialen Bestrebungen, um das Osmanische Reich auseinanderzureißen.[84]

Seit dem griechischen Unabhängigkeitskrieg im ersten Drittel des 19. Jahrhunderts waren die Zeichen der neuen, für das Reich der Osmanen wenig günstigen Zeit zu erkennen. Damit wurde eine Entwicklung eingeleitet, die das Imperium in seiner vormodernen Existenz auf die Symbole von Sultanat und Kalifat reduzierte. Darunter hatten sich die Konturen der das Reich zu beerben trachtenden Nationalstaaten ausgebildet. Begleitet wurde diese Wandlung von gewaltigen Erschütterungen, vor allem von zwischenreligiösen oder zwischenethnischen Blutbädern und Kriegen – anfänglich auf dem Balkan, später in Ostanatolien, um 1915 im Genozid an den Armeniern zu kulminieren. Aus den Trümmern des Osmanischen Reichs ging 1923 die türkische Republik hervor. Mit dem alten Imperium der Osmanen hatte sie kaum noch etwas gemein.

HERRSCHAFT UND NUTZEN
Muslimische Lebenswelten der klassischen Epoche

Wüste und Steppe – Tribut und Steuer – Zentralmacht und Stadtkultur – Omajjaden und Abbasiden – Söldner und Händler – *polis* und *medina* – Architektur und Habitat – »öffentlich« und »privat« – Pfründe und Kapital – Eigentum und Arbeit – Tausch und Wert – Zeit und Liturgie – Ethik und Sitte – Sakrales und Profanes

Der große muslimische Geschichtsdenker Abd ar-Rahman Ibn Khaldun (1332–1406) hat in seinem Werk wiederkehrende Muster von Aufstieg und Fall im Vorderen Orient beschrieben. Berühmt wurde die *Muqaddima* (Vorrede) zu seinem *Kitab al-Ibar* (Buch der Beispiele). Damit zog er die osmanischen Chronisten und Geschichtsschreiber des 17. Jahrhunderts, die Wesire und großen Administratoren des 18. Jahrhunderts und der Zeit danach, in seinen Bann. Ihnen war die *Muqaddima* ein durch nichts zu besänftigendes Orakel des Kommenden und ein Schlüssel zum Verständnis des Gegenwärtigen.[1] Dies gilt auch für die fernere Nachwelt. Auch sie begegnet seiner Geschichtstheorie mit größter Wertschätzung. Schließlich begründete diese die Bedingungen und Umstände von Machterwerb und Machtverlust im Orient aus sich selbst heraus – ganz ohne Gott.

Genau besehen war Ibn Khaldun ein Kulturanthropologe *avant la lettre*. Sein Wissen über die Genesis von Macht, Staat und Herrschaft im Vorderen Orient und die Umstände ihres Verfalls waren aus seinem Wirken als Gelehrter und als Berater an verschiedenen Höfen muslimischer Herrscher erwachsen. Sein Weg führte ihn von seinem Geburtsort Tunis nach Granada, von dort nach Algerien und weiter nach Ägypten – um nur die wichtigsten Stationen zu erwähnen. Die von ihm gesuchte Nähe zur Macht lehrte ihn, ihre Logik und Mechanik zu durchschauen – und sich vor ihr zu hüten. Solche Kenntnis vermochte ihn allerdings nicht davor zu bewahren, von ihren wenig genehmen Konjunkturen in Mitleidenschaft gezogen zu werden.

Denken wie Schicksal Ibn Khalduns gemahnen an das von Niccolò Machiavelli (1469–1527). Auch er wusste Geltung und Wirkung von Macht und Herrschaft als »Politik« auf unbestechliche Weise zu beobachten – wenn auch unter den frühneuzeitlichen Bedingungen eines italienischen Stadtstaates. Auch er beschrieb Erwerb und Verlust von Macht und suchte ihre Nähe in beratender Stellung – die Erfahrung schmerzlicher Folgen für die eigene Person eingeschlossen. Und beide, sowohl der Maghrebiner Ibn Khaldun wie der Florentiner Machiavelli, führten die Keimform der Macht auf einen Herrschaft begründenden anthropologischen Ursprung zurück. Bei Ibn Khaldun ist es die *asabiyya* – ein kämpferisch korporativer Geist gemeinschaftlicher Zugehörigkeit, wie er bei den Nomaden der Wüste, mehr noch bei denen der Steppe anzutreffen ist; bei Machiavelli ist es die *virtù,* ein Attribut politischer Energie und Entschlossenheit, derer der zur Macht Berufene bedarf. Es ist nicht unwesentlich zu wissen, dass der Herrschaftsdrang der Wüsten- und Steppennomaden bei Ibn Khaldun sich als ein kollektives Begehren mitteilt, während bei Machiavelli von der Entschlossenheit des Einzelnen die Rede ist.[2]

Die Lebenszeit Ibn Khalduns liegt in einer Dämmer- und Zwischenzeit islamisch-orientalischer Geschichte – zwischen dem Niedergang der Abbasiden und dem Aufkommen der Osmanen.[3] Das Abbasidenkalifat mit dem Zentrum Bagdad war 1258 dem Ansturm der Mongolen erlegen; das urbane Zentrum der islamischen Welt wurde geplündert und zerstört.[4] Das von einer funktionierenden zentralen Administration her zu regulierende Bewässerungssystem des Zweistromlandes verfiel. Ohne die gestaltende Gewalt eines zentralen Staates geht die Kulturlandschaft des Ackerbaus zurück; Wüstennomaden dringen vor und verwandeln die kultivierten Flächen in Weideland – Ausdruck eines beständigen Rhythmus zwischen Zivilisation und Natur in ariden Zonen. Der weitere Vormarsch der Mongolen wurde in der Schlacht von Ain Dschalut nördlich von Jerusalem durch das Heer des ägyptisch-syrischen Sultanats der Mamluken 1260 gestoppt. Die Mamluken waren eine gerade erst im Nilland zur Herrschaft gelangte Militärkaste, die sich durch dauernde Zufuhr von Sklaven aus dem Bereich von Kaukasus und Schwarzem Meer erneuerte. Ihrer Standhaftigkeit war es zu danken, dass die architektonischen und kulturellen Schätze des Islam in Kairo vor einer drohenden Verwüstung durch den weiter nördlich wütenden Mongolensturm bewahrt wurden.[5]

Nach den Verheerungen durch die Mongolen suchte um die Mitte des 14. Jahrhunderts der Schwarze Tod die Menschen des Orients heim. Bis sich eine Metropole wie Kairo von der Pest demographisch erholte, ging viel Zeit ins Land. Zwar musste auch Europa das Wüten des Schwarzen Todes hinnehmen und hatte dabei nicht weniger Opfer zu beklagen als der Orient. Aber im Westen trug eine durch das Zusammenspiel von Natur und Kultur bedingte räumliche Zergliederung der Lebensverhältnisse dazu bei, die zerstörerische Wucht und die Auswirkungen der Seuche schneller zu überwinden. Im Orient hingegen verlangsamte die Konzentration von Macht, die zentrale Rolle der Städte und die ungeschützte räumliche Offenheit des flachen Landes die Erholung.[6]

Im Tross des mamlukischen Sultans von Ägypten und als dessen Berater begab sich Ibn Khaldun 1400/01 in das vom mongolischen Eroberer Timur belagerte Damaskus. Der gelehrte Gesandte aus Kairo konnte die Zerstörung der Stadt nicht verhindern. Indes führte er mit dem für seine Grausamkeit berüchtigten Mongolenherrscher ein langes Gespräch und schmeichelte ihm damit, dass er ihn über das Gepräge jener Macht aufklärte, die er als Welteneroberer selbst verkörpere. Schließlich glaubte Ibn Khaldun in den Steppennomaden ein Modell, einen Idealtypus dessen zu erkennen, was zur Formierung einer *dawla,* einer Dynastie zur Ausübung von Herrschaft, führt – der Kern seiner Theorie über Aufstieg und Niedergang vorderorientalischer Herrschaft.[7]

Die von Mongolensturm und Schwarzem Tod gezeichnete Krisenzeit der arabisch-islamischen Zivilisation von der Mitte des 13. bis ins 15. Jahrhundert mag dazu beigetragen haben, einen scharfen Blick auf ihre Beschaffenheit zu erlangen. So scheint es, als seien sich in Ibn Khalduns Theorie über Aufstieg und Niedergang von Herrschaft und Kultur im Vorderen Orient Zeit und Person auf einzigartige Weise begegnet. Diese Konstellation der »letzten Stunde« mag zudem Aufschluss geben, warum Ibn Khaldun in seiner Zivilisation intellektuell unerreicht geblieben ist.[8] Niemand nach ihm hat es in der sakral eingefärbten Welt des Islam vermocht, mit einer kulturanthropologischen und mithin säkularen Theorie über Ursprung und Niedergang von Herrschaft aufzuwarten. Dies mag die Bedeutung der *Muqaddima* für die osmanischen Chronisten, Historiker und Administratoren durch die Jahrhunderte ausmachen. Als sie um die Mitte des 19. Jahrhunderts ins Französische übertragen wurde, war ihre Wirkung auf den soziologischen und kulturanthropologischen Diskurs über den Vorderen Orient bemerkenswert.[9]

Von den Beobachtungen Ibn Khalduns wurde die Erforschung des Nomadentums in seiner Wirkung für die Ausbildung von Herrschaft beeinflusst. Arnold J. Toynbee, der große Byzantinist und Universalhistoriker der ersten Hälfte des 20. Jahrhunderts, suchte den Unterschied zwischen den auf zentralisierter Herrschaft beruhenden Lebensformen der Steppennomaden und denen der Wüstennomaden hinsichtlich ihrer Berufung zur Staats- und Reichsbildung zu erklären. Er verwies auf die in der einförmigen, schier endlosen Steppe nötige größere Kohäsion der sich im uferlosen Raum bewegenden tribalen Großgruppe.[10]

Die über große Räume ziehende konzentrierte Anhäufung von Menschen und ihrem gewaltigen Viehbestand bedurfte der beständigen Steuerung durch eine zentrale und straffe Verein-heitlichung der Führung mit einer hierarchischen Gliederung. Es war der Khan, der despotisch-zentrale Herrscher, und nicht die »stammeshumanistische«,[11] auf die tribale Kleingruppe be-schränkte Autorität des beduinischen Scheichs, der die zum Überleben der Großgruppe nötige Vereinheitlichung der sich im ausgedehnten Weideraum der Steppe wie ein Schiff auf ho-her See bewegenden menschlichen und tierischen Herde *(ra'iya)* zu verantworten hatte.[12] Unterwerfung unter den An-führer, Loyalität untereinander und die Hege und Pflege des Viehbestands waren für die Bewegung in der Steppe maßgeb-lich.[13] Während die Wüstennomaden zur Überwindung ihres Stammespartikularismus erst des Islam als eines mobilisieren-den und zentralisierenden Elements zur Herrschaftsbildung bedurften, waren diese Voraussetzungen bei den Steppenno-maden von Natur aus gegeben. Die jeweilige *asabiyya* – sowohl der Steppennomaden wie der Wüstennomaden – entfaltete his-torisch konjunkturell die herrschaftliche Energie, um sich die vorgefundenen und ihrer geballten militärischen Gewalt schutzlos ausgelieferten agrarischen Lebensformen ebenso wie die Stadtkulturen untertan zu machen.[14]

So legte sich die nomadische Herrschaft über Stadt und Land, konstituierte sich als dynastisches Staatsgebilde und machte sich anheischig, deren Domänen zu vereinnahmen. Für diese Vergünstigungen gewährte die Herrschaft Schutz und Sicher-heit. Ohne diesen Schutz hätten die Orte der Kultur und Zivi-lisation wegen der sie umgebenden wüsten und dürren Land-schaften jedem Zugriff von außen offen gestanden. Ohne die bewaffnete Macht des militarisierten Nomadentums in Gestalt einer sich in der Stadt befindenden Herrschaft wäre die Stadt-kultur dem Niedergang preisgegeben gewesen. Hinzu trat der Schutz, den die zentrale, weite Gebiete beherrschende Reichs-gewalt dem die Region durchziehenden Fernhandel gewährte. Hierfür steht die *Pax Mongolica* auf dem Zenit ihrer Weltgeltung im 13. und 14. Jahrhundert.[15]

Ohne zentrale Reichsgewalt wäre vor allem in den Steppenregionen Innerasiens und den Trockenzonen des Vorderen Orients ein gesicherter Transport über weite Strecken kaum vorstellbar gewesen. Andernfalls hätten sich die Waren derart verteuert, dass sie unverkäuflich geworden wären. Das hätte sich auf das Wirtschaftsleben ausgewirkt und den Wohlstand beeinträchtigt. So lag es nahe, dass Herrschaftsgewalt und Kaufmannschaft eine Symbiose eingingen. Eine solche Symbiose war auch den Feldzügen des frühen Islam eigen. Während die mit der Kriegführung betrauten Nomaden vor allen Dingen die Beute im Auge hatten, waren die Kaufleute bestrebt, deren kriegerische Energie für die Sicherheit der Verkehrswege einzusetzen. Damit ging eine Art Monopolisierung der Gewaltanwendung einher – ihre Zivilisierung. So hatte die im Jahr 630 erfolgende Tabuk-Expedition gegen die mit Byzanz verbundenen Gassaniden, der am weitesten nach Norden reichende Feldzug des Propheten Mohammed, das Ziel, sich die Kontrolle der Haupthandelsstraßen nach Norden zu sichern.[16] Militärisch-beduinischer Schutz und städtisch verorteter Handel verschränkten sich ineinander.[17]

Herrschaft im Vorderen Orient war nach Ibn Khaldun dadurch gekennzeichnet, dass nomadische, für die Machtausübung disponierte Bevölkerungen durch eine ihnen eigene *asabiyya* sich Agrikultur und Stadtkultur unterwarfen. Dieser Vorgang war nach dem Geschichtsmodell Ibn Khalduns durch ständige Wiederholung gekennzeichnet. Denn die kriegerischen und zur Herrschaftsausübung prädestinierten Nomaden gaben sich nach der Etablierung ihrer *dawla* in den urbanen Zentren bald einer gemächlichen Lebensführung hin. Damit gingen sie ihrer ursprünglichen, sie zur Herrschaft befähigenden Kohäsion verlustig. Sie wurden von anderen, abermals aus Wüste oder Steppe einbrechenden, sich ihrer *asabiyya* gewissen Nomaden aus der Herrschaft verdrängt. Eine neue Dynastie entstand – bis sich der bereits erfahrene Ablauf wiederholte.

Welche Einwände gegen die kulturanthropologische Zivilisationstheorie Ibn Khalduns auch erhoben werden mögen – eines ist ihr nicht abzusprechen: Sie lenkt den Blick auf den nicht abweisbaren Umstand, dass unter den besonderen klimatischen, ökologischen und lebensweltlichen Bedingungen des Vorderen Orients die Herrschaft in Gestalt einer nomadischen und staatbildenden Dynastie von den jeweiligen sozialen Verhältnissen am Ort, also von der »Gesellschaft«, unabhängig, dass sie autonom war. Staat und Herrschaft waren nicht Ausdruck der lokalen Verhältnisse, nicht aus ihnen hervorgegangen, sondern waren ihnen von außen auferlegt. Dabei war diese Herrschaft nicht parasitär, sondern für das Überdauern der von ihr überlagerten Lebenswelten notwendig. Ohne den von ihr gewährten Schutz wären Agrikultur und Stadtkultur schon aus Gründen der topographischen Lage den von Mensch und Natur ausgehenden Unbilden wehrlos ausgeliefert gewesen. Die Bewässerungsanlagen wären verfallen, oder andere, der städtischen Zivilisation und den ihr angeschlossenen agrarischen Gebieten wenig gewogene Nomaden hätten sich ihrer bemächtigt – ein Vorgang, der mit Gewalt und Zerstörung einhergegangen wäre. Kurz: Die starke und zentralisierte Herrschaft kompensierte die kulturgeographischen Defizite arider Zonen.

Um ihrer Schutzfunktion sowie anderen administrativen Obliegenheiten nachzukommen, besteuerte die Instanz der Machtausübung Handel, Handwerk und Agrikultur. Bei dieser Art der Herrschaft handelte es sich um einen Fiskal- und Militärstaat.[18] Um seine Eigenheiten zu verstehen, bedarf es nicht der Theorie einer sogenannten »orientalischen Despotie«, wie sie vor über einem halben Jahrhundert Karl-August Wittfogel anhand der Erfordernisse zentraler staatlicher Organisation zur regulierten Bewässerungswirtschaft entwickelt hat.[19] Die regulierende Tätigkeit einer zentralen Administration war für das Nilland Ägypten zweifellos von Wichtigkeit. Einer zentralen Verwaltung bedurfte auch das Instandhalten der Drainage im Zweistromland des Irak. Aber damit stößt die hydraulische Begründung eines Zentralstaates im Vorderen Orient schon an ihre Grenzen. Schließlich handelt es sich in der weiteren Region wesentlich um Trockenzonen. Dort mag mit allen möglichen geologischen wie kulturgeographischen Lagen gerechnet werden, nur mit einem nicht: mit Wasser. So führt die Nomadismustheorie Ibn Khalduns über die Ursprünge von Herrschaft im Vorderen Orient weiter – auch wenn damit noch nicht die massive Präsenz des Sakralen in allen Bereichen der islamischen Zivilisation ihre Erklärung findet – das große Enigma des Orients.

Die Präsenz des Sakralen in allen Lebensbereichen – Alltag und Herrschaft eingeschlossen – eröffnet zentrale Fragen. Wie steht es um ihre Regulierung? Warum lässt sich das Sakrale nicht auf einen eigenen Bereich verweisen und so in seiner Wirkung einschränken? Warum ist das Sakrale allerorts anzutreffen: in der Sphäre von Politik, von Ökonomie, im Sozialen, im Privaten, in den Beziehungen der Geschlechter zueinander? Kommt dem Sakralen womöglich die Aufgabe zu, die als »fremdes« Gewebe der Macht sich der Gesellschaft bemächtigende Herrschaft zu bändigen, sie mit den Lebenswelten der Agrikultur, des urbanen Lebens und des über weite Räume sich bewegenden Handels durch ein komplexes Regelsystem religiöser Ge- und Verbote zu versöhnen? Ist es denkbar, dass die allgegenwärtige Präsenz des Sakralen mit den »materiellen« Umständen von Kulturgeographie und Habitat notwendig einhergeht? Bewirkt das alles durchdringende Sakrale, dass Entwicklung durch die Maßgaben des Glaubens behindert, um nicht zu sagen: verhindert wird?

Diese Fragen sind vor allem zu stellen, wenn die zivilisatorischen Errungenschaften der arabisch-muslimischen Welt in ihrer klassischen Zeit, dem sogenannten islamischen »Mittelalter«, in den Blick genommen werden. Dort finden sich alle Phänomene, die gemeinhin mit einer »bürgerlichen« Gesellschaft in Verbindung gebracht werden: Verstädterung, Handel in Nah und Fern, Geld- und Kreditwesen, Wissenschaft und Technologie, intensive Agrikultur, ein Aufblühen der Architektur, der

Künste und der Literatur; schier alles, was sich erst viel später in Europa, im Westen, auszubilden begann. Der Orient, die islamische Zivilisation, war bei weitem früher entwickelt. Aber diese Entwicklung brach ab, jedenfalls bildete sie keine ihr eigene »Moderne« aus. Warum? Dies ist die immer wiederkehrende Frage. Ursachen hierfür gab es zur Genüge. Sicher, die Mongolen; ja, auch die nachhaltige, desaströse Wirkung der Pest. Doch dies sind äußere Gründe. Sie vermögen zwar zu erklären, warum es zu jenen Verheerungen kam; sie beantworten aber nicht die Frage, warum sich zur Hochphase all jener zivilisatorischen Errungenschaften im islamischen Bereich nicht eine Dynamik einstellte, wie sie Jahrhunderte später von der Christenheit als dem Westen Besitz ergriff.

Die Antwort auf die Frage des Westens wird in der Verknüpfung von zwei sich jeweils verstärkenden Umständen vermutet: in der Autonomie sowie dem Primat des Zentralstaates als Bedingung von Zivilisation in jenen Zonen von Trockenheit und Nomadismus; und in der Allgegenwart des Sakralen. Das Geheimnis der – gemessen am Modell des Westens – »ausgebliebenen« Entwicklung scheint also jene auffällige Verschränkung von Herrschaft, Nutzen und Sakralem zu sein. Eine solche enge Verschränkung wird kaum ein Auseinandertreten jener Sphären und der mit ihnen verbundenen Funktionen ermöglichen, die Voraussetzung von Entwicklung sind.

Wie war es um das Auseinandertreten der für die westliche Entwicklung so wichtigen Funktionsbereiche von Staat und Gesellschaft, von Politik und Ökonomie, von Öffentlichem und Privatem im Vorderen Orient bestellt? Wie war dies in seiner »goldenen Ära« – der Zeit zwischen dem 8. und dem 10. Jahrhundert –, aber auch danach? Wie stand es um Voraussehbarkeit und Kalkulierbarkeit im Bereich des Nutzens; wie um die Sicherheit der Person, vor allem aber um die Garantie des Eigentums? Mochte sich so etwas ausbilden wie ein allgemeiner politischer Willen, eine Öffentlichkeit, die Einfluss auf die herrschenden Gewalten ausübte? Schließlich handelte es sich im Vorderen Orient um hochentwickelte urbane Kulturen. Und es sind urbane Kulturen, aus denen sich im Westen das herauszubilden vermochte, was in der Tradition des Westens als »bürgerliche Gesellschaft« bezeichnet wurde.[20]

Am Anfang ist die Genesis des nomadisch begründeten vorderorientalischen Staates. Sie ergibt sich aus der historischen Abfolge verschiedener rechtsanthropologisch und kultursoziologisch zu deutender Institutionen der Aneignung des Mehrprodukts. Es handelt sich dabei um die Institution der Beute, des Tributs, der Steuer und der Rente. Diese Formen der Aneignung eines Mehrprodukts basieren auf Gewalt. Sei es direkte Gewalt, sei es ihre Androhung, sei es die Ausübung von Zwang oder das auf die Herausgabe von Wert gerichtete Geltendmachen von Herrschaft. All diesen Formen der Aneignung ist in unterschiedlicher Dichte ein eminent außerökonomisches, ein »politisches« Moment eigen. Jedenfalls beruhen sie nicht auf der Grundlage des freiwilligen Tauschs. Vielmehr sind den Institutionen der Beute, des Tributs, der Steuer und der Rente Verhältnisse von Über- und Unterordnung eigen.

Aus dieser hierarchischen Konstellation zieht die zur Gewalt befähigte Herrschaft einen ihr als wirtschaftliche Leistung ausgehändigten Nutzen. Dabei ist eine Unterscheidung zwischen herrschaftlichen Anteilen und Anteilen des Nutzens nicht möglich. Die Geltung dieser spezifischen Umstände ist keineswegs auf die besonderen Lagen des Vorderen Orients beschränkt, auch wenn sie wegen der dort herrschenden kulturgeographischen Bedingungen historisch durchgängig sind.[21]

Es beginnt mit dem hierarchischen Verhältnis, das die Beziehungen unter Wüstennomaden, also unter Beduinen, regelte. Diese Hierarchie war eine der unmittelbaren Gewalt und Unterwerfung. Sie wurde von einem signifikanten Statusunterschied geprägt – dem Unterschied von schwächeren und stärkeren, von kämpfenden und zahlenden Stämmen.[22] Die schwächeren, die unterlegenen Stämme hatten den ihnen überlegenen Verbänden einen Tribut, eine Schutzzahlung zu entrichten – die *khawa*. Ein derartiges Gewaltverhältnis kam in erster Linie gegenüber den agrarisch tätigen Oasenbewohnern zum Tragen. Durch ihre landwirtschaftliche Erwerbstätigkeit waren sie mit dem Boden verwachsen und deshalb kaum in der Lage, herumziehenden Nomaden gegenüber effektiv Gewalt auszuüben, die von einer unbegrenzten Beweglichkeit im Raum begünstigt wurden. Ihnen blieb nichts anderes übrig, als sich den umherziehenden Räubern zu unterwerfen. Diese vermochten ihnen vor anderen Nomaden Schutz zu gewähren. In diesem durch natürliche Überlegenheit begründeten Kontrakt spiegelte sich ein grundlegendes Verhältnis zwischen Nomaden und Ackerbauern wider.

Der beduinische Raub, die *ghazu,* ist die Grundform der nomadischen Aneignung. Ein Begriff, von dem sich das Wort »Razzia« herleitet – der überfallartige Zugriff. Sie beruht auf dem altarabischen Beuterecht, der *ghanima,* die sich auf bewegliche, ohne eigene Arbeit erlangte Güter bezog, also auf all das, was durch aufgezäumte Tragtiere und damit auf dem Rücken von Pferden und Kamelen fortgetragen werden konnte.[23] Komplexer war die Institution des *fai*. Es handelte sich hierbei um die Beute an liegenden Gründen, einschließlich der Bewohner. Da sie nicht mobilisiert werden konnte, war sie gegen Tribut den alten Besitzern zu lassen.[24] Diese Institution hatte sich erst in der Zeit nach Mohammed ausgebildet und war eine Form der Aneignung, die sich als Folge der Eroberungen im Bereich agrarischer Kulturlandschaften einstellte.

Mit der Abspaltung des *fai* von der *ghanima* wurde das ursprüngliche Institut der tragbaren Beute auf die immobilen agrarischen Verhältnisse übertragen. Daraus ergab sich eine sich verstetigende pekuniäre Zahlung. Zu dieser Verschiebung in der Beschaffenheit der Beute – von einem beweglichen zu einem unbeweglichen Gut – kam es nach den Eroberungszügen der Muslime im Gebiet des »fruchtbaren Halbmonds«, also in der Region des Irak und des geographischen Syrien.

Die kriegerische Unterwerfung der Agrikultur unter die Herrschaft beduinischer Gewalt machte eine auf Langfristigkeit gerichtete Regulierung der Abschöpfung des Mehrproduktes nötig. Es ging um die Verwandlung des willkürlich festgesetzten Tributs in eine geregelte Steuerzahlung. Vor allem den in den nördlich der arabischen Halbinsel gelegenen Kulturlandschaften siedelnden »Ungläubigen« wurden Steuerzahlungen auferlegt – eine Kopfsteuer *(jizya)* sowie eine Grundsteuer *(haraj)*. Die Grundsteuer unterschritt nicht ein Viertel des Werts der Ernte; eher lag sie höher. Es handelte sich um eine wesentliche Einnahmequelle der Herrschaft. Sie konnte mitunter sogar 40 bis 50 Prozent ihres Gesamteinkommens ausmachen.[25]

Diejenigen, die den muslimischen Glauben annahmen oder solche Muslime, die sich das Land der vormaligen byzantinischen oder sassanidischen Herren aneigneten, vor allem die Böden geflüchteter Beamter und Würdenträger, hatten nur den Zehnten zu zahlen – die sogenannte Ertragssteuer *(usr)*. Dass bei so unterschiedlichen Belastungen die Nichtmuslime aus fiskalischen Gründen massenhaft zum Islam übertraten, liegt auf der Hand. Ebenso erklärbar war die wenig erbaute Reaktion der arabischen Muslime gegenüber diesen Neubekehrten. Schließlich ging es den Eroberern an erster Stelle um die einträgliche Grundsteuer und erst in zweiter Linie darum, Proselyten zu machen. Und je unwilliger den neu bekehrten Landbewohnern die Befreiung von der Grundsteuer gewährt wurde, desto zahlreicher machten sie von der ihnen unter den neuen Verhältnissen gewährten Freizügigkeit Gebrauch, den Boden zu verlassen. Sie wandten sich in den von den Arabern errichteten Garnisonsstädten den sich dort bietenden Möglichkeiten zu.

Am virulentesten machte sich diese Tendenz im Irak bemerkbar. Dort waren die Bauern zur sassanidischen Zeit noch an die Scholle gebunden oder wurden zu Frondiensten gepresst. Um ihre Stellung war es nicht viel besser bestellt als um die von Sklaven. So musste ihnen die muslimische Eroberung als Befreiung erschienen sein.[26] Indes konnte die um sich greifende

Landflucht von der grundbesitzenden arabischen Aristokratie schon aus Gründen des Steueraufkommens nicht hingenommen werden. Notorisch ist in diesem Zusammenhang die Geschichte des omajjadischen Gouverneurs des Irak im ausgehenden 7. und frühen 8. Jahrhundert – Hadjdjadj ibn Yusuf (reg. 694–714).

Hadjdjadj war als begnadeter und rücksichtsloser Administrator des Kalifen Abd al-Malik (reg. 685–705) so bekannt wie gefürchtet. Um die überhandnehmende Tendenz zur Landflucht umzukehren, ließ er die Bauern, die sich in den Garnisonsstädten niedergelassen hatten, zusammentreiben und in ihre Dörfer zurückzwingen; wenn es sein musste, wurde auch ein Verbot ausgesprochen, sich zum Islam zu bekennen. Längerfristig kündigte sich eine Lösung zugunsten des Fiskus an, als die tributäre Besteuerung des Bodens unabhängig davon erfolgte, ob es sich bei seinem Besitzer um einen Muslimen oder um einen Nichtmuslimen handelte. Die Besteuerung der Harajböden, der grundsteuerpflichtigen Fluren also, haftete von nun an am Boden und nicht mehr am Status der Person. Auch Neubekehrte hatten sie zu zahlen. Das Staatseinkommen musste unabhängig von den Folgen unvorhergesehener Besitzübertragungen gesichert sein.[27]

Die Befreiung der bekehrten Nichtaraber von der Kopfsteuer bei gleichzeitiger Heranziehung zur Grundsteuer erfolgte zur Zeit des Kalifen Omar II. (reg. 717–720). Endgültig reguliert wurden die Agrarverhältnisse aber erst zur Abbasidenzeit unter dem Kalifen Harun ar-Raschid (reg. 786–809). Damals erhielt der Kadi und Rechtsgelehrte Abu Yusuf Yakub al-Kufi (gest. 798) den Auftrag, mit der Abfassung des »Buches über die Grundsteuer« die Verfügung über den Boden durch den Oberherrn in Treuhänderschaft Gottes, den Kalifen, allgemein verbindlich zu kodifizieren. Damit war eine Art Verstaatlichung des Bodens erfolgt – eine Sicherung der Grundsteuer zugunsten des Reichsfiskus. Dass die Idee des Obereigentums des Staates am Boden nicht eine spezifische islamische Erfindung war, sondern im Vorderen

Orient tiefe Wurzeln kennt, war den morphologischen, ökologischen wie kulturgeographischen Besonderheiten der Region geschuldet, die auf ein Primat der Zentralgewalt hinausliefen. Zudem fand die Vorstellung eines Obereigentums am Boden in der islamischen Agrargeschichte Anknüpfungen zur Genüge.[28]

Die Wandlung des beduinischen Beute-Prinzips in Tribut und später in Steuern entwickelte sich zur Omajjadenzeit (661– 750) und wurde unter den ihnen nachfolgenden Abbasiden abgeschlossen. Die mit diesem Übergang verbundenen Veränderungen spiegelten sich in der Verlagerung der Hauptstadt des islamischen Reichs von Damaskus nach Bagdad wieder. Mit diesem Wechsel war ein tiefer Wandel verbunden. Denn mit der sogenannten abbasidischen Revolution 749/50 »katholisierte« sich der Islam insofern, als er sich von der arabischen Stammestradition und den tribalen, beduinischen Institutionen ablöste und sich Elementen einer »asiatischen«, einer iranisch-persischen wie byzantinischen Herrschaftstradition anverwandelte.[29]

Auch im Bereich des Nutzens waren Verschiebungen zu verzeichnen. So verlor die Agrikultur für den Reichsfiskus zwar nicht ihre herausragende Rolle, aber es gab eine erhebliche Zunahme der Einnahmen aus dem Fernhandel. Diese war Ausdruck einer sich weiter zentralisierenden Herrschaft und eines damit einhergehenden Gewinns an Sicherheit. Durch die räumliche Verschiebung des islamischen Reichs nach Osten umfasste dieses die seit alters her bestehenden zentralen Handelswege vom Indischen Ozean über den Persischen Golf nach Norden und zum Mittelmeer.[30] Von Hormuz über Basra führte die Lebensader des damaligen Welthandels nach Bagdad, der wohl am meisten prosperierenden Stadt jener Epoche, um sich von dort aus weiter zu verzweigen.[31]

In der Abbasidenzeit stieg der allgemeine Wohlstand. Die zunehmende Verstädterung führte zu einer Erweiterung des Massenkonsums. Der Massenkonsum trug zur Ausprägung und Ausweitung der durch Tradition und natürliche Besonderheiten bestehenden regionalen Arbeitsteilung bei. Weizen wurde aus Nordmesopotamien auf den Wasserstraßen in den südlichen Irak verschifft, Olivenöl aus Syrien, Palästina und Tunesien nach Ägypten gebracht. Hauptdattelproduzent war der Irak; Zucker wurde aus Chusistan und dem entfernten Jemen herangeschafft. Buchara und Samarkand lieferten Textilien, die kaspischen Provinzen Seide; Ägypten hatte sich auf die Produktion von Leinen spezialisiert.[32] Ein informelles, weil islamrechtlich nicht gedecktes, aber nichtsdestoweniger funktionierendes Bank- und Kreditwesen trug zum bargeldlosen Zahlungsverkehr über weite Entfernungen bei, begleitet von einer expansiven, dem erweiterten Marktgeschehen Rechnung tragenden Geldpolitik des Staates.[33]

Wie groß die im Abbasidenreich zirkulierende Geldmenge gewesen sein muss, erschließt sich aus dem niedrigen Zinssatz. Während in den städtischen Zentren Europas im 11./12. Jahrhundert für eine Anleihe etwa 20 Prozent aufzubringen waren, genügten im islamischen Orient vier bis zehn Prozent.[34] Zudem wird vermutet, dass der Reichsfiskus das Kaufmannskapital mittels Androhung von Vermögenskonfiskationen zur wirtschaftlichen Daueraktivität anhielt. So wird das Einziehen von durch den Handel zurückgehaltenen Geldmitteln zugunsten der Herrschaft interpretiert. Ein solcher Zugriff erfolgte, wenn flüssige Geldmittel von den Kaufleuten nicht weiter in den Wirtschaftskreislauf eingespeist, sondern gehortet wurden. Die zurückgehaltenen Mittel fielen wie Schatzfunde in verborgenen alten Grabmälern oder wie neu entdeckte, Edelmetalle beherbergende Minen an den Staat.[35] Eine solche, für die Verhältnisse im Vorderen Orient typische Unterwerfung des Nutzens unter die Maßgaben der Herrschaft ändert nichts an der zunehmenden Bedeutung des Handels in der Abbasidenzeit. So war es selbstverständlich, dass der Kaufmann als Symbolfigur der muslimischen Erwerbskultur gewürdigt wurde.[36]

Der Übergang von den Omajjaden auf die Abbasiden zog Veränderungen nicht nur im Bereich des Nutzens, sondern auch in dem der Herrschaft nach sich. So löste sich diese noch weiter von der »Gesellschaft« ab, bemühte sich um eine deutliche Distanz. Die Literatur spricht von einer »asiatischen« Anverwandlung der Herrschaft. Sie ging einher mit einer tiefgreifenden Veränderung des Heereswesens – genauer: mit der Etablierung einer aus Sklaven bestehenden, allein dem Herrscher unterstehenden Streitmacht von Militärsklaven, den Mamluken.[37] Ihre ausschließlich dem Herrscher geschuldete Loyalität wurde gewährleistet durch die Verweigerung jeder Form eines direkten Einkommens.[38]

Diese Tendenz zur Verselbstständigung von Herrschaft seit dem frühen 9. Jahrhundert bestätigt Ibn Khalduns Beobachtung einer durch Wüsten-, vor allem aber durch Steppennomaden neu etablierten Dynastie – mit dem Unterschied, dass diese nicht Folge einer von außen vollzogenen Eroberung war, sondern dass sie aus der Verwandlung von Herrschaft am Ort hervorging. Die Keimform eines solchen Vorgangs war bereits in der archaischen Stammeskultur der Wüstennomaden angelegt. In der tribalen Organisation fanden sich Söldner oder Sklaven, die außerhalb der Stammesloyalitäten blieben, um für Maßnahmen zur Herrschaftssicherung nach innen bereit zu stehen. Sie waren Ursprung einer späteren staatlichen Permanenz.[39]

Die Militärsklaven bewegten sich jenseits aller gewachsenen Bindungen. Als Instrument der Gewalt standen sie in absoluter personaler Abhängigkeit zum Herrscher, ihrer Umgebung sowohl »ethnisch« wie kulturell fremd. Sie waren Abkömmlinge von Steppennomaden, von Turkvölkern also, aus der Region Transoxanien.[40] Um ihre Bindung an den Herrscher langfristig zu gewährleisten, wurden sie auch räumlich von ihrer neuen Umgebung isoliert. Zur Sicherstellung dieser Isolierung mussten ständig neue Militärsklaven ins Land geholt werden, um den Bestand an Söldnern zu erneuern. Der fortwährende Import war vonnöten, weil die am Ort ihres Dienstes geborenen Nachkommen von Mamluken automatisch aus den Rängen der Kaste ausgeschlossen wurden. Anders wäre ihre Isolierung nicht gewährleistet gewesen. Allerdings konnten die Militärsklaven durch ihre Separierung für den Herrscher zu einem gefährlichen Instrument werden. Ohne Einbindung in und Abhängigkeiten von Netzwerken am Ort vermochten sie sich auch gegen ihn zu richten.[41] So wurde al-Mutawakkil (reg. 847–861) als erster Kalif von seinen türkischen Prätorianern gemeuchelt. Seine unmittelbaren Nachfolger waren ihren Sklavensöldnern ausgeliefert. Im Jahr 865 scheuten diese nicht davor zurück, Bagdad mit Gewalt zu überziehen.

Die Sklavensöldner oder Mamluken waren der augenfälligste Ausdruck der Ablösung einer ihrer sozialen Umgebung gegenüber fremden Herrschaft. Die Folgen einer solchen Konstellation sind abzusehen: Weil das soziale Milieu der Stadtkultur keine eigenen autonomen Formen politischer Repräsentanz hervorzubringen vermochte, wurde diese Leerstelle durch die Präsenz staatlicher Gewalten aufgefüllt – vor allem durch Gouverneure aus den Kreisen tribaler Militärsklaven.

Der Wandel in Richtung einer Verselbstständigung der Herrschaft fand auch in der Architektur der Stadtanlagen seinen räumlichen Niederschlag. So wurde Bagdad 763 von Kalif al-Mansur (reg. 754–775) in symbolhafter Nähe zum persischen Ktesiphon angelegt. Damit stellte sich die Herrschaft in eine topographische Tradition, die sich des natürlichen Schutzes des Tigris als Barriere gegen mögliche Angriffe bediente. Zugleich hatte sie den bewässerungstechnischen Erfordernissen des Zweistromlandes für die Agrikultur nachzukommen. Dies war mit Regulierungen verbunden, die eine zentralistische und autokratische Herrschaft »asiatischen« Charakters begünstigten.[42]

Die zunehmende Distanz der Herrschaft zu ihrer Umgebung findet sich durch eine charakteristische Überlieferung versinnbildlicht. Es wird berichtet, Kalif al-Mansur sei von einem Gesandten aus dem cäsaropapistischen Byzanz dazu gebracht worden, den Markt und damit das städtische Leben aus seiner unmittelbaren Umgebung zu verbannen. Zu diesem Ratschlag war es gekommen, als sie während eines Gespräches in den Gemächern des Kalifen von einer vorbeilaufenden Kuh überrascht wurden, der ein Metzger auf den Fersen war. Der in autokratischer Tradition stehende Gesandte des Basileus machte den Kalifen darauf aufmerksam, dass bei einer solchen räumlichen Nähe zur Bevölkerung und dem Alltagsleben keine der Ausübung von Herrschaft angemessene Geheimhaltung möglich sei. Davon beeindruckt, habe al-Mansur die Anweisung gegeben, den Markt nach dem Vorort al-Karkh zu verlegen.[43]

Der charakteristische Rundbau Bagdads mit seinem im Zentrum befindlichen Kalifenpalast demonstrierte gegenüber der Bevölkerung als einer Ansammlung von Untertanen Distanz. Dass die Herrschaft jeden Einzelnen zu erreichen vermochte, wurde über die durch die Rundung symbolisierte gleichbleibende Entfernung zu den Rändern anzeigt.[44] So setzte die Architektur des Kalifen die Tradition des mesopotamischen, womöglich sassanidischen Festungsbaus fort. Als Kalif al-Mutasim (reg. 833–842) eine Leibgarde aus türkischen Militärsklaven aufstellte und im Jahr 836 mit der Garnison Samarra eine von Bagdad und dem dortigen urbanen Leben über hundert Kilometer entfernte neue Residenz etabliert wurde, hatte sich die auf Distanz von der sozialen Umgebung und auf Entfremdung von der Bevölkerung bedachte »asiatische« Tradition von Herrschaft durchgesetzt. Der altorientalische Staat hatte den der aristokratischen Araber »aufgesaugt«.[45]

Architektur ist ein äußerer Niederschlag innerer Ordnung. So offenbart die »orientalische Stadt« die Fundamente des sozialen und religiösen Gefüges islamischer Zivilisation. Vor allem die Vermischung, genauer: die symbiotische Verschränkung von Anteilen der Herrschaft mit Anteilen des Nutzens, ihre Verklammerung mittels religiöser Vorgaben und Verhaltensregelungen, ist ein Anhaltspunkt für die Entwicklung im Orient, die von den historischen Erfahrungen westlicher Entwicklung abweicht. So lässt sich von dem für die orientalische Stadt signifikanten »Sackgassengrundriss«, Folge einer Zersplitterung urbaner Beziehungen, auf das Fehlen einer planerischen urbanen Öffentlichkeit schließen.[46] Durchgangsstraßen sind ebenso selten wie die Einrichtung öffentlicher Plätze. Die an einem Hauseingang endende Sackgasse wird zum Symbol des isolierten, sich von allen anderen abwendenden Einzelinteresses.

Die »öffentliche Enge« fand ihre gegenläufige Entsprechung in der Weite und Großräumigkeit der Innenhöfe. Die Abkehr des Hauses von der Außenwelt, seine Existenz als autonome Hausgemeinschaft, die von einer hohen Mauer abgegrenzt und den Zugangswegen abgewandt ist, zeigte das Gewicht der nach innen gerichteten familiären Solidarität und Intimität.[47] Das Gewicht des Privaten wie des Intimen erdrückt alle auf Öffentlichkeit gerichteten Erfordernisse von Urbanität. Zugleich lässt die beherrschende »innere Öffentlichkeit« der Großfamilie keine individuelle Intimsphäre zu. Dies ist an den kleinsten architektonischen Details abzulesen. Um eine größtmögliche Abgeschlossenheit zu gewährleisten, waren die Fenster und Dächer so angeordnet, dass sie den nachbarlichen Blick verstellten. Deshalb war es auch nicht statthaft, Haustore an gegenüberliegenden Straßenseiten einander ins Gesicht schauen zu lassen.[48]

Inwieweit reflektiert die eigentümliche Urbanität der orientalischen Stadt die Lebenswelten des Islam? Kann von einem Idealtyp der »islamischen Stadt« gesprochen werden – eine Zuschreibung, die sich über viele Jahrzehnte als einhellige Auffassung der Fachwelt eingeschliffen hat? Zur Begründung einer solchen Auffassung werden Merkmale angeführt, die den Einfluss einer zur Lebensform sich verdichtenden Glaubenswelt offenbaren. So etwa der Hinweis, beim Islam habe es sich von Anfang an um eine städtische Erscheinung gehandelt. Schon beim Auszug, das heißt bei der Flucht des Propheten und seiner Getreuen aus Mekka, der Religion stiftenden *hijra,* habe es sich um eine Bewegung in »die Stadt«, also nach al-Medina, gehandelt.[49] Städter aus Mekka und Medina führten die Eroberungen des frühen Islam an, Beduinen stellten die Mannschaften.

Und die Grundstruktur der »islamischen Stadt«, ihre Zusammensetzung aus verschiedenen, voneinander getrennten Vierteln, eine Agglomeration von Zellen, sei Ergebnis einer auf die Städte übertragenen Stammeskultur und der sie kennzeichnenden Loyalitäten.

Hinzu treten Überlegungen, die Glaubensvorschriften des Islam bedürften zu ihrer Erfüllung des städtischen Raums – angefangen mit der zentralen Stellung der Moschee, der politischen wie liturgischen Bedeutung des Freitaggebets, der in der Stadt erfolgenden Rechtspflege und religiösen Unterweisung durch die Gelehrten. All das weise den Islam als eine Religion der Städter ebenso aus wie die Gestalt der Stadt die Glaubenswelten des Islam widerspiegele. Vor allem fehle es ihr an eigenständigen Institutionen, wie man sie von der europäischen Entwicklung kennt: an den auf städtische Selbstverwaltung hinauslaufenden und sich zu Freiheiten verdichtenden Privilegien, an Korporationen wie Gilden und Zünften und vor allem an dem, was sich sukzessive als Öffentlichkeit herausbildet.[50]

Gegen eine solche, seit dem 19. Jahrhundert akzeptierte Interpretation der »islamischen Stadt« hat sich von den 1970er Jahren an Widerspruch geregt. Ihr Bild sei Ausdruck einer vorurteilsbefrachteten Meinung, die sich von Generation zu Generation der Orientalisten fortgepflanzt, ja zum Kanon verdichtet habe. Aus wenigen Beispielen, vornehmlich maghrebinischer Observanz, habe man ein Konstrukt ersonnen, das der Vielfalt der Stadtkulturen in der Welt des Islam nicht entsprechen wolle. Dieses Bild sei obendrein dem von Max Weber idealtypisch entwickelten Modell einer europäischen Stadt und den für sie signifikanten korporativen Institutionen in polemischer Weise gegenübergestellt worden.[51]

Ob die »islamische Stadt« tatsächlich architektonischer Niederschlag einer genuin muslimischen Lebensvorstellung war, bleibt zweifelhaft.[52] So war schon lange vor dem Aufkommen des Islam im Vorderen Orient der Verfall der dort verbreiteten spätantiken Stadtstruktur der *polis* zu beobachten. Die breite

Straßenführung verengte sich, die signifikanten öffentlichen Plätze wuchsen durch Bebauung zu. Auch der als klassisch angesehene Sackgassengrundriss der »islamischen Stadt«, die Anlage der als typisch erachteten Karawansereien, Medressen und Khans ist erst vom 11. und 12. Jahrhundert an zu beobachten.[53] Es handelt sich also um einen langsamen Prozess der Verwandlung, der die Kultur der offenen Plätze und breiten Straßenzüge in jene urbane Unübersichtlichkeit verwandelte, die für die städtische Lebensform im Bereich des Islam im Vorderen Orient als typisch erachtet werden wird.

Wie hat sich jene Transformation von Städten spätantiker Gestalt wie Damaskus oder Aleppo von den Konturen einer *polis* in die einer *medina* vollzogen? Welche lebensweltlichen Veränderungen führten dazu, dass öffentliche Räume durch Bebauung verschwanden und sich breite Strassen in enge Gassen verwandelten? Diese Fragen führen auf das Grundmotiv der städtischen Lebensweise: Auf die Frage nach der Wahrung oder der Bestellung des urbanen Raumes als Ausdruck korporativer städtischer Gemeinsamkeit – sprich: von Öffentlichkeit oder deren Vorformen. Schließlich bildet sich der allen zugängliche Raum nicht von allein heraus. Dazu bedarf es der tätigen Mitwirkung der Einwohnerschaft, um nicht zu sagen: der Bürgerschaft. Es bedarf der Elemente einer zivilen Selbstverwaltung und einer auf Selbstverantwortung beruhenden Autorität der Städter. Auf all das waren die Muslime bei ihren Eroberungen nicht mehr gestoßen, sondern nur noch auf urbane Rückbildungen. In diese traten sie ein und verbanden sie mit ihrer islamischen Lebensform.

Öffentlicher Raum ist ständigem Druck zu seiner Beschränkung ausgesetzt. Findet er sich nicht durch gemeinsamen Willen zum gemeinsamen Ort der Städter verbürgt, wird er den Vereinnahmungen des Einzelinteresses erliegen, indem er sukzessive bebaut wird. Soll er privatem Ansinnen entzogen bleiben, bedarf es einer grundsätzlichen rechtlichen Verankerung des Unterschieds zwischen staatlichem und privatem Eigentum, wie sie im römischen Recht vorgenommen wurde. Zudem reguliert das römische Recht auch das Erscheinungsbild der Stadt. So unterband die Regierung von sich aus Begehrlichkeiten privater Hand, öffentlichen Raum zu beanspruchen.[54]

Das islamische Recht ging von anderen Maßgaben aus. An erster Stelle schützte es die Sphäre der Familie und das sie beherbergende Anwesen. Mehr noch: Es gewährte dem privaten Wohnbereich so etwas wie ein sittliches Vorrecht. Öffentliches Interesse hatte zurückzutreten. Bei baulichen Veränderungen am privaten Gebäude wurde die städtische Verwaltung nicht von sich aus tätig. Die gerichtliche Regulierung nachbarschaftlicher Einsprüche war den Anrainern selbst überlassen. Fühlte sich ein Anwohner beeinträchtigt, war es an ihm, Klage zu führen. Auch den Durchgang zu privaten Häusern durch städtischen Raum offen zu halten, war Angelegenheit der Betroffenen. Die Tendenz war unverkennbar: Der private Raum schob den öffentlichen beiseite.

Ähnlich war es um die gedrängte Räumlichkeit des Marktes im Übergang von *polis* zu *medina* bestellt. Die antiken Kolonnaden wurden durch eine dichte Ansammlung von Verkaufsständen ersetzt. Diese räumliche Enge erlaubte einer größtmöglichen Anzahl von Händlern Präsenz am privilegierten Ort des Marktes und dies in Nähe der Moschee. Schließlich handelte es sich bei den Kaufleuten um einen Berufsstand, dem unter Muslimen eine hohe Wertschätzung gebührte. Und dass die vormals breiten Straßen der spätantiken Stadt sich verengten, um nach muslimischer Rechtsauffassung gerade noch zwei aufeinander zulaufenden Tragtieren das gleichzeitige Passieren zu erlauben, verweist auf den tiefen, auch Transport und Logistik ergreifenden Wandel, der sich im Vorderen Orient zu Ende der Spätantike und im Übergang zum Islam bemerkbar machte – das allmähliche Verschwinden von Transportmitteln auf Rädern. Zwischen dem 4. und 8. Jahrhundert setzten sich die für lange Strecken des Transports in ariden Regionen effektiveren Tragtiere durch, vor allem das erfolgreich gezüchtete Packkamel. Die breiten Verkehrswege wurden überflüssig. Umso mehr wurden sie von privaten Bedürfnissen in Beschlag genommen, vor allem als in der islamischen Zeit mit dem verstärkten Zuzug in die Städte kostbarer urbaner Raum knapper wurde.[55]

Im islamischen Kontext genossen Bauten privaten Charakters Vorrang vor solchen Anlagen, die dem öffentlichen Gebrauch oder gar herrschaftlichen Zwecken vorbehalten waren. Gebäude, die dem Prunk dienten, galten als Ausdruck ungerechtfertigter Verschwendung und wurden entsprechend geschmäht. Davon waren Moscheebauten nicht ausgenommen. Auch der jüdische Talmud hält exzessives Prunken im Synagogenbau für unangebracht und verwerflich. Die durchgängige Ablehnung »öffentlichen« Bauens wurde mit den damit verbundenen materiellen und moralischen Kosten begründet. Immerhin hatten dafür vor allem die Händler und Handwerker aufzukommen. Zudem wurde für so manches repräsentative Unternehmen Zwangsarbeit verhängt. Bei den Kosten handelte es sich um Sonderausgaben, die nicht etwa einem kalkulierbaren und öffentlich kontrollierten Budget entnommen wurden, sondern der Bevölkerung willkürlich auferlegt wurden. So wollte die Inauguration eines Kalifen mit entsprechendem Pomp begangen werden. Dafür wurde die Bevölkerung zur Errichtung entsprechender Bauten angehalten, was zu Unruhen führen konnte. Dem suchten manche Herrscher vorzubeugen, indem sie wie der durch die Ermordung seines Vorgängers 744 zur Macht gelangte Omajjadenkalif Jasid III. versprachen, von dem Brauch abzusehen, »einen Ziegel auf den anderen zu setzen«. So vermochte er seine Untertanen zu beruhigen, die über die exzessive Bautätigkeit des vorigen Amtsinhabers aufgebracht waren.

Einhundert Jahre später legte sich der Abbasidenkalif Mutawakkil keine derartigen Beschränkungen auf. Ohnehin hatte damals die Herrschaft in Bagdad eine autokratische, um nicht zu sagen: eine »asiatische« Wendung genommen. Neunzehn

Paläste ließ er sich an verschiedenen Orten errichten und verausgabte dafür die für die damaligen Verhältnisse exorbitante Summe von 247 Millionen Dirham in Silber und 100 Millionen Dinare in Gold. Dass ein solches Verhalten im juristischen Schrifttum, das vornehmlich Lebensweise und Habitus der Kaufmannschaft reflektierte, nicht auf große Begeisterung stieß, dürfte nicht verwundern. Umso mehr hieß es opulente Verausgabung für das eigene Heim gut.[56]

Die besondere Pflege, die privaten Anliegen galt, kann nicht darüber hinwegtäuschen, dass es mit der Garantie des Privateigentums nicht zum Besten stand. Eine schwache, kaum ausgebildete Sphäre des Öffentlichen lässt auf ein gleichermaßen schwaches, der Willkür der Herrschaft ausgeliefertes Privateigentum schließen. Die von den Kaufleuten angehäuften Vermögen waren vor dem Zugriff der Staatsmacht nicht sicher – vor allem, wenn sie in Geldform mobilisierbar waren. Zudem suchten die Vertreter der Herrschaft geschäftliche Partnerschaften mit Kaufleuten einzugehen, um sich so am einträglichen Handel zu beteiligen. Umgekehrt strebten seit dem ersten Jahrhundert der muslimischen Zeitrechnung Kaufleute die begehrten Positionen von Gouverneuren und Steuereinnehmern an. Auch später bemühten sich Kaufleute um administrative Posten.[57] In der Zeit, in der sie sich im Amt zu halten vermochten, häuften sie erhebliche Reichtümer an. Verloren sie aber ihre Stellung, konnte es auch um ihr Vermögen geschehen sein.[58] Damit war erwiesen, dass die Werte nicht aus Kapital, sondern aus Pfründen erworben worden waren. Ohne eine wirkliche Separation zwischen der Sphäre des Nutzens und der Sphäre der Herrschaft kann nicht von kapitalistischem Wirtschaftsgebaren gesprochen werden.

Die stetige Unsicherheit des erworbenen Eigentums brachte es mit sich, dass Kaufleute ihr Vermögen in verschiedener Weise zu sichern suchten, etwa durch seine Verwandlung in Grundeigentum. So ist überliefert, dass ein auf Sicherheit bedachter junger Mann aus ererbten Mitteln 50 Prozent in Ländereien steckte, um von den daraus erwirtschafteten Einkünften zu leben; 25 Prozent der Mittel vergrub er für Unvorhergesehenes; 20 Prozent der Mittel legte er für Aufwendungen an der eigenen Bleibe zurück; fünf Prozent übertrug er einem anderen Kaufmann als Kommanditanteil. Ob dieses Exempel für eine allgemeine Tendenz der Unsicherheit steht, bleibt ungeklärt. Aber das Verhältnis zwischen einer erheblichen Anlage in Grundeigentum und der geringen Beteiligung am Kommanditgeschäft lässt auf Ungewissheit schließen.[59]

Einen anderen Eindruck vermittelt das Kreditgeschäft in der hohen Zeit des arabisch-islamischen Mittelalters. Es war weit verbreitet und gut entwickelt. Für eine solche Art von Transaktion über lange Dauer und ferne Räume bildeten sich Netzwerke von Kaufleuten, die sich zu »organisierten Risikogemeinschaften« (Max Weber) zusammenschlossen. Ihre Absprachen und Abschlüsse galten als eine Art von Kapitalsicherheit – vor allem im so unsicheren wie einträglichen Fernhandel. Das eben nicht durch islamrechtliche Maßgaben gedeckte Kreditgeschäft wurde flächendeckend betrieben. Jahrhunderte bevor sich das Kreditgeschäft in Europa auszubreiten begann, stand es in der islamischen Welt in voller Blüte.[60]

Dass islamrechtliche Beschränkungen des Kreditwesens derart pragmatisch gehandhabt werden konnten, geht auf die im Erwerbsleben überaus aktiven Gesetzes- und Religionsgelehrten zurück. Dabei handelte es sich nicht etwa um unzulässige Grenzüberscheitungen, sondern dies war dem Umstand geschuldet, dass Gelehrte und Rechtsinterpreten neben ihrer hochgeachteten Tätigkeit gehalten waren, zur Sicherung ihres Lebensunterhalts einem Brotberuf nachzugehen. Schließlich wurde in der klassischen Zeit des Islam das religiöse und rechtspflegerische Wirken nicht als eigenständiges Metier angesehen. Ein jeder war aufgefordert, an der Wahrung und Pflege des islamischen Rechts wie an der Interpretation der Tradition teilzuhaben. Allein das dabei erworbene Prestige begründete Autorität.

Der Zwang zur Selbstversorgung hatte zweierlei zur Folge: Die jeweilige berufliche Praxis und die damit verbundene Tuchfühlung zur Lebenswirklichkeit übten auf die Rechtsentwicklung eine pragmatische Wirkung aus. Dies war im islamrechtlich problematischen Kreditwesen zu beobachten. Unter Gelehrten und Rechtspflegern waren auch Bankiers und Geldwechsler auszumachen.[61] Nicht lebensfremde Juristen waren mit der Auslegung und Anwendung des islamischen Rechts befasst, sondern Personen, die mit beiden Beinen im Leben standen. Die meisten Gesetzes- und Religionsgelehrten waren Kaufleute und Handwerker, was das islamische Recht so flexibel und lebensnah machte. Und dies erklärt auch, warum in religiösen Traktaten ein Loblied auf die Vorzüge des Handels und die ihn repräsentierenden Kaufleute gesungen wurde. Die Auffassung, Geld und Intelligenz gingen Hand in Hand, war allgemein verbreitet. Zugleich schlug die restriktive islamrechtliche Deutung direkt auf die Lebenswirklichkeit durch – das heißt, die ausbleibende Trennung zwischen weltlichen Dingen und den Maßgaben des Liturgischen beeinträchtigte alle Ansätze einer Säkularisierung der Lebenswelten. Ihnen blieb das Sakrale eingeschrieben. Übermäßiger Drang zur Bereicherung stand unter religiösem Kuratel.[62]

Die Fusion von Erwerbskultur und religiöser Observanz lässt sich auch anhand der symbiotischen Nähe zwischen der *ulama* und den städtischen Eliten, vor allem den bedeutenden Kaufmannsfamilien, diagnostizieren. Abgesehen davon, dass die reichen Kaufleute der *ulama* für das Aufsetzen komplexer Verträge, die Regulierung von Rechtsbeziehungen, die Schlichtung von Rechtshändeln und die Aufteilung des Eigentums im Todesfall bedurften, gewährten enge Beziehungen zur höheren Gesetzesgelehrsamkeit, womöglich durch Heirat, der schwachen Institution des Eigentums einen durch religiöse Autorität imprägnierten Schutz vor dem willkürlichen Zugriff der Staatsgewalt. Auch die Übertragung von unbeweglichem Eigentum in die Rechtsinstitution der frommen Stiftungen, der *waqf*, konnte bei eingeschränkter Verfügung des Stifters immerhin ein Mehr an Sicherheit bedeuten.[63] Je sakraler die Institution, desto sicherer mochte sich der von ihr ausgehende Rechtsschutz erweisen. Freilich war damit der so geschützte Gegenstand festgelegt. Der Übertragung seines Werts in andere Objekte waren Grenzen gesetzt. Wenn es überhaupt jemals Kapital gewesen war, so war es jetzt auf alle Fälle totes Kapital.

Voraussetzung von Kapitalbildung ist Eigentum. Allein die Sicherheit des Besitzes, die Garantie der Verfügung über Vermögenswerte vermag Geld in Kapital zu verwandeln. Voraussehbarkeit und Kalkulierbarkeit sind sein Elixier, mithin Rechtssicherheit. Erst dann kann es Arbeit in großem Stil ergreifen, sie sich unterwerfen, sie seinen Bedürfnissen anpassen, sie messen, sie seiner Rationalität anverwandeln, kurz: sie als Lohnarbeit verallgemeinern.

Die Unterwerfung der Arbeit unter einen rationalen Prozess der Produktion ergreift die Zeit. Die Verallgemeinerung der Form der Arbeit geht auf die Zeit über: Sie wird vereinheitlicht, reguliert, rationalisiert; sie wird abstrakt. So sind sich Arbeit und Zeit der Form nach wahlverwandt – ein Wesensmerkmal der Moderne.

Wie war es um die Arbeit im muslimischen Orient zu jener besagten klassischen Zeit bestellt – in jener Zeit, in der sich die an eine hohe, an eine »bürgerliche« Entwicklung gemahnenden Phänomene wie Geld, Kreditwesen und Handel in Hülle und Fülle vorfinden lassen? Welche Formen nahm unter den damaligen Bedingungen die Arbeit an? Vermochte sie dabei Zeit zu ergreifen, sie ihrem Rhythmus anzupassen – kurz: sie zu profanieren?

Dies ist eine rhetorische Frage. Von einer »kapitalistischen« Erwerbskultur konnte im islamischen Orient der relevanten klassischen Zeit, dem »Mittelalter«, trotz einer Vielzahl von Phänomenen des Tauschs und eines hochentwickelten urbanen Erwerbslebens nicht die Rede sein. Weder war die Arbeit vereinheitlicht und rationalisiert, noch fand sich die Zeit verweltlicht. Arbeit nahm ebenso diverse, nebeneinander existierende Formen an, wie Zeit wesentlich sakral geblieben war. Sklavenarbeit, Selbstarbeit und Lohnarbeit konnten nebeneinander herlaufen.[64] So mochten unterschiedliche »Produktionsweisen« kohabitieren. Jedenfalls schlossen sie einander nicht aus. Keine dominierte über die andere. Zusammengehalten und reguliert wurden sie vom Primat der zentralen Herrschaft und von einem differenzierten, die kompliziertesten Kombinationen regulierenden Rechtssystem.[65] Dies will nicht heißen, der Staat habe sich von der Produktion ferngehalten, sei nur in Angelegenheiten der Herrschaft tätig gewesen und habe am Gewinn kein Interesse gezeigt. Vielmehr unterhielt er in verschiedenen Branchen und an unterschiedlichen Orten für die damaligen Verhältnisse recht ansehnliche Manufakturen. Die Webereien in Tinnis am Mittelmeer sollen sich in einem nicht unerheblichen Umfang in Staatsbesitz befunden haben.

Von einer für die kapitalistische Produktionsweise bezeichnenden Trennung von Kapital und Arbeit konnte bei den bestehenden Umständen des Erwerbslebens in der hohen Zeit der islamischen Zivilisation also nicht die Rede sein. Vielmehr herrschten Mischformen vor, die die für die späteren europäischen Lebenswelten des »Kapitalismus« so signifikante Unterscheidung von Kapitalbesitzern und jenen, die allein über ihre Arbeitskraft verfügen, unterlaufen.[66] Der Produzent muss also von seinem Werkzeug oder von der Verfügung über den für die Herstellung eines Produktes nötigen Rohstoff nicht getrennt sein. Es sind die verschiedensten Kombinationen zwischen der Verfügung über Geld, Arbeit, Material und Werkzeug zur Herstellung eines Produktes denkbar – und dies bei einem hohen Grad an Arbeitsteilung.[67] Bezeichnend für diese – verglichen mit kapitalistischen Verhältnissen – »ungetrennte« Konstellation im Erwerbsleben ist die sogenannte Partnerschaft in der Arbeit.[68]

In dieser Partnerschaft in der Arbeit oder *commenda (muda-raba/ muqarada)* schließen sich die von den jeweiligen Personen repräsentierten, für die Durchführung eines Vorhabens vorausgesetzten Fertigkeiten und Umstände zum Nutzen aller Beteiligten zusammen, um nach vollbrachtem Werk unter jeweils auszuhandelnden Maßgaben den »Profit« unter sich aufzuteilen. Dies geschieht nicht aufgrund eines vorausgesetzten »objektiven« Wertes der Arbeit, sondern nach subjektiven, jeweils abzumachenden Vorstellungen vom Wert der in das Werk eingegangenen Einzelleistung. Dabei haben alle benötigten und in das Produkt eingehenden Eignungen und Mittel, handelt es sich nun um Werkzeuge, Rohstoffe oder Arbeit, als »Kapital« zu gelten. Es besteht also keine durch die Verfügung über die Produktionsmittel einerseits und die für Lohn bereitgestellte bloße Arbeit andererseits sich ergebende Über- und Unterordnung im Produktionsprozess. Allerdings ist zu bedenken, dass dies vornehmlich für sogenannte qualifizierte, also handwerkliche Arbeit gilt. Für einfache Verrichtungen konnte ohnehin auf Zwangs- oder Sklavenarbeit zurückgegriffen werden. Wegen des ständigen Zustroms solcher unterworfener Arbeitskraft konnte es kaum zu einem Mangel an einfachen Arbeitskräften kommen. Dies wiederum machte technische Innovation nicht dringlich und erklärt, warum das Erwerbsleben von umwälzenden technologischen Veränderungen unberührt geblieben ist – ein Umstand, der den ohnehin auffällig stationären Charakter dieses Zivilisationszusammenhanges allem Anschein nach noch verstetigte.[69] Bedingungen also, aus denen sich eine das Erwerbsleben regulierende und mehr noch: vereinheitlichende Zeitökonomie kaum auszubilden vermochte – Zeitökonomie im Sinne einer Vereinheitlichung von Arbeitsverrichtung und Arbeitszeit.

Nicht viel später, in der hohen Zeit des europäischen Mittelalters, waren Vorzeichen der Vereinheitlichung von Arbeit und einer der Arbeit analog sich ausbildenden Vereinheitlichung von Zeit zu erkennen. Es sind die industriellen Vorzeichen des Einbruchs von abstrakter Zeit in die Welt. Sie sind mit den Glaubenswelten der Christenheit stärker verbunden, als auf den ersten Blick zu vermuten wäre.[70]

Erste Anzeichen sind im 14. Jahrhundert auszumachen, vornehmlich in den Textilmanufakturen in Flandern. An den dortigen Fertigungsstätten wurden Glocken angebracht, deren Schlag die Arbeitszeit anzeigte.[71] Die Arbeitszeit wurde von sogenannten Tagelöhnern verausgabt, also auf Tagesbasis entgolten. Dabei hatte jeder Betrieb seine eigenen Arbeitszeiten festgelegt und tat diese durch entsprechend anschlagende Glocken kund. Um Konflikte über Zeit und den über Zeit bemessenen Wert der Arbeit zu vermeiden, verallgemeinerte sich die Arbeitszeit dergestalt, dass sie durch gemeinsam verpflichtendes Glockenspiel auf andere Betriebe ausgedehnt wurde. Die von ihm ausgehenden Töne hatten als Anzeiger von Arbeitszeit für all jene Geltung, die von ihnen akustisch erreicht wurden.[72] Durch die Reichweite dieser Laute wurden Zeit und Raum im städtischen Bereich zur Deckung gebracht. Dies gewährte den urbanen Lebenswelten einen genau aufeinander abgestimmten sozialen und arbeitsorganisatorischen Ablauf.

Vorbereitet wurde die sich durchsetzende Einheit von Zeit und Raum mittels temporaler Regulierung der Arbeit durch die seit dem ausgehenden 13. Jahrhundert an Kirchtürmen angebrachten mechanischen Uhren. Diese waren technischer Ausdruck abstrakter Zeit. Ihre Ursprünge gehen zurück auf eine Konversion von sakraler, von liturgischer Zeit in die Abläufe der Mechanik. Sie ging aus den mönchischen *regula* hervor, der Liturgie der Gebetszeiten, vor allem dem pünktlich abzuhaltenden *officium nocturnum*. Pünktlich das mitternächtliche Gebet durchzuführen, war in den nördlichen Breiten kein leichtes Unterfangen, zumal in der Nacht wie bei Kälte Sonnen- und Wasseruhren ihren Dienst versagten. Die Zeitmessung konnte allein von einem naturunabhängigen mechanischen Antrieb geleistet werden.[73]

Die abstrakte Zeitmessung geht also aus der christlichen Liturgie hervor. Diese hat ihren Ursprung im Orient – damals, als im 4. Jahrhundert sich das Mönchtum gegen das individuelle Eremitentum durchsetzte und die gemeinsame Lebensführung eingeübte Regeln eines vereinheitlichten, gemeinsam zu vollziehenden Tagesablaufs notwendig machte. Im Westen erfuhr die Regulierung des Tages um die Mitte des 6. Jahrhunderts durch den Orden der Benediktiner ihre strikte und auf die Stunde genau justierte Festlegung. Diese Festlegung nach der Uhr löste den kultischen Akt von den Naturvorgängen ab und machte das mönchische *horarium* und die mit ihm einhergehende Zeitdisziplin zum Teil des Liturgischen. Nichts war wichtiger als die zeitgenaue Einhaltung der heiligen Messe, das zeitgleiche, durch gemeinsamen Gesang begleitete Gebet.

Die fein aufeinander abgestimmten Teile der Liturgie gestalteten sich als kollektives Kunstwerk. Jedes Abweichen von der die liturgische Gemeinsamkeit orchestrierenden Zeit beschädigte den sakralen Akt. Vor allem die nächtliche Messe stellte hohe, selbstdisziplinierende Anforderungen an die Mönche, denn zu verschlafen kam einer Sünde des Fleisches nahe. Der Autorität des Abtes war es aufgetragen, die strikte Einhaltung der strengen Disziplin zu überwachen. Die festgelegte religiöse Ordnung der »kanonischen Stunde« verbreitete sich in der westlichen Christenheit und trug so zu ihrer Verallgemeinerung bei.

Die sakral begründete Zeitökonomie sollte auch die profane Welt ergreifen. Vom späten Hochmittelalter an regulierte sie das städtische Arbeitsleben. Für die Mönche in den Klöstern bestand ohnehin keine Unterscheidung zwischen den Anforderungen des Weltlichen und denen des Religiösen. Die Arbeit wurde als Gebet, als Gottesdienst verstanden – *laborare est orare*. Der Orden der Zisterzienser, ein Großbetrieb seiner Zeit, war ein ebenso geistliches wie ökonomisches Unternehmen. Beim einen wie beim anderen kam es auf eine liturgisch penible Aufteilung der Zeiten an – der Zeit des Betens, der Zeit des Arbeitens, der Zeit des Lernens, der Zeit des morgendlichen Aufstehens, der Zeit des abendlichen Zubettgehens. Die Trennung der Zeiten erfolgte durch Glockenschlag. So wurde die Glocke zum akustischen Zeitanzeiger. Die Glocke kollektivierte durch ihre allseits hörbaren akustischen Zeitsignale die Zeit. Gleiches galt für die Arbeit. So ist die von Menschen geschaffene und sich die Menschen unterwerfende mechanische, die abstrakte Zeit im Westen den Maßgaben des Sakralen entsprungen.

Die liturgische Zeit der Muslime und der Juden ist im Unterschied zur christlichen liturgischen Zeiteinteilung nicht abstrakt; sie ist vielmehr an Naturvorgänge gebunden. Sonnenaufgang und Sonnenuntergang halten her für die Eingrenzung des Tages, bei den Juden mitunter auch die Laute von Tieren – der Hahnenruf etwa, dem es oblag, zwischen Nacht und Tag zu scheiden. Mit den jahreszeitlichen Veränderungen des Lichteinfalls treten ständig Verschiebungen ein. Das tägliche Gebet – fünf Mal die Muslime, drei Mal die Juden – erfolgt demnach nicht wie bei Christen punktuell und somit pünktlich, sondern auf einem Zeitband. So liegt es nahe, dass der zivilisatorisch erforderlichen Zeitabstraktion die fixe liturgische Zeit der lateinischen Christenheit zugrunde liegt. Säkular konvertiert wird sie zur Weltzeit.

Die an Naturvorgänge gebundene liturgische Zeit von Muslimen und Juden ließ fixe und damit universell übertragbare Zeiteinheiten des Tagesablaufs nicht zu. Auch die kalendarische Zeit ist höchst komplex und für Zeitabstraktionen nicht geeignet, denn der muslimische Kalender ist ein reiner Mondkalender, das Jahr ein Mondjahr – im Unterschied zum jüdischen Kalender, der Mondzeit und Sonnenzeit kombiniert. Durch die – mit der Bewegung der Sonne verglichen – langsamere Wanderung des Mondes kommt es dazu, dass die muslimischen Feiertage sich im Lauf der Zeit durch das Jahr hindurch bewegen. Der Ramadan etwa kann zu den unterschiedlichsten Jahreszeiten eintreten. Feiertage und andere zeitliche Einschnitte stehen also mit den Jahreszeiten nicht in Einklang. Das ist im Judentum anders. Dort stehen wesentliche Feiertage mit saisonalen Vorgängen des Ackerbaus wie Aussaat und Ernte in Verbindung. Deshalb die Kombination von Mond- und Sonnenkalender. Der julianisch-gregorianische Kalender der Christen hingegen ist ein absoluter Sonnenkalender.

Der muslimische Kalender eignet sich nicht zur Fixierung von sich wiederholenden Vorgängen. Für Wirtschaft und Verwaltung, vor allem für die Besteuerung von Agrarprodukten, ist er denkbar ungeeignet. So mussten im Islam von früh an die Termine für die Ernteabgaben aus der Bodensteuer laufend neu bestimmt werden. Hierfür wurden Zeitplaner herangezogen, die dem Sonnenzyklus Ausdruck gaben.[74] Das islamische »Mittelalter« kannte eine Reihe von Versuchen, den Kalender zu reformieren. Im Osmanischen Reich wurde im Jahr 1677 ein sogenanntes Finanzjahr eingeführt. Verbindlich wurde es im Jahr 1789 – dem Jahr der Französischen Revolution. Es begann jeweils am 1. März und folgte dem Julianischen Kalender. So leben die Muslime mehrere kalendarische Zeiten parallel – ein Umstand, der wie die liturgisch nicht genau fixierten Gebetszeiten während des Tages abstraktes Zeitempfinden nicht gerade fördert.

Im Islam ist den Menschen nicht nur die Verfügung über die Zeit entzogen. Von einem sakralen Vorbehalt ist auch das soziale Leben durchdrungen. Dies führt gerade dort zu liturgisch bestimmten Vorkehrungen, wo das Erwerbsleben seiner triebhaften Anteile wegen unter Kuratel gestellt wird – auf dem Markt. Denn von der Warenwelt, von der Welt der Dinge geht allem Anschein nach eine sittliche Gefährdung aus, die das Sakrale in Mitleidenschaft zu ziehen, die allgegenwärtige Präsenz Gottes sittlich zu beschädigen vermag.

Die Kontrolle auf dem Markt, dem Ort anonymer, über die Ware vermittelter Begegnung von Menschen, wird durch das Amt des *muhtasib* ausgeübt – eine Art Marktinspektor. Ihm war nicht nur aufgetragen, an der Stätte des Tauschs nach den Maßen und Gewichten zu schauen, die Waren einer sorgfältigen

Qualitätsüberprüfung zu unterziehen wie überhaupt die den jeweiligen Maßgaben nach peinlich genaue Abwicklung der Aktivitäten von Handwerk und Handel zu verfolgen, sondern auch die Einhaltung religiöser Pflichten zu überwachen und für ein sittsames Verhalten Sorge zu tragen. Dazu gehörte die angemessene Durchführung der den Tagesablauf begleitenden rituellen und liturgischen Verrichtungen an den ihnen gebührenden Orten, die heikle Trennung der Geschlechter und die Überwachung des ihrem niederen Stand entsprechenden Verhaltens der *dhimmi* – der »ungläubigen« Schutzbefohlenen, der Christen und Juden.

Beim *muhtasib* handelte es sich um eine Instanz moralischer Zensur – und zwar der Zensur des richtigen, sprich: sakralen Vorgaben angemessenen Verhaltens an einem Ort, der wegen der vielfältigen dort verrichteten Obliegenheiten des Alltags Anonymität verspricht. Durch Anwesenheit, Kontrolle und gegebenenfalls physische Disziplinierung von Personen, die sich Verfehlungen schuldig gemacht haben, verhinderte die Instanz des *muhtasib,* dass sich im unübersichtlichen Marktgeschehen offene und damit freie Räume bildeten.

Die *hisba,* die Aufsicht über Handel und Wandel am Markt, wie das sie umsetzende Amt des *muhtasib* waren sichtbarer Ausdruck der Verschmelzung, der liturgischen Einheit von wirtschaftlichen, herrschaftlichen und religiösen Verrichtungen. Dem islamischen Pflichten- und Sittenkanon, mithin den Maßgaben islamischer Ethik zugehörig, standen sie als mächtige Barriere einer denkbaren Trennung der Sphären von privat und öffentlich entgegen. An ihrer Statt war der *muhtasib* augenfälligster Ausdruck einer sakral durchdrungenen Kommunikation. Dass sie gerade dort zur Geltung kam, wo sich die Person der häuslichen Obhut, genauer: der häuslichen Aufsicht zu entziehen vermochte, lag in der Natur der Sache. Der *muhtasib* als Zensor von Anstand und Wohlverhalten stand an der Schwelle des Übergangs von der Hausordnung zur Sozialordnung. Und da es sich beim *muhtasib* um ein Regierungsamt handelte, repräsentiert er wie kaum eine andere Instanz die im islamischen Orient erkennbare Nähe, ja Verschmelzung von Herrschaft, Erwerbsleben und den Instanzen des Sakralen. Das Amt des Pflichten- und Sittenwächters symbolisiert die Durchdringung muslimischer Lebenswelten durch liturgisch rationalisierte Tabus des Sakralen.

Der alles Verhalten im öffentlichen Raum regulierende Pflichten- und Sittenkanon des Islam stützt sich auf Sure 3, Vers 104 des Korans. Von ihr aus geht die Aufforderung an Muslime, Rechtes zu gebieten und Falsches, Schlechtes zu verbieten. Der Appell richtet sich nicht nur an den einzelnen Muslim, sich sittsam und ethisch zu verhalten; er ist auch aufgefordert, andere dazu anzuhalten. An diesem Pflichtenkanon und der Praxis seiner Umsetzung lässt sich Geltung und Wirkung des Sakralen ablesen.

Die Aufforderung der Offenbarung, Rechtes zu gebieten und Schlechtes zu verbieten, richtete sich an die staatlichen Autoritäten, die Obrigkeit (*umara*), an die Gelehrten (*ulama*) und an die einfachen Leute (*amma*). Allen war aufgetragen, Falsches, Unrechtes und Sündhaftes in die Schranken zu weisen. Die Behörden kamen diesem Auftrag nach, indem sie die »Hand«, also physische Gewalt, walten ließen; die Gelehrten, indem sie mit der »Zunge« wirkten, also sündhaftes Verhalten in Wort und in Schrift geißelten; die einfachen Leute, indem sie mit dem »Herzen« handelten, also Wachsamkeit gelten ließen – bei sich selbst, aber vor allem durch die Beobachtung anderer.[75] Damit wurde die Präsenz Gottes in der Lebenswirklichkeit aufgerufen.

Im Einzelnen schien es um scheinbar Triviales zu gehen – das mit Verbot bedachte Schachspiel etwa, den Genuss alkoholischer Getränke, die Betätigung von Musikinstrumenten, das Auftreten unverheirateter oder in keinem akzeptablen verwandtschaftlichen Verhältnis zueinander stehender Paare. All das rührte an den Grundfesten der göttlichen Ordnung. Doch diese einzuhalten, war die Pflicht eines jeden Muslims. Eines jeden Muslims deshalb, weil die Verletzung dieser Pflichten und Gebote nicht als eine individuelle Handlung eines Einzelnen gewertet wurde, sondern auf die Gemeinschaft der Gläubigen als Ganze zurückfiel. Nicht der Einzelne sollte vor der Sünde bewahrt werden; vielmehr galt es, die beschädigte sakrale Integrität der *umma* wiederherzustellen. Deshalb war jeder aufgefordert, bei sündhaftem Verhalten tätig zu werden – die Autoritäten mit der »Hand«; die Gelehrten mit der »Zunge«; die einfachen Leute mit dem »Herzen«.

Die koranische Aufforderung, Rechtes zu tun und Falsches zu lassen, ist ein Schlüssel zum Verständnis islamischer Ethik. Sie ist auch ein Schlüssel zum Verständnis dessen, was in der islamischen Zivilisation als öffentlich und was als privat gelten mag. Im islamischen Kulturzusammenhang kann von einer abgesonderten Privatsphäre im westlichen Sinne kaum gesprochen werden, weil sittsames und dem sakralen Pflichtenkanon angemessenes Verhalten an jedem Ort gleichermaßen gefordert ist.[76] Was der Sittenlehre des Islam nach dennoch einen Unterschied macht, ist der bei allen Anforderungen des Pflichtenkanons zu wahrende Schutz des Intimen. Gerät also das Schutzgebot des umschlossenen Intimen mit den Maßgaben der sittlichen Kontrolle in Konflikt, so ist Ersterem Vorrang einzuräumen. Was dabei geschützt wurde, war nicht etwa eine Privatsphäre der Person, sondern eine verdeckt zu haltende Sünde (Michael Cook). Sie sollte nicht ans Licht gezerrt werden. Dem Sittenwächter war es also verwehrt, andere präventiv auszuspionieren, um deren mögliche Verfehlungen abzuwehren. Solange die respektive Verfehlung nicht manifest, solange sie für andere nicht sichtbar oder hörbar war, so lange galt der Schaden als nicht eingetreten. Erst wenn das inkriminierte Geschehen öffentlich, also außerhalb des privaten Bereichs, ruchbar wurde, war Handeln geboten.[77]

Die Aufforderung zur sozialen Kontrolle bedeutet also keine Aufforderung zur gegenseitigen Überwachung. Personen, die sich eines übereifrigen Verhaltens schuldig gemacht hatten, konnten bestraft werden. So führten die mamlukischen Autoritäten in Damaskus 1357 eine Gruppe von übereifrigen Sittenwächtern in Ketten durch die Stadt, um ein Exempel zu statuieren, wie mit Personen verfahren werde, die sich in Dinge einmischten, die sie nichts angingen.[78] Ein derartiges Vorgehen der Obrigkeit musste nicht der »öffentlichen Meinung«, also dem Empfinden des diese Prozession in Augenschein nehmenden Publikums entsprochen haben. Schließlich waren alle aufgefordert, nach Vers 3, Sure 104 das Sakrale zu wahren. Indem sie ein Fehlverhalten in Sittlichkeit und Wohlverhalten verfolgten, handelten sie in Vertretung höherer, genauer: der allerhöchsten Gewalt. Und in der Erfüllung derartig sakral durchdrungener Pflichten – im *jihad* - waren sie sogar bereit, das Letzte zu geben.

Durch die Pflicht, Rechtes zu gebieten und Falsches wie Schlechtes zu verbieten, legte sich das fein gewobene Netz des Sakralen über die Lebenswelten der Muslime. Es durchdrang ihr Sozialverhalten, um angesichts der Allgegenwärtigkeit Gottes keine Unterscheidung von öffentlich und privat hinzunehmen – jener Sphären, die der Tradition des Westens nach historisch auseinandergetreten waren. In der neueren Zeit wurde diese Allgegenwart des Sakralen von Staats wegen zurückgedrängt. Islamische Reformer des ausgehenden 19. und frühen 20. Jahrhunderts waren bestrebt, den Korpus des Islam mit den Anforderungen der Moderne kompatibel zu machen. Solche Veränderungen wurden von anderen als anstößige Verwestlichungen relegiert. Restriktive Vorstellungen von der Einhaltung jenes Pflichtenkanons zur Verhinderung von unrechtem Tun berufen sich auf Abu Hamid Muhammad al-Ghasali (1058/59–1111). Seine Ausdeutungen der Sure 3, Vers 104 waren nicht nur deshalb besonders exzessiv, weil er die traditionell lokale Begrenzung des Amtes des *muhtasib* als sittliche Kontrollinstanz von Markt und Marktgeschehen auf einen erweiterten Raum des sozialen Geschehens ausdehnte, sondern weil er zudem den einfachen Leuten das allein der Obrigkeit zustehende Recht zubilligte, bei von ihnen erkannten Verstößen mit »Hand« anzulegen.[79] Er gestand ihnen bei der Feststellung von Sittenlosigkeit das Recht zu, an Ort und Stelle einzugreifen, Weinflaschen zu zerschlagen oder Musikinstrumente zu zerbrechen.[80]

Die sich auf Sure 3, Vers 104 berufende Pflicht jedes Muslims, Rechtes zu gebieten und Falsches zu verbieten, steht dem Wertekanon des westlichen Denkens diametral entgegen. Während der Islam dem Menschen den Daseinsvollzug vorschreibt, also ihm bis ins Kleinste vorgibt, wie er sich zu verhalten habe, überlässt die westliche Lebensform dem Einzelnen, über seinen Lebenswandel selbst zu befinden. Sayyid Qutb, der Theoretiker eines radikalen, eines fundamentalistischen Islam im 20. Jahrhundert, verabscheute diese westliche Gesinnung eines frei zu wählenden Lebenswandels und des Individualismus zutiefst. Er wies sie als mit dem Pflichtenkanon des Islam unvereinbar zurück. In einer von Gott abgefallenen Welt würden Laster und Sünde als von allen transzendentalen und sublimen Interventionen freizuhaltende »persönliche Angelegenheiten« gehandhabt.[81] Aber das Verhalten der sich frei und aller auferlegten Pflichten ledig Dünkenden verunreinige alle, die Zeuge der öffentlich begangenen Sünde würden: der Nacktheit einer Person in einem Verkehrsmittel, dem schlechten Reden über die Religion, dem Glücksspiel, dem Genuss alkoholischer Getränke oder den Segnungen westlicher Meinungsfreiheit, die schier alles gelten lassen wolle. Der muslimische Pflichtenkanon, Rechtes zu gebieten und Schlechtes zu verbieten, hingegen gewähre allein den »guten Meinungen« Schutz.[82]

Die westliche Vorstellung von einer drohenden und an Ort und Stelle zu verhindernden Schädigung eines anderen – das öffentliche Einschreiten – und das muslimische Gebot, Rechtes zu gebieten und Schlechtes zu verbieten, haben jeweils ein anderes zu schützendes Gut vor Augen. Zu unterscheiden ist zwischen einem anzurichtenden oder angerichteten Schaden einerseits und einer begangenen Sünde andererseits. Im westlichen Kulturzusammenhang ist ein Eingreifen dann geboten, wenn einer Person oder Sache Schaden droht. Im muslimischen Kontext gilt es weniger von einer Person denn vom Kollektiv der Gläubigen Schaden abzuwenden. Ein solcher Schaden gilt auch dann als eingetreten, wenn er nicht mit einer konkreten Schädigung einer Person einhergeht. In einem solchen Fall wäre im Westen nicht ein Unrecht geschehen, sondern allenfalls eine Sünde begangen. Doch Sünden werden auf Erden nicht sanktioniert. Dass im Islam ein Verhalten auch dann als Schädigung gilt, wenn niemandem daraus ein konkreter Schaden erwächst, kann nur eines bedeuten: Dass Gott unter den Menschen weilt. Es ist die Präsenz, die Allgegenwart Gottes, die zu jener sakralen Durchdringung der Lebenswelten führt – seine Ubiquität.

GESCHICHTE UND GESETZ
Über die Verwandlung sakraler in profane Zeit

Versiegeltes Recht und bewegte Geschichte – Zyklus und Linie – Ibn Khaldun und Giambattista Vico – Beschreiben und Erklären – Entwicklung und Fortschritt – Ursprung und Utopie – Kausalität und Affinität – Islam und Judentum – Leo Strauss und Moses Maimonides – Muhammad Asad und Moses Mendelssohn – Gespaltenes Recht und gespaltene Zeit

In einer neueren islamkundlichen Untersuchung zur koranischen Aufforderung nach Sure 3, Vers 104, Rechtes zu gebieten und Schlechtes zu verbieten – also zum Pflichten- und Sittenkanon des Islam –, werden drei Rechtsauffassungen über angemessenes öffentliches Verhalten muslimischer Frauen referiert.[1] Die erste stammt aus dem 9. Jahrhundert, die zweite geht auf das 14. Jahrhundert zurück, und die dritte ist aus dem frühen 20. Jahrhundert überliefert. Der Autor der Untersuchung, ein hervorragender Kenner seines Fachs, findet allem Anschein nach nichts dabei, derart weit auseinanderliegende Rechtsbehelfe in Sachen des öffentlichen Verhaltens der muslimischen Frau so zu erörtern, als sei es unerheblich, dass sie durch Jahrhunderte voneinander getrennt sind. Dies lässt den an Epochengrenzen und Zeiträumen orientierten Historiker aufhorchen.

Ist aus einer solchen Präsentation zu schließen, der kenntnisreiche Gelehrte folge der Auffassung, der Gegenstand seines Interesses sei womöglich von den Veränderungen der Zeit unberührt geblieben, eine *historisch* zu treffende, Wandel berücksichtigende Unterscheidung zwischen den respektiven Vorgängen sei keiner weiteren Überlegung wert? Ein Zugriff, der die verflossenen Jahrhunderte zwischen den dargelegten Rechtsauffassungen ignoriert, legt nämlich die Annahme nahe, über weite Zeiträume hinweg habe sich keine lebensweltliche Veränderung eingestellt. Dem Gelehrten scheint es selbstverständlich, eine Rechtsauffassung zum öffentlichen Verhalten der muslimischen Frau aus dem 9. Jahrhundert neben eine solche aus dem 14. und diese neben eine aus dem frühen 20. Jahrhundert zu stellen – so, als handele es sich jeweils um ein und dasselbe.

Was hat dies zu bedeuten? Steht der Hang zur Überzeitlichkeit in der Betrachtung eines Phänomens der islamischen Zivilisation für eine Wahrnehmung des Anderen, die als »Orientalismus« zu missbilligen ist? Will jener Orient- und Islamwissenschaftler mit einem solchen Zugriff etwa zum Ausdruck bringen, den muslimischen Lebenswelten sei etwas Unwandelbares, Statisches eingeschrieben, sie erwiesen sich Veränderungen gegenüber als resistent? Geht der Welt des Islam gar das für die Entwicklung des Westens spezifische Moment einer Bewegung in der Zeit und damit ein neuzeitliches Verständnis von Geschichte ab?

Eine solche Zuspitzung des obigen Exempels muslimischer Rechtsauslegung mag überzogen sein, weil die Geltung von Rechtstraditionen durchaus von anhaltender Dauer sein kann – vor allem angesichts des sprichwörtlichen antizeitlichen Konservativismus muslimischer Juristen, zumal sich jene Rechtstraditionen auf einen sakral imprägnierten Kodex gründen.[2] Und sakral ist der Rechtskodex allemal, wenn er Zeit ignoriert, sie womöglich sogar aufzuhalten sucht.

Zeit kann durch Recht vesiegelt werden, vor allem durch ein sakral imprägniertes Recht. Erweist sich das Recht der Zeit gegenüber als resistent, gilt dies auch für andere Bereiche. Schließlich durchdringt das Recht zum Zweck der Regulierung des sozialen Miteinanders alle lebensweltlichen Räume. Recht steht gleichsam für alles. So lässt die Geltung sakral erhabenen Rechts über lange Zeiträume vermuten, dass es mit Wandel nicht weit her sein dürfte. Jedenfalls ist nicht mit einem Wandel zu rechnen, wie er analog der westlichen Entwicklung mit Phänomen von Säkularisierung einhergeht, einem Wandel, der durch den Prozess der Säkularisierung ein selbstreflexives Bewusstsein über das Phänomen von Zeitläuften nach sich zieht – ein Bewusstsein, das mit dem der Entwicklung des Westens entspringenden Begriff der *Geschichte* in Verbindung steht. Ein solcher naheliegender Schluss führt schnurstracks in höchst problematische Mutmaßungen – zur bedenklichen Annahme, den Menschen der muslimischen Lebenswelten ermangele es an historischen, sich durch die wandelnden Zeiten ziehenden Vorstellungen, die in narrative Diskurse und geschichtsphilosophische Denkstile verwandelt werden. Damit würde unterstellt, die Muslime kennten im Sinn der von Hegel und Ranke vertretenen Auffassungen über den Orient keine wirkliche Geschichte und keine echten Historiker.[3]

Ein solcher Schluss ist ebenso unsinnig wie anstößig. Selbstredend kennt die islamische Zivilisation Beschreibungen ihrer selbst. Sie erfolgten in den verschiedenen muslimischen Kulturen und in ihren wesentlichen Sprachen – auf arabisch, persisch, türkisch.[4] Die Fülle dieser Literatur ist gewaltig. Auch die Begriffswelt der historischen Darstellung ist in der muslimischen Zivilisation nicht unbekannt. Die arabische Sprache kennt eine Vielzahl unterschiedlich konnotierter Bezeichnungen für ebenso unterschiedliche Bedeutungen dessen, was unter Geschichte zu verstehen ist. So findet für Geschichte im Sinn eines bloßen Berichts, einer schlichten Erzählung die Bezeichnung *al-akhbar* Verwendung. Die Bezeichnung *tarikh* kommt zur Geltung, wenn Geschichte in ihrer zeitlichen Bedeutung als Datum und Ära gemeint ist.[5] *Tarikh* im Sinn von Datierung strebt auch ein gemeinsames Gedächtnis an, zielt also auf ein verbindendes Narrativ.[6] Angesichts des enormen, über Jahrhunderte angesammelten Korpus von Werken arabischer und muslimischer Geschichtsschreiber, Chronisten und Reisender käme eine Auflistung ihrer Schriften und ihrer eindrucksvollen Leistungen einer rhetorisch verdeckten Verneinung jener als unsinnig wie anstößig erachteten Frage gleich.[7]

Und doch kann es mit dem bloßen Hinweis auf das Korpus der arabischen Historiographie nicht sein Bewenden haben. Damit würde ein latentes Problem umgangen: Dem Begriff der Geschichte kommt im Westen – seit der Frühen Neuzeit – eine andere Bedeutung zu als die, die im arabischen und muslimischen Kontext mit dem Wort *tarikh* in Verbindung gebracht wird. Der Unterschied in der Vorstellung dessen, was unter Geschichte zu verstehen ist, ist darin begründet, dass die sich zum Zivilisationszusammenhang des Westens konvertierende Christenheit die Verwandlung in der Zeit als Bewegung wahrzunehmen begann. Sie entwickelte einen Begriff von Geschichte, dem die lebensweltliche Erfahrung der Renaissance, des Buchdrucks, der »Entdeckungen« und der Reformation innewohnt. Im 18. Jahrhundert, in der Aufklärung, verdichtete sich diese Erfahrung in einen Begriff von Geschichte, dem die markanten Einprägungen von Bewegung und Entwicklung eigen sind.[8]

Die Geschichte, nicht die Geschichte von etwas, sondern die Geschichte an und für sich, ist Ausdruck einer neuzeitlichen Erfahrung. Die Entdeckung von »Geschichte überhaupt«, der Geschichte in ihrer Bedeutung als »Kollektivsingular« (Reinhart Koselleck), ist Ergebnis der Aufklärung. Begriffsgeschichtlich lässt sie sich erstmals im Jahr 1748 ausmachen.[9] Geschichte wurde nicht mehr als Ausdruck einer höheren Vorsehung betrachtet, sondern als von den Menschen gemacht. Damit zog sich Gott aus der Geschichte zurück. Diese Verwandlung formulierte als Erster Giambattista Vico (1668–1744) in seiner »neuen Wissenschaft«, der *Scienza Nuova,* aus dem Jahr 1725. Dies war die Übertragung der »kopernikanischen Wende« von der Welt der Dinge in die des Bewusstseins, verbunden mit einem Wandel grundlegender Kategorien wie der von der Materie, der Zeit, der Bewegung und der Unendlichkeit.[10]

Die Transformation des physikalischen Weltbildes im 17. Jahrhundert zog eine Verwandlung des Göttlichen zum Irdischen nach sich – jenen Vorgang, der unter Säkularisierung verstanden wird.[11] Dies betraf auch das Geschichtsdenken. Was zuvor in Worten und Bildern göttlicher Verheißung gefasst worden war, erfuhr eine profane Verwandlung. Die säkularisierende Umformung verweltlichte das heilsgeschichtlich verfasste Bild einer sich erfüllenden Zukunft. So blieb die Form des Geschichtsprozesses der Gestalt göttlicher Verheißung verhaftet, auch wenn sich der »Finger Gottes« in die Metapher von der »unsichtbaren Hand« verwandelte.[12] Eschatologie wurde zur Geschichte. Wie diese gewann sie Richtung und Ziel; hatte ein *telos*. Das eschatologische Vor-Bild zog in säkularisierter Form eine »nach vorn« gerichtete Entwicklung nach sich. Diese Vorstellung von der Zukunft sollte sich später in der Idee vom »Fortschritt« niederschlagen. Seine Wirkung sollte das Handeln der Menschen bestimmen;[13] sie löste »Entwicklung« aus.

Dass der Fortschritt an die Stelle der Vorsehung treten konnte, setzte voraus, dass den Menschen zuvor religiöse Vorstellungen vertraut waren, denen ein derartiges, nach vorn gerichtetes Heilsgeschehen eingeschrieben war. Dass dem Verlauf der Zeit Zukunft auferlegt werden konnte, wird auf die jüdisch-christliche Tradition des Propheten als Seher zurückgeführt; dieser erzeuge Geschichte.[14] Hingegen war bei den Griechen Geschichte lediglich auf Vergangenheit bezogen. Sie spielte sich auf der politischen und militärischen Bühne ab – und dies in zyklischer Form. In ständigem Kreislauf lösten sich *hybris* und *nemesis,* frevelhafter Übermut und strafende Gerechtigkeit, ab. Die für das antike Geschichtsverständnis typische Kreisbewegung zeigt, dass der kosmische Ablauf des Immergleichen nicht von tiefen, die Lebenswelten erschütternden und Transformationen anmahnenden Veränderungen ergriffen worden war. Die antike geschichtliche Dynamik war zu schwach, um eine Schwelle zu überwinden, jenseits derer sich wirklicher Wandel hätte bemerkbar machen können. Es bestand – um im Bild zu bleiben – ein »Mangel an Geschichte« (Christian Meier).[15] Oder anders ausgedrückt: Es fehlte an »Entwicklung«.

Das westliche Geschichtsbild ist eurozentrisch. Dies wird an seiner Verknüpfung von Zeitlichkeit und Räumlichkeit offenbar. Die Periodisierung der Geschichte, ihre Einteilung in Phasen als sinnstiftende Epochen ist mit den diese Phasen tragenden Räumen verbunden. So wird die Antike um das Mittelmeer lokalisiert; die Zeit des Mittelalters zieht sich in den Nordwesten des Kontinents zurück und greift von dort nach Süden und Osten aus; der Anbeginn der Neuzeit wird von der europäischen Expansion über den Atlantik markiert. Die an eine höhere Dreifaltigkeit gemahnende Aufteilung der historischen Zeit in Antike, Mittelalter und Neuzeit wird fraglos in der Konstruktion dessen vorausgesetzt, was universell unter Geschichte verstanden wird. Andere Kulturen und Gemeinwesen, vor allem die Zivilisation des Islam, scheinen seit der Epoche der frühen Neuzeit auf diesen Prozess, für den eine heilsgeschichtlich säkularisierte Orientierung in Gestalt des Fortschritts charakteristisch ist, allenfalls zu reagieren. Sie haben keine vergleichbare Deutung dessen hervorgebracht, was die westliche Zivilisation europäischen Ursprungs in der Selbstdeutung wie Selbstrechtfertigung ihres historisch problematischen Tuns in den Begriff von Geschichte hineinliest.[16]

Problematisch ist auch die Übertragung der am westlichen Denken ausgebildeten Nomenklatur von Zeit und Zeitenfolge auf außereuropäische Verhältnisse – etwa die Rede von einem islamischen »Mittelalter«, als könnten sich daraus sinnstiftende Analogien ergeben. Damit wird hintangestellt, dass die Zeitenfolgen verschiedener Zivilisationen – hier die westliche wie die muslimische – nicht kompatibel sind. Kommt es dennoch zu einem Vergleich, stellen sich durch Asymmetrien hervorgerufene Spannungen ein. Die Folge ist eine Invalidisierung der sich auf der Grundlage der westlich vorgegebenen Vergleichszeit als schwächer erweisenden Kultur. Dies gilt vor allem für die Verwendung des Epochenbegriffs »Neuzeit« und die sich daraus ergebenden Geschichtsspekulationen.[17] Aus europäischer Perspektive ist diese Epoche mit einem Wandel verbunden, mit dem andere Zivilisationen zeitgleich nicht aufzuwarten vermögen. Ohne die Asymmetrien gleichzeitiger Ungleichzeitigkeiten in der Epocheneinteilung zu bedenken und dabei die europäischen, westlichen Periodisierungen zu relativieren, wird sich keine Weltgeschichte als universeller Zeithorizont ergeben können, die die unterschiedlichen Kulturen und Zivilisationen in ihrer gegenseitigen Einwirkung berücksichtigt.[18]

Wie verhält es sich angesichts der europäisch-westlichen Deutungshoheit dessen, was unter Historie zu verstehen ist, mit den Parametern von Zeiteinteilung, die einem arabisch-muslimischen Verständnis von Geschichte geläufig sind? Hat die Zivilisation des Islam mit ähnlichen Periodisierungen aufzuwarten? Und wenn ja, zu welchem Behelf? Geht es allein darum, Dynastien voneinander zu scheiden, ihren Aufstieg und Niedergang in Chroniken festzuhalten und dabei allenfalls nach ihrer jeweiligen Legitimität zu fragen?[19] Oder sind auch ihr Themen von Wandlung und Entwicklung eingeschrieben – und wenn ja, welche? Bereits dieser Frage ist eine europäische, westliche Verbildung der Perspektive eigen. Denn sie wird von einer Warte aus gestellt, von der aus die Welt auf Grundlage westlicher Bewegungsbegriffe in Augenschein genommen wird. Von dort aus scheint es, als habe Geschichte als solche erst in der Frühen Neuzeit ihren Ausgang genommen. Dies ist der epistemische Standort, von dem aus der Orient immer wieder zu den Gründen befragt wird, weshalb er den westlichen Erwartungen von Entwicklung nicht nachkomme. Dies ist problematisch. Aber gibt es überhaupt eine andere Frage?[20]

Die Frage nach der traditionellen Vorstellung von Geschichte im islamischen Orient sucht eine Antwort darauf, ob die dort vorherrschenden historischen Zeitvorstellungen und die mit ihnen verbundenen Zeiterfahrungen Ausdruck und Ergebnis jenes Stillstandes sind – oder ob umgekehrt die materielle Realität der orientalischen Lebenswelten eine mit den westlichen Begriffswelten nicht kompatible Vorstellung von Zeitverlauf und Zeitbewusstsein nach sich zieht, die sich in das rationalisiert, was als Geschichte verstanden wird. Dieser Unterschied ist zum Verständnis des gegenwärtig als so beklagenswert erachteten Zustands der muslimischen, insbesondere der arabischen Länder nicht unerheblich. Vor allem, wenn angenommen wird, zwischen dem diagnostizierten Stillstand der lebensweltlichen Entwicklung und der sakralen Versiegelung von Zeit bestehe ein systemischer Zusammenhang.

Wie verhält es sich mit der die Zeit versiegelnden Wirkung des Sakralen und des ihm analogen lebensweltlichen Zusammenhangs? Kann davon ausgegangen werden, dass der Glaube, die Religion – oder genauer: dass die auffällige Dichte des sakralen Tabus – die materiellen Verhältnisse so zu formen vermag, dass sie dem Sakralen gefügig werden? Oder ist es umgekehrt – dass materielle Umstände der Lebensverhältnisse ein derart dichtes Tabu des Sakralen notwendig nach sich ziehen?

Eine Beantwortung dieser Frage ist müßig, weil unergiebig. Unergiebig deshalb, weil es sinnvoller ist, statt nach einem Primat des einen über das andere zu fahnden, von einer Affinität zwischen beiden zu sprechen – einer Affinität zwischen materiellen Verhältnissen und den ihnen zu entsprechen suchenden sakralen Verdichtungen. Also nicht, dass das eine das andere aus sich hervorbringe, sondern dass beide ihrer Form nach affin sind, dass sie miteinander konvergieren. Diese Affinität oder Konvergenz führt in der lebensweltlichen Realität dazu, dass sie sich in ihrer Wirkung gegenseitig verstärken.

Für die Annahme einer Affinität zwischen beharrenden materiellen Verhältnissen und einer sich im Sakralen niederschlagenden Tendenz zur Unveränderlichkeit lässt sich noch einmal das Geschichtsverständnis Ibn Khalduns zitieren. Dies aber nicht so, wie es gemeinhin geschieht, indem der lebensweltlich argumentierende tunesische Gelehrte als protosäkularer Geschichtsdenker in den Zeugenstand einer arabischen Vormoderne gerufen wird, der es aus unerfindlichen Gründen versagt blieb, sich in eine ihr entsprechende Moderne zu verwandeln.

Vielmehr gilt es, die zyklische Form von Ibn Khalduns Geschichtserzählung auf ihr Muster hin zu befragen – vor allem auf die Ähnlichkeiten, die sie mit einer sakralen Weltdeutung gemeinsam hat.[21]

Ibn Khaldun ist eine Ikone des Diskurses über den islamischen Orient. Mit diesem Hinweis auf den ikonischen Charakter von dessen Werk und Person wird einem Unbehagen Ausdruck verliehen. So gilt der tunesische Gelehrte, Geschichtsdenker und Richter zum einen als überforscht, zum anderen stehen westliche Ehrerweisungen unter »Orientalismus«-Verdacht. So wird Ibn Khaldun – der vor dem Hintergrund seiner sakralen Lebenswelt scheinbar säkular argumentiert – gern in Kontrastierung zu seinem Zivilisationszusammenhang zitiert. Je deutlicher sich seine Deutungen von seiner sakral eingefärbten Umgebung zu unterscheiden vermeinen, desto mehr scheint er von der westlichen Fachwelt gerühmt zu werden.[22]

Dabei eignet sich Ibn Khaldun keineswegs als Gewährsmann einer Säkularisierung vor der Säkularisierung. Als Kadi von Kairo war er ständig mit Glaubensdingen befasst. Zudem ist es nicht ausgemacht, dass er sich in seinem Denken von seiner kulturellen Umgebung unterschied und ihr in seinen irdischen Deutungen des Geschichtsverlaufs widersprach. Seine in der »Wissenschaft von der menschlichen Kultur« eingebettete zyklische Geschichtstheorie unterscheidet sich von den Wahrnehmungen seiner Umgebung weniger als zumeist angenommen.[23] Die von ihm erforschte Verlaufsform des historischen Prozesses bestätigt das religiös imprägnierte Narrativ der Muslime – wenn auch in der Sprache der Kultur. Zudem ist zwischen den berühmten Prolegomena, der *Muqaddima,* und seiner »Weltgeschichte«, dem *Kitab al-'Ibar,* zu unterscheiden, die den zeitgenössisch opulenten Titel »Das Buch der mahnenden Beispiele und das Archiv der früheren und späteren Geschichte, behandelnd die Geschichte der Araber, Nichtaraber und Berber« trägt. Denn während er in seiner Vorrede als der uneingeholte Geschichtsdenker in Erscheinung tritt, unterscheidet sich seine erzählte, kompilierte Historie nicht wesentlich von der anderer arabisch-muslimischer Geschichtsschreiber. Vor einer Übertragung des einen auf das andere – des Geschichtsdenkens auf die Geschichtsschreibung – scheute auch Ibn Khaldun zurück.

Seine Geschichte arbeitete Ibn Khaldun im letzten Drittel des 14. Jahrhunderts in Nordafrika aus – in der Nähe des algerischen Oran. Dramatische Krisen seiner Zeit hielten ihn dazu an. Die im Jahr 1348 ausgebrochene Pest gehört ebenso dazu wie die zeitgleich durch arabische Stämme herbeigeführte Niederlage des Meriniden-Sultans Abu l-Hasan.[24] Diese Vorgänge waren ihm letzter Anstoß, sich mit der Frage von Aufstieg und Niedergang dynastischer Herrschaft zu beschäftigen.

Die dynastische Abfolge ist nach arabisch-muslimischer Tradition als Art historischer Periodisierung zu verstehen. Chroniken und Beschreibungen nehmen sich dieser Einteilung an, um Ereignisse und Begebenheiten zu erzählen. So gilt die nach der jeweiligen Dynastie benannte Herrschaft als ein in sich geschlossener Kosmos geschichtlicher Bewegung. Dieses Muster ist auch für die erklärende und deutende Vorgehensweise Ibn Khalduns maßgeblich. Davon ausgehend, befragt er die Verhältnisse nach den Ursachen von Aufstieg und Verfall.

Wie sich Herrschaft etabliert, wie sie sich zur Blüte entwickelt, um notwendig einem nicht aufhaltbaren Niedergang zu erliegen, wird von Ibn Khaldun mit großer Aufmerksamkeit verfolgt. Doch weniger die empirische Darstellung der geschichtlichen Vorgänge ist hierbei von Interesse als vielmehr die historische Form, in der sie sich ereignen.[25] Denn bei aller strengen Kausalität in der Abfolge der jeweiligen, sowohl zum Aufstieg beitragenden wie den Verfall herbeiführenden Vorgänge verläuft die Geschichte im Kreis. Ein anderer Modus ist nicht denkbar. Für eine mögliche Erwartung, sie möge sich zu einer Linie verdichten, um nach vorn gerichtet die ständige Bewegung der Wiederholung zu durchbrechen, finden sich weder in der erlebten Wirklichkeit noch in einer transzendental begründeten Eingebung Anhaltspunkte. Der Durchbruch zu einem linear sich ausrichtenden Fortschrittsdenken bleibt wegen der bestehenden, schier unveränderlichen Lebenswirklichkeiten verwehrt.

Ein Rückgriff auf die Glaubensinhalte des Islam, die durch die Wiederholung der Ursprungsgeschichte der Religionsstiftung und durch das diesen Vorgang regulierende sakrale Recht dazu beitragen, das Muster der Repetition zu befördern, ist zum Verständnis dieses Geschichtsbildes nicht vonnöten. Dafür reicht der Hinweis auf die kulturgeographischen Verhältnisse des Orients aus. Schließlich macht das Diktat der morphologischen, klimatischen und ökologisch bedingten Umstände arider Zonen eine zentrale Herrschaft als Voraussetzung von Zivilisation unabdingbar. Ebenso unaufhaltsam ist ihr Verfall, sobald das die Herrschaft voraussetzende Solidargefühl der den Staat oder die Dynastie konstituierenden Wüsten- oder Steppennomaden – die *asabiyya* – sich im Verlauf der städtischen Verfeinerung der Sitten zersetzt, um dann wie willenlos einer neuen nomadischen Herrschaft zu erliegen. Durch einen geradezu natürlichen Wiederholungszwang bewegt sich Geschichte in formeller Gefangenschaft im Kreise.

Es sind schier endlose Kreisbewegungen, in denen sich Aufstieg und Verfall der Herrschaft im Orient abwechseln. Die Zivilisation unterliegt einer Art von Naturgesetz. Dem gibt Ibn Khaldun in seinem Geschichtswerk Ausdruck. Die Endlosigkeit dieses Vorgangs ist mit einem Zeitverständnis kompatibel, dem das Empfinden von Ewigkeit eingeschrieben ist. Will dies heißen, dass die der Figur des Zirkels entsprechende Endlosigkeit ein Bewusstsein vom Sakralen erzeugt? Heißt dies, dass die Vorstellung von Transzendenz eine bloße Art der Widerspiegelung eines Vorganges beständiger Wiederholung ist?

Es wäre anmaßend, den Islam und sein auf Wiederholung des Gründungsaktes der Gemeinschaft der Muslime durch den Propheten beruhendes lebensweltliches Ritual als bloßen Reflex und als transzendentale Rationalisierung der in ariden Zonen bestehenden Lebensverhältnisse zu deuten. Schließlich lebte die arabische Wüstenbevölkerung seit Menschengedenken in einer polytheistischen Glaubenswelt, bis der Prophet Mohammed sie religiös wie politisch im Namen des »einen und einzigen Gottes« zu einen vermochte. Der Hinweis auf den revolutionären Durchbruch zum Monotheismus in Gestalt des Islam macht deutlich, dass das Sakrale seine eigene Evidenz hat. Dass die Vorstellung sakraler Zeit der Form nach mit den materiellen Umständen des historischen Zeitablaufs harmoniert, setzt keine Kausalität voraus, wenn auch jene Affinität auffällig ist.

Als Heilsgeschichte ist das traditionelle islamische Verständnis von historischer Zeit transzendental gebunden. Eine Trennung zwischen Innerweltlichem und Außerweltlichem kann es nicht geben. Schließlich beruht hier Geschichte auf Offenbarung.[26] Die islamische Offenbarung unterscheidet sich von der anderer Offenbarungsreligionen durch ihre zeitliche Orientierung: Die als Ideal erachtete und anzustrebende Lebenswirklichkeit liegt nicht in jener Zeit, die sich auf einer Zeitachse als Zukunft erweist, sondern – scheinbar paradox – in der Vergangenheit.[27] Nicht in irgendeiner Vergangenheit, sondern in der idealen Zeit der Muslime – der nur wenige Jahrzehnte währenden Zeit seit der *hijra,* des im Jahr 622 erfolgten Auszugs des Propheten von Mekka nach Medina, bis zur 661 endenden Phase der vier rechtgeleiteten Kalifen. Auf dieser Utopie der *Vergangenheit,* jener Zeit der »besten Gemeinschaft, die unter den Menschen entstanden ist«, beruht das sakrale Narrativ. Es ist ein Narrativ des »Präzedenzfalles«, Ausdruck einer göttlichen »Heilsökonomie«, in der Gott über das raum-zeitliche Inventarium des Universums verfügt (Rotraut Wielandt).[28]

Was sind die wesentlichen Merkmale dieser sakral eingefassten Geschichtserzählung? Wie werden sie auf die Realien des weiteren Verlaufs der Ereignisse übertragen? Und vor allem: Wie tragen sie zu jener zyklischen Interpretation bei, die in einer derart auffälligen Weise mit den materiellen Lebenswelten des Vorderen Orients übereinstimmt?

Idealiter gilt es, jenen sakralen Zustand der Zeit des Ursprungs zu wahren, das heißt ihn wiederherzustellen. Dieser Zeit des Ursprungs kommt für alles Weitere eine normative Bedeutung zu. Alle Veränderungen und Neuerungen fallen von diesem idealen Zustand ab, sind also mit einem Makel des »Rückschritts« behaftet. Vorgänge der Gegenwart werden aus dem sakralen Narrativ und den mit ihm verbundenen heilsgeschichtlichen Episoden interpretiert. Es gibt kein Ereignis der ereignisreichen Geschichte der Muslime, das sich zuvor nicht ähnlich zugetragen hätte; alles ist Wiederholung von Gewesenem. So werden in dem jeweils aktuellen Geschehen die Ereignisse der Vergangenheit, der sakral imprägnierten Urgeschichte erkannt.[29] Dieses sakral begründete Muster ewiger Wiederkehr findet sich auch in der säkular oder kulturanthropologisch verstandenen Geschichtsdeutung Ibn Khalduns. Dort fehlt es nicht an Aussagen wie jener, die Vergangenheit ähnele der Zukunft wie ein Tropfen Wasser dem anderen.[30] Die Form der Ereignisfolge als beständige Wiederholung ist von der jeweiligen Sinnstiftung unabhängig – sei sie sakral oder in der Sprache profaner Vorgänge gefasst.

Die heilsgeschichtliche Komponente offenbart sich auch am methodischen Vorgehen arabisch-muslimischer Geschichtsschreiber des »Mittelalters« oder besser: der klassischen Zeit.[31] Das von ihnen dargestellte heilsrelevante Wissen kann nämlich nur überliefert, nicht aber erschlossen werden. Wie die Rechtsgelehrten und andere religiöse Autoritäten bilden auch die mit ihnen verbundenen oder ihre historische Tätigkeit etwa mit einem richterlichen Amt verbindenden Geschichtsschreiber Ketten der Überlieferung. Die Nachprüfbarkeit der Weitergabe von einer Gelehrtengeneration auf die andere erlaubt es, auf den Wahrheitsgehalt einer Aussage zu schließen. Diese erkenntnistheoretische Beschränkung bedeutete, dass sich der Geschichtsschreiber jeder Neuerung der Interpretation zu enthalten hatte. Was ihm blieb, war die Kompilation. Schließlich ist auch Geschichte wegen ihres sakralen Narrativs, vor allem wegen der in sie eingehenden Hadithe, eine Traditionswissenschaft und hat sich den Maßgaben des Sakralen zu beugen.[32] Dem entsprach auch die Vorgehensweise des großen, Jahrhunderte vor Ibn Khaldun wirkenden Geschichtsschreibers Abu Dscha-far at-Tabari (839–923). Dieser suchte sich jeglicher Deutung zu enthalten und lehnte sogar die rationale Deduktion jenseits der unmittelbaren Berichterstattung von Zeitzeugen ab.

Dagegen interpretierte Ibn Khaldun das historische Gesche-hen mit der Absicht, die Dinge nicht nur zu sehen, wie sie sind, sondern auch zu verstehen, »warum sie so sind«.[33] Damit ging er weit über das tradierte Kompilieren hinaus. Sein geschichts-theoretischer Zugriff vermochte sich der heilsgeschichtlichen Narrativität zu entziehen. Zudem war ihm durch seine Fokus-sierung auf Kausalitäten der prozessuale Charakter von Ge-schichte nicht verborgen geblieben. Dies aber gilt nur für die theoretische *Muqaddima*. In der praktischen Durchführung sei-nes Geschichtswerkes blieb er ja der kompilatorischen Tradi-tion verhaftet. Auch zollte er dem sakralen Ur-Narrativ Res-pekt und Anerkennung. Zudem war Ibn Khaldun bald in Vergessenheit geraten, bis ihn die Osmanen im ausgehenden 16. Jahrhundert wieder entdeckten und in seiner Geschichts-theorie die Bestätigung ihrer zeitgenössischen Wahrnehmung vom Niedergang zu erkennen glaubten. Zum säkularen Seher einer arabischen Moderne wurde er erst im 20. Jahrhundert. Solche Verspätungen in der Rezeption sollten aber nicht dazu herhalten, westlichen Übermut zu bestärken. Bis Giambattista Vico die ihm gebührende Anerkennung erfuhr, musste der west-liche Teil der Menschheit erst ins fortschrittversessene 19. Jahr-hundert eintreten. Zu seinen Lebzeiten war Vico kaum zur Kenntnis genommen worden – wie viele andere, deren Denken ihrer Zeit voraus war.

Die zyklische Bewegungsfolge der Geschichte geht nicht aus dem sakralen Ur-Narrativ hervor, wenn sie ihm auch der Form nach affin ist. Eine solche Affinität vermag ihm Halt und Sinn insofern zu bieten, als die Vorstellung über das ideale Gemeinwesen der Muslime als vollkommener Gottesstaat angesichts der jeweils erfahrenen, dem Idealbild wenig genehmen Wirklichkeit einen stetigen Neubeginn erforderlich macht. Und der Neubeginn neigt dazu, in eine Wiederholung des wenig gelittenen Gewesenen zu münden. So lässt sich der Niedergang muslimischer Gemeinwesen als Ergebnis eines misslichen Verhaltens deuten, das den strengen Maßgaben der Gottgefälligkeit nicht entsprach und aus diesem Grund dem Untergang geweiht war. Der Übergang zur neuen Dynastie kann als ein weiterer Versuch gelten, kann als ein weiterer Zyklus innerhalb des Heilsplanes verstanden werden, dessen Ziel die Erneuerung rechtgläubiger Herrschaft, die Wiedererrichtung des idealen Gemeinwesens ist.

Der Weg zur Errichtung des idealen Gemeinwesens der Muslime erfüllt sich in der Nachahmung des Gewesenen. Das Mittel der Nachahmung ist die strikte Erfüllung des sakralen Gesetzes. Es ist die aus den Maßgaben des Korans und der außerkoranischen Lehre des Propheten, der Sunna, schöpfende Scharia, die den Weg weist. Nicht Geschichte als eine Bewegung in Raum und Zeit, deren Verlauf zu interpretieren ist, sondern das das Verhalten der Muslime regelnde Gesetz steht im Zentrum allen Trachtens und Handelns. Diese Art von Geschichte realisiert sich in der peinlichen Einhaltung des Gesetzes. Und die Einhaltung des Gesetzes hält Zeit auf – sie entschleunigt Bewegung. Zudem erfüllt sich das Gesetz als Gottes Wille in jenem Raum, der von den Bestimmungen des Islam durchdrungen ist, dem *dar al-islam,* dem Haus des Islam – jenem Raum, der auch Herrschaftsraum der Muslime und damit absoluter Geltungsraum der Scharia ist. Nicht, dass die Scharia keinen universellen Horizont hätte; eigentlich gilt sie weltweit.[34] Aber allein unter der Herrschaft des Islam kann die in der Scharia regulierte sakrale Zeit in dem durch die Reichweite der Scharia bestimmten sakralen Raum wirklich Geltung erheischen. Nur von dort aus kann sie die sich verbrauchende, die historische Zeit wirklich aufhalten, sie in sakrale und damit ewige

Zeit überführen.[35] So bedingt die räumliche Geltung des Gesetzes seine uneingeschränkte, seine gewissenhafte Einhaltung. Und die Einhaltung des islamischen Gesetzes wird durch islamische Herrschaft garantiert. So werden im Haus des Islam Raum und Zeit im Gesetz eins.[36]

Der vom sakralen Gesetz und damit der ewigen Zeit durchdrungene Raum kennt Zentrum und Peripherie. Dies lässt sich an den Topographien des Rituals ablesen. Zwar ist die gesamte Welt der sakralen Zeit in Gestalt des sakralen Gesetzes und des Ritus zu unterwerfen, doch unterscheiden sich Räume und Orte durch die Intensität des ihnen beiwohnenden Sakralen, vor allem, wenn sie in der heiligen Zeit der Wallfahrt aufgesucht werden.[37] So kommt dem Heiligtum der Kaaba die Bedeutung eines räumlichen Zentrums sakraler Zeit zu, um sich von dort aus auf ganz Mekka sowie auf Medina auszuweiten. Von dort verlängert sich der sakrale Raum auf die arabische Halbinsel. Aber auch andere Örtlichkeiten treten in den Kreis des Sakralen. Vor allem, wenn die ihnen zugesprochene Heiligkeit als gefährdet gilt oder wenn Muslime behindert werden oder sich behindert fühlen, an jenen Orten den Maßgaben des Sakralen zu folgen. Jerusalem ist vom Namen her mit jenem absoluten Prädikat ausgezeichnet. Als »die Heilige«, als al-Kuds, strahlt ihre Sakralität aus auf das sie umgebende Land: *al-ard al-muqaddasa* – der heilige, der sakrale Boden.

Das sakrale Recht durchdringt die Lebenswelten – vom Alltag bis zur Politik. Schließlich ist der Islam eine Gesetzesreligion, eine »Nomokratie« (Louis Gardet).[38] Ihre Wirkung verstärkt sich, wenn sie in einem territorial verbürgten muslimischen Gemeinwesen verwirklicht wird – sprich: wenn Muslime unter muslimischer Herrschaft leben. Denn im Haus des Islam verfügt das Sakrale über die Instanzen des Politischen. Dies ist der anderen Gesetzesreligion – dem Judentum – historisch erspart geblieben. Auch dessen sakraler Kanon durchsetzt traditionell alle lebensweltlichen Bereiche und hält zu rituellen Verrichtungen an, mit dem Unterschied, dass es dem Judentum wegen seiner diasporischen Existenz nicht möglich ist, sich allein und ausschließlich seinem Religionsgesetz, der Halacha, zu unterstellen. Wegen der Diaspora als Lebensform der Juden kann die im Gesetz beschlossene sakrale jüdische Zeit nicht in einem politischen Raum zur Geltung kommen, der so jüdisch wäre wie der muslimische islamisch ist.[39] Die Juden sind zwar ihrem sakralen Gesetz unterworfen, nicht aber das Gebiet, in dem sie leben. Das Judentum kennt also eine Aufteilung von Herrschaft und sozialer Lebenswelt. Insofern ist das Judentum im Unterschied zum Islam nicht politisch.[40]

Ein dem jüdischen Gesetz vorausgehendes Prinzip macht bei aller Nähe der jüdischen Gesetzesreligion zu der des Islam einen fundamentalen Unterschied dogmatisch möglich. Dieser Unterschied findet sich durch einen in aramäischer Sprache gefassten Grundsatz, eine Art Präambel des jüdischen Religionsgesetzes, ausgedrückt: *dina demalkhuta dina,* das heißt: das Gesetz der Herrschaft oder des jeweiligen Landes ist Gesetz.[41] Dieser Grundsatz berührte alle Rechtsbelange. Er hat sich aus einer früheren Tradition entwickelt und sich der diasporischen Lage der Juden anverwandelt, die sich sowohl ihrem Religionsgesetz wie dem am Ort gültigen Landesgesetz, also dem jeweiligen Recht der in dem jeweiligen Gebiet geltenden Herrschaft, zu unterwerfen hatten. Diese Verdoppelung ihrer Existenz als Existenz des Exils (Franz Rosenzweig) brachte es mit sich, dass sie auch gehalten waren, sich an mindestens zwei kalendarischen Zeitzählungen zu orientieren – der jüdischen und mithin sakralen sowie der für sie profanen Zeit. So leben sie in zwei Zeit- und diesen analogen Rechtssphären.[42] Durch Interpretation und Auslegung galt es, sie miteinander kompatibel zu machen. Ein erster Versuch, die jüdische mit der gentilen Chronologie zu verbinden und in synchroner Weise eine hybride Zeitenfolge zu konstruieren, war der im Jahr 1592 verfasste *tsemahk david* (Spross Davids) des David Gans.[43] Dieser Versuch fiel nicht zufällig in eine Zeit der großen Umbrüche – eine Zeit, in der von der europäischen Expansion ausgehend sich eine

Weltzeit ankündigt, die sich anheischig macht, alle und alles miteinander zu verbinden.

Während die Juden also wegen ihrer diasporischen Existenz nicht ihrem eigenen Gesetz allein unterstellt sein konnten, entwickelten die Muslime durch den politischen Charakter ihrer Religion und die erfolgreiche Etablierung ihrer Herrschaft eine historisch gesicherte Gewohnheit, die eine Einheit von Staat oder Herrschaft und Religion dogmatisch ratifizierte. Das heißt, die beanspruchte islamische Einheit von Religion und Herrschaft fand sich durch die historischen Realitäten bestätigt. So wurden beide monotheistischen Gesetzesreligionen – Judentum wie Islam – von zwei gegenläufigen Prinzipien bestimmt: dem zur muslimischen Tradition gewordenen arabischen Satz *din va-daula,* also der Einheit von Religion und Staat, und dem die jüdische Rechtstradition regulierenden *dina demalkhuta dina.*

Juden vermögen, religionsgesetzlich legitimiert, unter nichtjüdischer Herrschaft zu leben – ein Umstand, der ihrer diasporischen Existenz entspricht. demgegenüber sind Muslime gehalten, sich der Herrschaft des Islam in doppelter Hinsicht zu unterstellen: dem Gesetz des Islam im Alltagsleben wie der die Einhaltung des Gesetzes garantierenden muslimischen Herrschaft. Fallen Territorien des *dar al-islam* unter die Herrschaft von Ungläubigen, sind gottesfürchtige Muslime gehalten, diese zu verlassen. Dies geschah erstmals im Jahr 1774, als nach einer osmanischen Niederlage in einem Krieg mit Russland von Muslimen bewohnte Gebiete abzugeben waren. Denn eigentlich sind Muslime nur unter muslimischer Herrschaft in der Lage, die Maßgaben der Scharia zu erfüllen. So fallen sakraler Raum und sakrale Zeit im Gesetz des Islam zusammen. Und nur aus dieser Übereinstimmung vermag eine Wiederherstellung der idealen Gemeinschaft der Muslime zu erfolgen.

Als Gesetzesreligion unterscheidet sich das Judentum von der Gesetzesreligion des Islam in seinen Grundsätzen wie in vielerlei Einzelheiten. In der Frage des Verhältnisses von sakraler Zeit, die sich im Religionsgesetz niederschlägt, zur profanen Geschichte sind Ähnlichkeiten auszumachen. So war die Wandlung der Juden in der Moderne von Kontroversen durchzogen, die das Verhältnis zum Gesetz im Zusammenhang mit dem sogenannten Eintritt der Juden in die Geschichte thematisierten.[44] Es handelte sich um die Frage nach der Akzeptanz der alle traditionelle Gewissheit relativierenden historischen Kontemplation, die im Historismus als Denkbewegung und Weltverständnis ihre Apotheose fand und die das Judentum in seiner Substanz als Gesetzesreligion bedrohte. Sakrales Gesetz und profane Geschichte erwiesen sich als Gegensätze, die das Judentum in seinem Kern trafen.[45]

Vom historischen Denken ging eine Bedrohung des traditionellen Judentums aus. Von der Mitte des 18. Jahrhunderts an häuften sich die Versuche, das heilige Buch der Juden, die Bibel, als ein historisches Buch zu lesen, wenn auch als eines mit moralischem Auftrag. Solche Unternehmungen, die mit der frühen jüdischen Aufklärung, der Haskala, einhergingen, stießen auf erbitterten Widerstand. Ihren Gegnern war keineswegs entgangen, dass die historische Lesart der biblischen Geschichte den sakralen Gehalt der Thora angreifen werde.

Eine ähnliche Haltung nahm paradoxerweise auch der große Aufklärer Moses Mendelssohn ein. Er erklärte in seinem Kommentar zur Thora, dem *bi'ur,* dass er historische Zeit theologisch für belanglos halte. Für Gott gebe es keine Vergangenheit und keine Zukunft, sondern allein Gegenwart, ewig währende Gegenwart – sakrale Zeit. Zudem lenke die göttliche Hand das Geschehen und nicht der Wille der Menschen. Als Geschichtsbuch sei die Bibel für Juden mithin ohne jede Bedeutung. Sie diene einzig dem Studium der Gebote, die zu erfüllen höchste Pflicht der Juden sei. So komme der Geschichte weder für Fragen des Glaubens noch der Bewahrung des Judentums irgendein Wert zu. Ebensowenig wie für Fragen der von den Juden gegenüber den Geboten und damit dem Gesetz zu erbringenden Anstrengungen der ethischen Verbesserung und der Selbstvervollkommnung. Und ethische Fragen seien eben ahistorisch.[46]

Dadurch, dass die Juden in der Diaspora in zwei Zeit-Welten lebten, konnten sie sich dem um sie herum sich ausbildenden Geschichtsdenken und den davon ausgehenden historischen Interpretationen der Lebenswelten nicht entziehen. Um ihre Emanzipation und Gleichstellung bemüht, legten sie sich ein historisch argumentierendes Narrativ zu, das sie mit ihrer Umgebung kompatibel machte. Doch sollte es noch eine Weile dauern, bis Juden sich einen geschichtlich konzipierten Kanon schufen. Der legendäre, 1819 ins Leben gerufene Verein für Cultur und Wissenschaft des Judentums versagte es sich bei seiner Gründung, den Begriff der Geschichte anzunehmen. Das Wort von der Geschichte evozierte profane, sogar christlich imprägnierte Weltdeutungen. In den Deutungswelten der philologisch ausgerichteten »Wissenschaft« glaubte man sich vor einer Grenzüberschreitung halbwegs gefeit.[47]

Dass die Geschichte, das heißt die historische Deutung der Lebenswelten, doch in das Judentum einbrach und damit die Geltung des jüdischen Gesetzes als des Wächters der sakralen Zeit massiv bedrängte, ist ein beständiges Motiv des jüdischen Zwiespalts in der Moderne. Dem Judentum standen zwei Wege offen: sich den sie umgebenden profanen Lebenswelten anzuverwandeln und Religion in bloßen Glauben zu konvertieren, sprich: sie nach Innen zu verlegen, also zu »privatisieren«, oder eine klare Trennung zwischen den Anforderungen des Gesetzes und den Erwartungen der profanen Welt zu ziehen. Erstere Wandlung ging mit einer »Protestantisierung« des Judentums einher, einer sekundären Konversion, die sich in Ritus und Liturgie verlängerte. Die tragende Bedeutung des sakralen Gesetzes und die strikte Einhaltung der Gebote wurden dereguliert. Ihren geistigen Höhepunkt erreichte die Tendenz der Protestantisierung des Judentums als ein Vorhaben der ethischen Perfektionierung im Unterschied zur rituellen Observanz im Denken des Begründers der neukantianischen Marburger Schule, Hermann Cohen (1842–1918).

Die Trennung in zwei Welten – die Welt der strikten Einhaltung des jüdischen Gesetzes und die Welt des profanen Wissens, *thora im derehk erez* – war eine Haltung, die von der durch Samson Raphael Hirsch (1808–1888) in Frankfurt/Main begründeten Neoorthodoxie vertreten wurde.[48] Eine solche simultane Existenz in zwei Zeit-Räumen, in einer sakral durchdrungenen und einer profanen Zeit, erlaubte den Anhängern der Neoorthodoxie, sich neben der Einhaltung der Gebote auch mit Fragen der Philosophie, der Ethik, sogar der Literatur und der Musik zu befassen. Dabei mussten sie nicht fürchten, sich dem Glauben zu entfremden.

Das den Anfechtungen der Moderne ausgesetzte Judentum bewegte sich in einem Spannungsfeld zwischen Gesetz und Geschichte. Damit hatte es im kulturellen Raum einer sich in den Westen hinein säkularisierenden Christenheit jene Fragen vorweggenommen, mit denen sich der Islam als die andere Gesetzesreligion angesichts einer ihn herausfordernden Moderne heute im Weltmaßstab konfrontiert sieht. Die offenkundige Nähe von Judentum und Islam hat dazu beigetragen, dass Juden ihr eigenes Dilemma in und mit der Moderne – das Dilemma von Gesetz und Geschichte – in ihrer Beschäftigung mit dem Islam abarbeiteten. Dies lässt sich an den Werken jüdischer Islamforscher im 19. und 20. Jahrhundert nachvollziehen.[49]

In der sich säkularisierenden christlichen Umwelt des 19. Jahrhunderts und in Distanz zu ihr versicherten sich jüdische Gelehrte der Nähe des Judentums zum Islam. So wies Abraham Geiger (1810–1874) in seiner Dissertation mit dem Titel *Was hat Mohammed aus dem Judenthume aufgenommen?* (1833) die harschen, von den Europäern gegen den Propheten ausgestoßenen Urteile zurück.[50] Für Antoine-Isaac Silvestre de Sacy (1758–1838), den Begründer der modernen Arabistik, war Mohammed schlicht ein Betrüger gewesen.[51] Andere haben sich nicht weniger zurückhaltend zu äußern gewusst.[52]

Zu einem Umbruch in der Welt der Islamwissenschaft trugen die frühen Forschungen von Ignaz Goldziher (1850–1921) bei, die er unter dem Titel *Muhammedanische Studien* 1888/89 publizierte. Goldziher, der sich anfangs als Sekretär der Budapester jüdischen Reformgemeinde seinen Lebensunterhalt verdienen musste und bereits von Kindesbeinen an eine gründliche Thora- und Talmudbildung erworben hatte, verbunden mit einer philologischen Virtuosität im Hebräischen und dem Aramäischen, das dem Arabischen näher steht, empfand eine epistemische Verwandtschaft zwischen der jüdischen Halacha und der Scharia in Koran und Sunna einerseits sowie der Haggada und den narrativen Anteilen im Hadith anderseits.[53] Die Verwandtschaft zwischen Judentum und Islam ging ihm derart nahe, dass er während eines Aufenthaltes in Damaskus von dem Eindruck übermannt wurde, als Muslim zu empfinden. In Kairo, wo Goldziher als erster Europäer an der religiösen Lehranstalt der Al-Azhar studierte, beteiligte er sich entrückt unter Tausenden muslimischen Gläubigen am Freitagsgebet. Aber trotz mancher abschätzigen Bemerkungen über das Judentum blieb er diesem verbunden.

Anders Leopold Weiss (1900–1992), der im Jahr 1926 in Berlin vom Judentum zum Islam konvertierte und der es als Muhammad Asad zu einer Karriere als muslimischer Gelehrter, Politiker und pakistanischer Diplomat brachte.[54] Leopold Weiss, vormaliger Korrespondent der »Frankfurter Zeitung« im Orient und in neuerer Zeit der wohl bedeutendste jüdische Konvertit zum Islam, hatte in seiner galizischen Heimat die klassische jüdische Ausbildung in hebräischer und aramäischer Sprache genossen. Den Übertritt zum Islam sah er als Rückkehr zu den abrahamitischen Ursprüngen der Juden – und in den Wüstenarabern glaubte er ein genuines Abbild der alten Hebräer zu erkennen.[55] Der Islam zog ihn an als universelle Erweiterung der Religion der Israeliten, die er einem engen

Stammespartikularismus verhaftet sah. Zudem machte er sich während eines Aufenthaltes in Palästina in den 1920er Jahren ein realistisches Bild von dem unversöhnlichen Konflikt zwischen Arabern und Juden. Als scharfer Kritiker des Zionismus nahm er für die Araber Partei.[56] Zwar war Leopold Weiss kein institutionalisierter Akademiker, aber sein Beitrag zum Kanon des Islam, vor allem seine Übersetzungs- und Interpretationsleistungen, weisen ihn als einen großen und reformorientierten muslimischen Gelehrten aus.[57]

Der hohen Anzahl jüdischer Orientalisten und Islamwissenschaftler des 19. und 20. Jahrhunderts, die häufig einen orthodoxen oder anderen religiösen Hintergrund hatten, war es ein Anliegen, den Islam so zu präsentieren, wie ihn die Muslime selbst verstanden.[58] Kaum ein anderer Islamwissenschaftler jüdischer Herkunft kam diesem Vorhaben näher als der in Prag geborene Paul Kraus (1904–1944).[59] Schon zu seinen Studienzeiten in Berlin, wo er bei C. H. Becker und Hans Heinrich Schaeder gehört hatte, zeichnete sich Kraus als überragender Philologe aus. Franz Rosenthal, der spätere Übersetzer der *Muqaddima* Ibn Khalduns, erwarb bei ihm seine Fertigkeit im Arabischen.

Kraus beherrschte auch altorientalische Sprachen, schrieb Akkadisch und brillierte in arabischer Poesie. Zudem hatte es ihm die »mittelalterliche« arabische Wissenschaftsgeschichte angetan.[60] Als junger Mitarbeiter des religionsgeschichtlich ausgerichteten Orientalisten Louis Massignon war er im Paris der 1930er Jahre an der Erforschung des Sufismus beteiligt. Massignon, der noch bei Goldziher studiert hatte, sah in Kraus dessen Wiedergänger.[61] Auf Empfehlung Massignons wurde Kraus vom weltlich eingestellten ägyptischen Kultur- und Wissenschaftsminister Taha Husain zum Universitätslehrer in Kairo berufen. Dort schied er 1944 freiwillig aus dem Leben.

Paul Kraus war Schwager des ebenso aus Berlin nach Paris ausgewichenen Leo Strauss (1899–1973). An der École des Hautes Études nahmen sie gemeinsam am legendären Hegel-Seminar von Alexandre Kojève (1902–1968) teil. Bereits in Berlin, als wissenschaftlicher Mitarbeiter an der Hochschule für die Wissenschaft des Judentums, hatte Strauss ein Interesse an dem muslimischen Rationalisten Alfarabi (870–950) als dem geistigen Wegbereiter des Moses Maimonides (1138–1204) entwickelt. Und Kraus war ihm bei der Übersetzung des arabischen Textes behilflich. Es sollte Leo Strauss sein, der mit Blick auf die Verwerfungen der Moderne die Frage nach der Bedeutung des Gesetzes im Judentum erneut aufwarf.

Strauss suchte angesichts der Krise der Zwischenkriegszeit und eines um sich greifenden Relativismus Halt in einer Philosophie, die sich aufs Neue des Absoluten versicherte. Das Absolute schlug sich im Gesetz nieder, das Ausdruck der Offenbarung oder genauer: das die *Form* der Offenbarung vom Sinai ist.[62] Nicht der religiöse Glaube war entscheidend, sondern die bedingungslose Annahme des Gesetzes. Strauss, der sich selbst als Atheist – genauer: als »kognitiver Theist« oder Epikureer – verstand, machte sich mittels des von ihm neu aufgeworfenen theologisch-politischen Problems zum Verteidiger der Orthodoxie,[63] einer Orthodoxie, die darauf beharrt, dass der Mensch einer divinen Erleuchtung bedarf. Allein ist es ihm nicht gegeben, die Wahrheit zu ergründen. Und da der Mensch an sich sündig ist, wurde ihm das Gesetz geoffenbart. Mit dieser normativen Anforderung konfrontiert, ist er bestrebt, sie beständig und vollständig zu erfüllen. So ist die geoffenbarte Religion in der Form des Gesetzes utopisch, während der gegen die moralische Utopie des erfüllten Gesetzes gerichtete Widerspruch in Gestalt der Religionskritik der Aufklärung daherkommt.[64]

Schon in seiner Franz Rosenzweig gewidmeten Auseinandersetzung mit Spinoza und dem Spinozismus sah Strauss die Aufklärung als Totengräber des Judentums.[65] Diese habe die Offenbarung zwar als Aberglaube verlacht, sie philosophisch aber nicht zu dementieren vermocht. Eigentlich könne sie ihr nichts anhaben. Aufklärung und Offenbarung bewegten sich schließlich in gänzlich anderen Sphären. Insofern könne die Wahrheit des Judentums nicht irrational sein; vielmehr sei sie überrational. So widerspreche sie nicht der Rationalität, sondern führe allenfalls an dieser vorbei. Und sie richte sich darauf, was durch Rationalität als solche nicht fassbar sei. Sich in diese Tradition stellend, verwarf Strauss die Übertragung des Rationalismus auf Seinsfragen. Den Glauben an die Geschichte, an den Fortschritt, an die endgültige Verfügung der Wissenschaft über die Natur und an all das, was sich historisch als notwendiger Prozess geriere, wies er zurück. Ohnehin sei das Hegel'sche System in sich zusammengebrochen. Und dieser Zusammenbruch rufe wieder die Offenbarung auf und damit die Wahrheit der Bibel.

Strauss befasste sich in der Krise der 1930er Jahre, die er sowohl als Krise des Westens wie auch als Krise des Judentums verstand, mit jenem Problem, das etwa zehn Jahre später und angesichts des Zerfalls der westlichen Begriffe Max Horkheimer und Theodor W. Adorno in der *Dialektik der Aufklärung* bewegen sollte. Ihm wie ihnen ging es um die Frage, wie es dazu hatte kommen können, dass Rationalität und Rationalismus die Vernunft zerstörten. Fast wortgleich, wenn auch früher, sprach Strauss von der »Selbstzerstörung« der rationalen Philosophie als der großen Krise des Westens. Und während Horkheimer und Adorno an der Zerstörung der Vernunft als Ausdruck der sich dialektisch verkehrenden Aufklärung philosophisch verzweifelten, glaubte Strauss, im mittelalterlichen Rationalismus eine Antwort auf das Enigma der Moderne gefunden zu haben. Schließlich sei die mittelalterliche rationale Philosophie an das Gesetz als die Form der Offenbarung gebunden – und dieses Gesetz gelte für Juden und Muslime gleichermaßen.

Der Weg in den mittelalterlichen Rationalismus der von Strauss geschätzten Philosophen Alfarabi und Ibn Sina (lat. Avicenna, 980–1037) führte zu Maimonides.[66] In diesem, im »Klassiker des Rationalismus im Judentum« (Hermann Cohen), glaubte er seinem Vorbild zu begegnen.[67] Und in Maimonides wie in den griechischen Philosophen, »den Alten«, erkannte er eine »Antwort« auf Spinoza.[68] Die von ihnen reflektierte gute menschliche Ordnung, die »ideale Stadt«, sei eine platonisch und aristotelisch gestützte prophetische Offenbarung in Gestalt des Gesetzes, des formalisierten göttlichen Willens.[69] Als solches sei es nicht zu hinterfragen. Streit über die Wirklichkeit der Offenbarung und über die Pflicht, ihr zu gehorchen, sei nicht möglich. An der übermenschlichen Weisheit und Gerechtigkeit der Thora sehe der sehende Jude, an der übermenschlichen Schönheit des Korans sehe der sehende Muslim, dass die Offenbarung wirklich sei.[70]

Maimonides' grundlegende philosophische Schrift *Moreh Newuchim,* den »Führer der Unschlüssigen«, sah Strauss im muslimischen Milieu seiner Zeit angesiedelt. Sie sei der Strömung der aufgeklärten Theologen zuzurechnen.[71] Diese hätten sich der traditionellen Theologie *(kalam)* entgegengestellt, die sich eher mit den Wurzeln der Religion *(ussul ad-din)* denn mit dem Gesetz, dem *fiqh,* befassten. Für Strauss war *Moreh Newuchim* eine Arbeit von *kalam* in Geist und Absicht, das Gesetz gegen die Auffassungen der Philosophen zu verteidigen. Maimonides ist also nicht der ungläubige Jude, zu dem ihn die Rabbinen gemacht haben. Er ist aber auch nicht ein Gläubiger im Sinne der Religion.[72] Vielmehr argumentiert er im Sinne des Gesetzes als Ausdruck der Offenbarung. Denn im Gesetz hat sich die Offenbarung formalisiert.[73] Und mittels der Konversion der Offenbarung in die Form des Gesetzes erübrigt sich die Frage nach dem Glauben als solchem. Was bleibt, ist die Befolgung des Gesetzes.[74] Das ideale Gesetz wird damit zur Grundlage der idealen Ordnung. Und das Gesetz ist ebenso politisch wie der das Gesetz verkündende Prophet Staatsmann ist. Der Begründer des idealen platonischen Gemeinwesens ist also der Prophet.[75]

Strauss beruft sich auf Maimonides, weil dieser ihm in Gestalt des Gesetzes die Möglichkeit gewährt, im Konflikt zwischen Vernunft und Offenbarung, zwischen Moral und Wissen ethisch gebunden zu handeln. Dem sich so ergebenden offenen Prozess der Interpretation zwischen dem Absoluten und dem Relativen, zwischen dem Prinzipiellen und dem Historischen, kommt auch die allegorische Bibelinterpretation Maimonides' entgegen.[76] Indem sie sich der Wörtlichkeit verweigert, zielt sie auf das epistemische Motiv des nicht aufgehobenen Widerspruchs. Strauss deutete diese bewusst belassene Offenheit der Interpretation als »Esoterik« des Maimonides – eine Esoterik der an das Gesetz gebundenen rationalistischen Philosophie.[77]

Strauss' Misstrauen gegenüber der Aufklärung und dem Spinozismus verschonte auch nicht die religiös gebundenen jüdischen Aufklärer. Moses Mendelssohn wurde des »religiösen Liberalismus« geziehen. Dieser schlage sich in seiner Bibelübersetzung nieder. Auch zum Neukantianer Hermann Cohen legte Strauss Distanz ein. Dieser habe auf die Frage, wo in seiner Philosophie der *bore o'lam,* der Schöpfer der Welt, bleibe, verzweifelt eingestehen müssen, dass die Kluft zwischen seinem Glauben und dem Glauben der Tradition unüberbrückbar geworden sei.[78]

Zwei Arten des Gesetzes und zwei Gesetzgeber unterschied Strauss in der Tradition des mittelalterlichen jüdischen Rationalismus. Erstens Gesetze, die keine andere Aufgabe haben als die, ein friedliches Zusammenleben im Gemeinwesen zu ermöglichen. Sie haben es seiner Sprache nach auf das »Heil des Körpers« abgesehen. Zweitens gebe es Gesetze, die das »Heil der Seele«, ihre Vollkommenheit, zum Zweck hätten. Gesetze der ersteren Art seien durch Menschen gemachte Gesetze. Hingegen sei ein Gesetz, dass die Vollkommenheit der Seele und mithin auch des Verstandes zum Ziel habe, ein »göttliches« Gesetz. Dessen Verkünder könne nur ein Prophet sein.[79]

Angesichts der Krise des Westens suchte Leo Strauss der Verfügung des Menschen über sich selbst einen Riegel vorzuschieben. Er rehabilitierte die Offenbarung gegen die Aufklärung, indem er das Gesetz – wie er es nannte – *divinisierte.* Das war eine Reaktion auf die Phänomene einer überbordenden

Moderne. Einem gegenläufigen Unternehmen hatte sich der wie Strauss im Berlin der Zwischenkriegzeit mit der Moderne hadernde Leopold Weiss als Muhammad Asad verschrieben. Während Strauss als Atheist die Krise des Westens und des Judentums auf die Aufklärung zurückführte und in der mittelalterlichen rationalistischen Philosophie Rückhalt suchte, war Asad, wie erwähnt, zum Islam konvertiert. In dieser Religion war das Gesetz ohnehin geheiligt. Es bedurfte gewiss keiner »Divinisierung«, ganz im Gegenteil: Es bedurfte dessen, was Leo Strauss aus der Welt des Profanen kommend in gegenläufiger Bewegung für das Gesetz eingefordert hatte – seiner Aufspaltung.

Mit der Aufspaltung des Gesetzes war Muhammad Asad in seiner indischen Zeit befasst. Gemeinsam mit anderen reformorientierten Muslimen galt es, die islamische Rechtstradition so zu verändern, dass die »ewigen« und damit unveränderlichen Gesetze von den historischen und damit dem Wandel folgenden Normen geschieden wurden. Es ging darum, eine Trennung herbeizuführen und zwei Zeiten-Räume zu etablieren – jenes Problem, mit dem die andere Gesetzesreligion, das Judentum, seit dem Beginn der Aufklärung konfrontiert war.

Anfang der 1930er Jahre war Asad von Muhammad Iqbal, dem großen indisch-muslimischen Gelehrten, Dichter, Politiker und Vordenker Pakistans, nach Indien eingeladen worden. Zuvor hatte sich Asad lange Jahre auf der arabischen Halbinsel am Hof Ibn Sauds aufgehalten und dort als Berater gewirkt. In Britisch-Indien engagierte er sich mit anderen muslimischen Gelehrten und Intellektuellen in Fragen der Reform des islamischen Gesetzesverständnisses. Die Distanz, die er dabei zu überwinden hatte, war nicht unerheblich. Immerhin stand das Reich der Saudis im Zeichen ihres Bündnisses mit dem Wahabismus, während auf dem Subkontinent die Muslime sowohl von Fragen der Orthodoxie als auch von denen der Reform bewegt wurden. Die Debatten standen im Zusammenhang mit der schon damals erwogenen muslimischen Staatsgründung auf indischem Boden – dem späteren Pakistan. Die Fragen waren die Fragen der Zukunft: Welches Recht sollte im Gemeinwesen der indischen Muslime gelten? Sollte es gänzlich auf der Scharia ruhen, was die Befürworter eines islamischen Staates anstrebten? Oder sollte es ein muslimisches, stärker weltlich orientiertes Gemeinwesen sein? An den Kontroversen um den Charakter Pakistans, vor allem an der sich zuspitzenden Verfassungsdiskussion, war Muhammad Asad beteiligt.[80]

Unter den indischen Muslimen waren die Debatten über Reform und Orthodoxie im Islam wohl am weitesten fortgeschritten. Im Zentrum stand die Frage des Gesetzes. Muhammad Iqbal wie andere Reformer führten den an Dekadenz gemahnenden Stillstand in der Welt des Islam auf das beharrende Rechtsdenken zurück. Schließlich bedeutete die strikte Wahrung des Gesetzes, Zeit aufzuhalten. Aber der Welt war Wandel auferlegt. Und dieser Wandel ging mit dem Gegenteil dessen einher, was das Gesetz in sich beschlossen hatte: Beschleunigung von Zeit. Um eine solche Beschleunigung zu erreichen, liefen die Vorstellungen der Reformer auf eine Aufspaltung des Gesetzes hinaus. So sollte aus dem Koran und der Prophetentradition eine Kodifizierung jener Vorschriften des Gebotenen wie des Verbotenen gewonnen werden, denen der Charakter von Zeitlosigkeit *(nusus)* zukam. Sie standen im Zeichen der Sakralität als ewiger Scharia, waren demnach »divinisiert«. Alles andere sollte den parlamentarischen Entscheidungen einer Legislative im Prozedere eines sogenannten »Offenen Weges« *(minhag)* überlassen werden.[81]

Diese Zweiteilung des Gesetzes lief auf zwei Arten der Souveränität hinaus: die ewige Souveränität Gottes und die zeitgebundene Souveränität einer Entscheidungen treffenden Volksvertretung. Damit wurde eine Trennung vorgeschlagen, die sich in ihrer Auswirkung durchaus mit der Lösung der anderen Gesetzesreligion, des Judentums, vergleichen lässt: nämlich zwei unterschiedlich begründete Rechtskodizes gleichermaßen zu leben – einen sakralen und einen profanen Kodex. Dass diese liberalistisch anmutende Vorstellung Gegner auf den Plan rief, war vorauszusehen. So profilierte sich der Begründer der fundamentalistischen Jama'at-ul Islam, Abu l-Ala Maududi, in der Verfassungsdiskussion gegen die mit dem Namen Muhammad Asad verbundenen Vorschläge der Reformer. Ihr Vorhaben war ihm ein Gräuel. In seinem Briefwechsel mit Maryam Jameelah, die, als Margret Marcus aus einem reformierten jüdischen Elternhaus kommend, vor ihrer Konversion zum Islam alternativ mit der jüdischen Orthodoxie geliebäugelt hatte, verglich Maududi die von ihm geschmähten progressiven Muslime mit den Anhängern des Reformjudentums. Seiner Meinung nach war beiden die Bedeutung des sakralen Gesetzes abhanden gekommen.[82]

Die Verfassungsdebatte im frühen Pakistan war von so großer Bedeutung für die Entwicklung des islamischen Gesetzesverständnisses, weil sie in einem muslimischen Gemeinwesen stattfand, das außer dem Islam kein anderes Selbstverständnis haben konnte. So lag es nahe, dass hier muslimischer Raum und muslimische Zeit im Gesetz in einer Weise in Eines zusammenfielen wie an keinem anderen Ort. Die Frage des Gesetzes war in Pakistan anders als sonst in der muslimischen Welt von vornherein politisch-theologisch affiziert. Deshalb stellte sie sich dort mit einer derartigen Schärfe – mit dem Potential einer Entscheidung in die eine oder andere Richtung, in Richtung Reform oder in Richtung Orthodoxie.

Eine ähnliche Frage – wenn auch aus einer gegenläufigen Konstellation heraus – stellt sich für die inzwischen angewachsene muslimische Diaspora. Denn in der diasporischen Situation, in einem Raum, in dem vorn vornherein das islamische Gesetz nicht Ausdruck der Herrschaft sein kann und die Tradition der Politik westlichen, also christlich-säkularisierten Vorgaben folgt, sind Muslime gehalten, ihr sakrales Gesetz mit nicht-muslimischen Lebenswelten kompatibel zu machen. Dies führt zu einer Spaltung entlang jener Linie, wie sie von indisch-muslimischen Reformern vorgeschlagen worden war: Divinisierung des Zeitlosen – Wandelbarkeit des Zeitgebundenen. In der diasporischen Situation wäre dem eigenen Religionsgesetz ebenso zu folgen wie den Gesetzen des jeweiligen Landes. Damit wäre einer »Protestantisierung« des Islam Vorschub geleistet, zumal sich darüber eine Sphärentrennung ergeben würde. Das Sakrale würde auf die ihm zustehenden Räume wie Zeiten beschränkt. Religiöse Verrichtung und alltägliche Lebenswelt fielen auseinander. Dies käme einer situationsbedingten Säkularisierung gleich. Diasporische Muslime wären so veranlasst, jener Aufspaltung zu entsprechen, der die andere Gesetzesreligion, das Judentum, schon immer gefolgt war. Deshalb war es ihr gelungen – wenn auch nicht ohne innere Konflikte –, den Vorgaben der sich durchsetzenden Moderne zu entsprechen. Damit vermochte auch die aufgeklärte jüdische Orthodoxie zu leben. So folgte sie dem von ihr aufgestellten Grundsatz »Jude bei sich und Mensch in der Welt«.

Muhammad Asad stand nicht nur in der pakistanischen Verfassungsdebatte auf Seiten der Reformer. Auch im Bereich der Koraninterpretation und der Koranübersetzung forderte er die islamische Orthodoxie heraus. Bei der Koranübersetzung bietet sich eine Analogie zur Bibelübersetzung Mendelssohns an. Zwar ist es bei weitem übertrieben, eine Parallele zwischen Moses Mendelssohn und Muhammad Asad zu ziehen, vor allem, was Bedeutung und Wirkungsgeschichte beider Persönlichkeiten angeht. Immerhin genoss Mendelssohn die Anerkennung der jüdischen Gemeinschaft, während Muhammad Asad als jüdischer Konvertit zum Islam auf Vorbehalte stieß. Aber Ähnlichkeiten lassen sich, was ihre Vorhaben angeht, nicht von der Hand weisen. Sowohl Mendelssohn wie auch Asad strebten mit der Übertragung der heiligen Schriften auch deren Interpretation im Sinn einer Anpassung an die Umstände dessen an, was mit »Moderne« gekennzeichnet wird. Daraus ergaben sich nicht unerhebliche Probleme. So war dem Koran das Sakrale mittels der Wörtlichkeit eingeschrieben. Jede allegorische Übertragung muss das Heilige in Mitleidenschaft ziehen, jede metaphorische Ausdeutung auf den Widerstand traditioneller wie fundamentalistischer Gläubiger stoßen. Aber Allegorie und Metapher im Unterschied zur Wortwörtlichkeit entsprachen dem Vorhaben Asads, der seinen Glauben als Religion der Vernunft aus den Quellen des Islam verstand. Kein Wunder, dass ihm die Islamische Weltliga die Legitimation entzog. Mendelssohn hingegen wirkte, diasporisch bedingt, in einem doppelten Rechtsraum. Dies gewährte ihm eine Manövrierfreiheit zwischen den rabbinischen Autoritäten. Seine Bibelübersetzung organisierte er an ihnen vorbei – eben *dina demalkhuta dina.*

Als muslimischer Aufklärer stand Muhammad Asad zwischen den Welten. In seinem Zugang zur sakralen Schrift wollte er zweierlei erreichen: Durch Übertragung und Interpretation der heiligen Schrift, des Korans, sollte dieser den Menschen von seinem Sinn her näher gebracht werden. Gleichzeitig galt es, durch Umgehung der Wörtlichkeit das heilige Buch der Muslime der Glut des Sakralen zu entziehen. In dieser Stellung war Asad isoliert und dazu verurteilt, zu vereinsamen. Nicht zu Unrecht wurde er in seinem Vorhaben als ein Wanderer zwischen Wissen und Glauben charakterisiert: als ein »muslimischer Orientalist«, der den Text hermeneutisch durchdringt und analytisch zergliedert, und als ein »islamischer Gelehrter«, der den Text als das absolute Wort Gottes annimmt.[83] Eine ähnliche Charakterisierung hätte auch Mendelssohn als jüdischem Aufklärer gebührt. Auch er stand an der Schwelle zweier Welten – der Welt der Wörtlichkeit und der Welt der Allegorie, der sakralen Zeit und der historischen Zeit. Freilich mit bislang unterschiedlichem Ausgang.

ANMERKUNGEN

Einführung

1 Norman Daniel, *Islam and the West. Making of an Image,* Edinburgh 1980.

2 Edward Said, *Orientalismus,* Berlin 1979; Sadiq Jalal al-Azm, »Orientalism and Orientalism in Reverse«, in: *Khamsin. Journal of revolutionary socialists of the Middle East* 8 (1981), S. 5–26.

3 *Khamsin. Revue des socialistes révolutionnaires du proche orient,* Paris 1975 ff.; neben Sadiq al-Azm gehörten zu den Herausgebern oder ständigen Autoren aus dem arabischen Raum u. a. Lafif Lakdhar sowie Mohammed Jaffar (d. i. Kanan Makiyya).

4 Dan Diner, *Israel in Palästina. Über Tausch und Gewalt im Vorderen Orient,* Königstein i.Ts. 1980.

5 Dan Diner, *Herrschaft und Gesellschaft im Vorderen Orient,* Forschungsprojekt Universität Frankfurt a.M 1979–1981, unveröffentlichtes Ms.

Wissen und Entwicklung

1 *Arab Human Development Report* (AHDR) 2002. Creating Opportunities for Future Generations. Sponsored by the Regional Bureau for Arab States/UNDP. Arab Fund for Economic and Social Development, New York 2002.

2 AHDR 2004. Towards Freedom in the Arab World, New York 2005.

3 Rifa'a al-Tahtawi, *Ein Muslim entdeckt Europa. Die Reise eines Ägypters im 19. Jahrhundert nach Paris.* Hg. Karl Stowasser, Leipzig/Weimar 1988.

4 Pierre-Nicolas Hamont, *L'Égypt sous Méhmét Ali,* Paris 1843.

5 James Heyworth-Dunne, »Printing and Translation under Muhammad Ali of Egypt: The Foundation of Modern Arabic« in: JRAS (1940), S. 325–249.

6   Ibrahim Abu-Lughod, *Arab Discovery of Europe. A Study in Cultural Encounters,* Princeton 1963, S. 46 ff.

7   Bernard Lewis, *The Muslim Discovery of Europe,* New York/London 1982, S. 71 ff.

8   Edward Said, *Orientalismus,* Berlin 1979.

9   Emmanuel Sivan, »Edward Said and his Arab Reviewers«, in: derselbe, *Interpretations of Islam. Past and Present,* Princeton 1985, S. 133–156.

10 Martin Kramer, *Ivory Towers on Sand. The Failure of Middle Eastern Studies in America,* Washington D. C. 2001.

11 Albert Memmi, *Der Kolonisator und der Kolonisierte. Zwei Portraits,* Hamburg 1983.

12 Emmanuel Sivan, »Colonialism and Popular Culture«, in: derselbe, *Interpretations of Islam,* S. 157–186.

13 Ulrich W. Haarmann, »Ideology and History, Identity and Alterity: The Arab Image of the Turk from the Abbasides to Modern Egypt«, in: *International Journal for Middle Eastern Studies* (1988), S. 175–196.

14 Bassam Tibi, *Die Verschwörung. Das Trauma der arabischen Politik,* Hamburg 1993.

15 AHDR 2002, S. 28.

16 AHDR 2003, S. 118 f.

17 Hartmut Fähnrich, »Orientalismus und *Orientalismus»,* in: *Die Welt des Islams* 28 (1988), S. 178–186; Gyan Prakash, »Orientalism Now«, in: *History and Theory* 34 (1999), S. 199–212.

18 Shmuel Noah Eisenstadt, *Comparative Civilizations and Multiple Modernities,* 2 Bde., Leiden 2003.

19 AHDR 2003, S. 67.

20 AHDR 2003, S. 77.

21 AHDR 2003, S. 125.

22 AHDR 2003, S. 70 ff.

23 AHDR 2003, S. 72 f.

24 Afaf Lutfi as-Sayyid Marsot, *Egypt in the Reign of Mohammad Ali,* Cambridge 1984; Ehud R. Toledano, *State and Society in Mid-Nineteenth-Century Egypt,* Cambrigde 1990.

25 AHDR 2003, S. 42.

26 Robert Hunter, *Egypt under the Khedives 1805–1879: From Household Government to Modern Bureaucracy,* Pittsburg 1984; Gabriel Baer, *Studies in the Social History of Modern Egypt,* Chicago 1969.

27 Peter Malcolm Holt (Hg.), *Political Change in Modern Egypt,* London 1968.

28 Khaled Fahmy, *All the Pasha's Men: Mehmed Ali, His Army and the Making of Modern Egypt,* Cambridge 1997.

29 Anwar Abd-al-Malik, *Ägypten: Militärgesellschaft. Das Armeeregime, die*

Linke und der soziale Wandel unter Nasser, Frankfurt a.M. 1971.

30 John Waterbury, *The Egypt of Nasser and Sadat. The Political Economy of Two Regimes,* Princeton 1983; Derek Hoopwood, *Egypt. Politics and Society 1945–1990,* London 1991.

31 Jean Batou (Hg.), *Between Development and Underdevelopment. The Precocious Attempts at Industrialization of the Periphery 1800–1870,* Genf 1991.

32 Jean Batou, »L'Égypte de Muhammed Ali. Pouvoir politique et développement économique«, in: *Annales ESC* (1991), S. 401–428.

33 Tahtawi, *Ein Muslim entdeckt Europa,* S. 200.

34 Ebd., S. 93.

35 Bernard Lewis, *What Went Wrong? Western Impact and Middle Eastern Response,* Oxford/New York 2002, S. 141.

36 AHDR 2003, S. 74.

37 Ian Buruma/Avishai Margalit, *Occidentalism. The West in the Eyes of its Enemies,* New York 2004.

38 Norman Cohn, *»Die Protokolle der Weisen von Zion«. Der Mythos von der jüdischen Weltverschwörung,* Baden-Baden/Zürich 1998; Stefan Wild, »Die arabische Perzeption der ›Protokolle der Weisen von Zion‹«, in: Rainer Brunner u. a. (Hrsg.), Islamstudien ohne Ende. Festschrift für Werner Ende zum 65. Geburtstag, Würzburg 2002, S. 517–528.

39 Ludwik Fleck, *Entstehung und Entwicklung einer wissenschaftlichen Tatsache. Einführung in die Lehre vom Denkstil und Denkkollektiv,* Hg. Lothar Schäfer/Thomas Schnelle, Frankfurt a.M. 1994 (zuerst: Basel 1935).

40 AHDR 2003, S. 76.

41 AHDR 2002, S. 27.

42 Tahtawi, *Ein Muslim entdeckt Europa,* S. 96.

43 AHDR 2003, S. 153.

44 AHDR 2003, S. 148.

45 Dale F. Eickelman/Jon W. Anderson, *New Media in the Muslim World: The Emerging Public Sphere,* Bloomington 1999.

46 AHDR 2002, S. 27 f.

47 Bernard Lewis, *Die politische Sprache des Islam,* Berlin 1991, S. 183 f.

48 Bernard Lewis, *The Emergence of Modern Turkey,* London/Oxford 1968, S. 129 f.

49 Tahtawi, *Ein Muslim entdeckt Europa,* S. 96.

50 Lewis, *The Emergence of Modern Turkey,* S. 133.

51 Helga Rebhan, *Geschichte und Funktion einiger politischer Termini im Arabischen des 19. Jahrhunderts (1798–1882),* Wiesbaden 1986.

52 AHDR 2003, S. 17.

53 AHDR 2003, S. 137 f.

54 AHDR 2002, S. 135.

55 Andreas Boeck/Peter Pawelka, *Staat, Markt und Rente in der internationalen Politik,* Opladen 1996.

56 Kiren Aziz Chaudhary, *The Price of Wealth: Economics and Institutions in the Middle East,* Ithaca 1997.

57 Hazem Beblawi/Giacomo Luciani (Hg.), *The Rentier State,* London 1987.

58 Rossein M. Mahdary, »The Problems and Patterns of Economic Development in Rentier States: The Case of Iran«, in: M. A. Cook (Hg.), *Studies in the Economic History of the Middle East,* London 1970, S. 431.

59 Zuhayr Mikdashi, *A Financial Analysis of Middle Eastern Oil Concessions 1901–1965,* New York 1966, S. 27.

60 Mahdary, »The Patterns and Problems of Economic Development«, S. 431.

61 Peter Pawelka, *Herrschaft und Entwicklung im Nahen Osten: Ägypten,* Heidelberg 1985.

62 Tahtawi, *Ein Muslim entdeckt Europa,* S. 183 f.

63 George Annesley, *The Rise of Modern Egypt: A Century and a Half of Modern Egypt 1798–1957,* Durham 1994, S. 61.

64 Volker Perthes, *Geheime Gärten. Die neue arabische Welt,* München 2004, S. 417 ff.

65 Tahtawi, *Ein Muslim entdeckt Europa,* S. 19 u. 88.

Geopolitik und Glaubenswelt

1 Fred Halliday, *Two Hours that Shook the World: September 11, 2001: Causes and Consequences,* London 2002.

2 Fred Halliday, *The Middle East in International Relations: Power, Politics and Ideology,* Cambridge 2005.

3 William Roger Louis, *The British Empire in the Middle East 1945–1951. Arab Nationalism, The United States, and Postwar Imperialism,* Oxford 1988, S. 103 ff.

4 Bruce Robellet Kuniholm, *The Origins of the Cold War in the Near East: Great Power Conflict and Diplomacy in Iran, Turkey, and Greece,* Princeton 1980.

5 Malcolm Edward Yapp, *The Near East Since the First World War,* London/New York 1991, S. 411 ff.

6 Amatzia Baram, *Building Toward Crisis. Saddam Husayn's Strategy for Survival,* The Washington Institute for Near East Policy, Policy Papers Nr. 47, Washington D. C. 1998.

7 Henner Fürtig, *Der irakisch-iranische Krieg 1980–1988. Ursachen, Verlauf, Folgen,* Berlin 1992.

8 Laurie Mylroie, »The Superpowers in the Iran-Iraq War«, in: *American-Arab Affairs* 21 (1987), S. 15–26.

9 Anthony Arnold, *Afghanistan: The Soviet Invasion in Perspective,* Stanford 1985.

10 Johannes Reissner, »Die Besetzung der großen Moschee in Mekka«, in: *Orient* 21 (1980), S. 194–203.

11 Natana DeLong-Bas, *Wahabi Islam: From Revival and Reform to Global Jihad,* Kairo 2004.

12 Feroz Ahmad, *The Making of Modern Turkey,* London/New York 1993. Udo Steinbach, *Die Türkei im 20. Jahrhundert. Schwieriger Partner Europas,* Bergisch-Gladbach 1996.

13 Sylvia Haim, »The Abolition of the Califate and its Aftermath«, in: Thomas W. Arnold (Hg.), *The Caliphate,* London 1965, S. 205–244.

14 Erwin I.J. Rosenthal, »Politisches Denken im Islam. Kalifatstheorie und politische Philosophie«, in: *Saeculum* 23 (1972), S. 148–171.

15 Akdes Nimet Kurat, »Tsarist Russia and the Muslims of Central Asia«, in: Peter Malcolm Holt/Ann K. S. Lambton/Bernard Lewis (Hg.), *The Cambridge History of Islam,* Bd. IA, *The Central Islamic Lands from Pre-Islamic Times to the First World War,* Cambridge/London/New York 1977, S. 503–523.

16 Hasan B. Paksoy, »›Basmachi‹: Turkistan National Liberation Movement 1916–1930«, in: *Modern Encyclopedia of Religions in Russia and the Soviet Union,* Bd. 4, Moskau 1991, S. 5–20.

17 Andrew Mango, *Atatürk,* New York 1999, S. 323.

18 Azade-Ayse Rorlich, »Fellow Travelers: Enver Pasha and the Bolshevik Government 1918–1920«, in: *Journal of the Royal Society for Asian Affairs* 13 n. F. (1982).

19 David Gillard, *The Struggle for Asia 1828–1914,* London 1977; Malcolm Edward Yapp, *Strategies of British India,* Oxford 1980.

20 Edward Ingram, *The Beginning of the Great Game in Asia 1828–1834,* Oxford 1979.

21 Yapp, *Strategies of British India.*

22 Matthew Smith Anderson, *The Eastern Question 1774–1923,* London 1966.

23 David Frumkin, *A Peace to End all Peace: The Fall of the Ottoman Empire and the Creation of the Modern Middle East,* New York 1989.

24 Roger Owen, *Lord Cromer. Victorian Imperialist, Edwardian Proconsul,* New York/Oxford 2004.

25 Ram Lakhan Shukla, *Britain, India and the Turkish Empire 1853–1882,* New Delhi 1973, S. 170 f.

26 Arnold J. Toynbee (Hg.), *Survey of International Affairs,* Bd. 1, London 1925, S. 40.

27 Minna Rozen, »Pedigree Remembered, Reconstructed, Invented: Benjamin Disraeli between East and West«, in: Martin Kramer (Hg.), *The Jewish Discovery of Islam.* Studies in Honor of Bernard Lewis, Tel Aviv 1999, S. 49–76.

28   Robert William Seton-Watson, *Disraeli, Gladstone and the Eastern Question*, London 1935.

29   William Gladstone, *Bulgarian Horrors and the Question of the East*, London 1876.

30   Malcolm Edward Yapp, *The Making of the Modern Middle East 1792–1923*, London/New York 1987.

31   Henry Sutherland Edwards, *Russian Projects against India from the Tsar Peter to General Skobeleff*, London 1885.

32   Shukla, *Britain, India and the Turkish Empire*, S. 132.

33   Rudolph Peters, *Islam and Colonialism. The Doctrine of Jihad in Modern History*, Den Haag 1979, S. 44 f.

34   Syud Ahmad Khan, *An Essay on the Causes of the Indian Revolt*, London 1960.

35   Gail Minault, *The Khalifat Movement. Religious Symbolism and Political Mobilization in India*, New York 1982, S. 5.

36   Alexander Schölch, *Ägypten den Ägyptern! Die politische und gesellschaftliche Krise der Jahre 1878–1882*, Zürich 1972.

37   Shukla, *Britain, India and the Turkish Empire*, S. 184.

38   Minault, *The Khalifat Movement*, S. 65 ff.

39   Richard Hattemer, *Atatürk und die türkische Reformpolitik im Spiegel der ägyptischen Presse. Eine Inhaltsanalyse ausgewählter Pressereaktionen auf Maßnahmen zur Umgestaltung des politischen, religiösen und kulturellen Lebens in der Türkei zwischen 1922 und 1938*, Berlin 1997, S. 71 f.

40   Elie Kedouri, »Egypt and the Caliphat 1915–1946«, in: *Journal of the Royal Asiatic Society* 1963, S. 208–248.

41   Martin Kramer, *Islam Assembled. The Advent of the Muslim Congresses*, New York 1986, S. 110 f.

42   Gotthard Jäschke, »Die Türkei seit dem Weltkriege. Geschichtskalender für 1929 mit neuem Eintrag zu 1918–1928«, in: *Die Welt des Islams* 12 (1930), S. 1–154.

43   Bernard Lewis, *The Emergence of Modern Turkey*, London/Oxford 1968, S. 428.

44   Uriel Heyd, *Language Reform in Modern Turkey*, Jerusalem 1954.

45   Akdes Nimet Kurat, »Islam in the Soviet Union«, in: Peter Malcolm Holt/Ann K. S. Lambton/Bernard Lewis (Hg.), *The Cambridge History of Islam*, Bd.IB, *The Central Islamic Lands since 1918*, Cambridge 1977, S. 627–643.

46   Joseph Castagné, »La latinisation de l'alphabet turk dans les républiques turko-tatares de l'U. R. S. S.«, in: *Revue des Études Islamiques* 1 (1927), S. 321–353.

47   Stefan Wurm, *Turkic Peoples of the USSR: Their Historical Background, their Language, and the Development of Soviet Linguistic Policy*, Oxford 1954.

48   Peter Hardy, *The Muslims of British India*, Cambridge 1972.

49 Hafeez Malik, *Moslem Nationalism in India and Pakistan,* Washington 1963.

50 Yochanan Friedmann, »The Attitude of the Jam íyyat-I'Ulama'-iHind to the Indian National Movement and the Establishment of Pakistan«, in: Gabriel Baer (Hg.), *The 'Ulama in Modern History,* Asian and African Studies, Israel Oriental Society 7 (1971), S. 157–183.

51 Stephen Philip Cohen, *The Idea of Pakistan,* Washington D.C. 2004.

52 Ayesha Jalal, *The Sole Spokesman: Jinna, the Muslim League and the Demand for Pakistan,* Cambridge 1993.

53 Erwin I.J. Rosenthal, *Islam in the Modern National State,* Cambridge 1965, S. 209 ff.

54 Charles T. Adams, »Mawdudi and the Islamic State«, in: John Espositio (Hg.), *Voices of Resurgent Islam,* New York/Oxford 1983; Ulrike Freitag, »Politische Religion im Nahen Osten: Nationalistische und islamistische Modelle«, in: Klaus Hildebrand (Hg.), *Politik und Religion. Studien zur Entstehung, Existenz und Wirkung des Totalitarismus,* München 2003, S. 139–155.

55 Abul Ala Maudoodi, *Correspondence Between Mualana Maudoodi and Maryam Jameela,* Lahore 1969, S. 68.

56 Emmanuel Sivan, *Radical Islam. Medieval Theology and Modern Politics,* New Haven/London 1990, S. 22.

57 Aziz Achmed, *Studies in Islamic Culture in the Indian Environment,* London 1964.

58 Abul Ala Mawdudi, *Jihad in Islam,* Lahore 1976; derselbe, *Islamic Way of Life,* Lahore 1979; derselbe, *Als Muslim leben,* Karlsruhe 1995.

59 Dan Diner, »Politischer Islam«, in: ders., *Weltordnungen. Über Geschichte und Wirkung von Recht und Macht,* Frankfurt a.M. 1993, S. 179–220.

60 Reinhard Schulze, *Islamischer Internationalismus im 20. Jahrhundert. Untersuchungen zur Geschichte der islamischen Weltliga,* Leiden 1990, S. 187 u. 201 f.

61 Richard P. Mitchell, *The Society of the Muslim Brothers,* New York/Oxford 1969.

62 Henri Laoust, »Le réformisme orthodoxe des ›Salafiyya‹ et les charactères généraux de son orientation actuelle«, in: *Revue des Etudes islamiques* 6 (1932), S. 175–224.

63 Malcolm H. Kerr, *Islamic Reform. The Political and Legal Theories of Muhammad 'Abduh and Rashid Rida,* Los Angeles 1966; Albert Habib Hourani, *Arabic Thought in the Liberal Age 1798–1939,* Oxford 1970.

64 Rudolph Peters, »Religious Attitudes Towards Modernization in the Ottoman Empire. A Nineteenth Century Pious Text on Steamships, Factories and the Telegraph«, in: *Die Welt des Islams* 26 (1986), S. 76–105.

65 Israel Gershoni, *Redifining the Egyptian Nation 1930–1945,* Cambridge 1995.

66 Josef Muzikar, »Gamal Abdel Nasser and his Attitude to Islam«, in: Martin Robbe/Jürgen Hösel (Hg.), *Egypt: The Revolution of July 1952 and Gamal Abdel Nasser,* Berlin 1989, S. 104–113.

67 Sayyid Qutb, *Islam and Universal Peace,* Indianapolis 1977; derselbe, *Milestones,* Delhi 1988; derselbe, *Dieser Glaube – der Islam,* München 1987; Sylvia G. Haim, »Sayyid Qutb«, in: *Asian and African Studies* 16 (1982), S. 147–156.

68 Yvonne Haddad, »Sayyid Qutb: Ideologe of Islamic Revival«, in: John Esposito (Hg.), *Voices of Resurgent Islam,* New York/Oxford 1983.

69 Hélène Ahrweiler, *L'Idéologie politique de l'Empire byzantine,* Paris 1975.

70 Norbert Elias, *Über den Prozess der Zivilisation,* 2 Bde., Frankfurt a.M. 1976.

71 Dan Diner, »Universelle Rechtsform und partikulare Differenz. Islam und Völkerrecht«, in: derselbe, *Weltordnungen,* S. 165–196.

72 Carl Schmitt, *Politische Theologie. Vier Kapitel zur Lehre von der Souveränität,* München/Leipzig 1922, S. 49.

73 Thomas Hobbes, *Leviathan,* Hg. Crawford Brough Macpherson, Harmondsworth 1968, Teil 3 Kap. 43, S. 621.

74 Maudoodi, *Correspondence,* S. 19.

75 Emmanuel Sivan, »The Sanctity of Jerusalem in Islam«, in: derselbe, *Interpretations of Islam. Past and Present,* Princeton 1985, S. 3–44.

76 Sivan, *Radical Islam,* S. 96 f.

77 Dieter Groh, »»Why do Bad Things Happen to Good People?«««, in: derselbe: *Anthropologische Dimensionen der Geschichte,* Frankfurt a.M. 1992, S. 267.

78 Gilles Kepel, *Der Prophet und der Pharao,* München 1995.

79 Gudrun Krämer, »The Integration of the Integrists: A Comparative Study of Egypt, Jorden and Tunesia«, in: Ghassan Salamé (Hg.), *Democracy without Democrats. The Renewal of Politics in the Muslim World,* London 1994, S. 200–226.

80 Raymond William Baker, *Islam Without Fear: Egypt and the New Islamists,* Cambridge Mass. 2003.

81 Luis Martinez, *The Algerian Civil War 1990–1998,* London 2000.

Schrift und Sprache

1 Bernard Lewis, *The Emergence of Modern Turkey,* London/Oxford/New York 1968, S. 274.

2 Elizabeth L. Eisenstein, *The Printing Press as an Agent of Change – Communications and Cultural Transformations in Early Modern Europe,* Bd. 2, Cambridge/London 1979, S. 683 f.

3 Elizabeth L. Eisenstein, *The Printing Revolution in Early Modern Europe,* Cambridge 1983, S. 15 f.

4   Herschel Baker, *The Wars of Truth,* Cambridge Mass. 1952.
5   Paul Münch, »Der Buchdruck mit beweglichen Lettern«, in: Brock-
    haus Redaktion (Hg.), *Meilensteine der Menschheit. Einhundert Entdeckun-
    gen, Erfindungen und Wendepunkte der Geschichte,* Leipzig/Mannheim
    1999, S. 138–141.
6   Johannes Burkhardt, *Das Reformationsjahrhundert. Deutsche Geschichte
    zwischen Medienrevolution und Institutionsbildung 1517–1617,* Stuttgart
    2002, S. 24.
7   Michael Giesecke, *Der Buchdruck in der frühen Neuzeit. Eine historische
    Fallstudie über die Durchsetzung neuer Informations- und Kommunikationstech-
    nologien,* Frankfurt a.M. 1991, S. 667.
8   Jacques Derrida, *Grammatologie,* Frankfurt a.M. 1983, S. 17.
9   Seyyed Hossein Nasr, »Oral Transmission and the Book in Islamic
    Education«, in: George N. Atiyeh (Hg.), *The Book in the Islamic World.
    The Written Word and Communication in the Middle East,* New York 1995,
    S. 57–70; Labib as-Said, *The Recited Koran,* Princeton 1975.
10 Jack Goody, *The Interface Between the Written and the Oral,* Cambridge
    1987; siehe auch Jan Assmann, *Das kulturelle Gedächtnis,* München
    1991, S. 259 ff.
11 Franz Rosenthal, »›The Making of Many Books There Is No End‹:
    The Classical Muslim View«, in: Atiyeh (Hg.), *The Book in the Islamic
    World,* S. 33–56.
12 Ignaz Goldziher, *Muhammedanische Studien,* Bd. 2, Halle 1890, S. 196.
13 Robert Brunschvig, »Herméneutique normative dans le Judaisme et
    dans l'Islam«, in: *Atti della Accademia Nazionale dei Lincei. Classe di Scienze
    Morali, Storiche e Filologiche* 30 (1975), S. 233 ff.
14 Julius Kaplan, *The Redaction of the Babylonian Talmud,* New York 1933.
15 Birger Gerhardsson, *Memory and Manuscript. Oral Tradition and Written
    Transmission in Rabbinic Judaism and Early Christianity,* Upsalla 1961.
16 Jacob Neusner u. a. (Übersetzer), *The Talmud of the Land of Israel,* Chi-
    cago/London, 1982 ff., S. 142 zit. nach Michael Cook, »The Oppo-
    nents of the Writing of Tradition in Early Islam«, in: *Arabica* 44 (1997),
    S. 437–530, S. 498 f.
17 Gershom Scholem, »Offenbarung und Tradition als religiöse Kate-
    gorien im Judentum«, in: derselbe, *Über einige Grundbegriffe des Juden-
    tums,* Frankfurt a.M. 1970, S. 90–120, S. 111.
18 Ignaz Goldziher, »Kämpfe um die Stellung des Hadit im Islam«, in:
    Zeitschrift der Deutschen Morgenländischen Gesellschaft 61 (1907), S. 869 ff.
19 Josef Horovitz, »Alter und Ursprung des Isnad«, in: *Der Islam* 8
    (1918), S. 44–47.
20 Cook, »Opponents of the Writing«, S. 504 f.
21 Gregor Schoeler, »Mündliche Thora und Hadit: Überlieferung,
    Schreibverbot, Redaktion«, in: *Der Islam* 66 (1989), S. 213–251, S. 216.

22 G. H. A. Juynball, *The Authenticity of the Tradition Literature,* Leiden 1969; Angelika Neuwirth, »Zur Archäologie einer Heiligen Schrift. Überlegungen zum Koran vor seiner Kompilation«, in: Christoph Burgner (Hg.), *Streit um den Koran. Die Luxemburg-Debatte. Standpunkte und Hintergründe,* Berlin 2004, S. 82–97.

23 Josef van Ess, *Zwischen Hadit und Theologie,* Berlin/New York 1975; Michael Cook, *Early Muslim Dogma,* Cambridge 1981.

24 Cook, »Opponents of the Writing«, S. 481.

25 Ebd., S. 478 f.

26 Gregor Schoeler, »Weiteres zur Frage der schriftlichen oder mündlichen Überlieferung der Wissenschaften im Islam«, in: *Der Islam* 66,1 (1989), S. 38–67, S. 66 f.

27 Ebd., S. 65.

28 Schoeler, »Mündliche Thora und Hadit«, S. 221.

29 Talal Asad, *The Idea of Anthropology of Islam,* Center for Contemporary Arab Studies, Occasional Papers, Washington D. C. 1986, S. 14.

30 Edward Said, *The World, the Text, and the Critic,* Cambridge 1983, S. 46.

31 Dale F. Eickelman, »The Art of Memory, Islamic Education and Its Social Reproduction«, in: *Comparative Studies in Society and History* 20 (1978), S. 485–516.

32 Rainer Brunner, *Die Schia und die Koranfälschung,* Würzburg 2001.

33 Brinkley Messick, *The Calligraphic State. Textual Domination and History in a Muslim Society,* Berkeley 1993, S. 26.

34 Gerhard Endress, »Herkunft und Entwicklung der arabischen Schrift«, in: Wolfdietrich Fischer (Hg.), *Grundriß der arabischen Philologie,* Wiesbaden 1982, S. 165 ff.

35 Messick, *Calligraphic State,* S. 252.

36 Baruch de Spinoza, *Theologisch-Politischer Traktat,* Sämtliche Werke in sieben Bänden, Hg. Carl Gebhard/Günter Gawlick, Hamburg 1976, S. 125 f.

37 Scholem, »Offenbarung und Tradition«, S. 108 f.

38 Messick, *Calligraphic State,* S. 21.

39 Derrida, *Grammatologie,* S. 49.

40 Ebd., S. 62.

41 Ebd., S. 66.

42 Ebd., S. 67.

43 Ebd., S. 120

44 Walter Benjamin, *Das Kunstwerk im Zeitalter seiner technischen Reproduzierbarkeit. Drei Studien zur Kultursoziologie,* Frankfurt a.M 1963, S. 16.

45 Ebd.

46 Benedict Anderson, *Imagined Communities. Reflections on the Origin and Spread of Nationalism,* London/New York 1991, S. 21.

47 Sheldon Pollock, »India in the Vernacular Millenium: Literary Cul-

ture and Polity 1000–1500«, in: *Daedalus* 127/3–4 (1998), S. 41–74.

48 Giesecke, *Buchdruck in der Frühen Neuzeit,* S. 166.

49 Ebd., S. 176.

50 Ebd., S. 177.

51 Ebd., S. 182 f.

52 Rudolf Hirsch, *Printing, Selling, and Reading 1450–1550,* Wiesbaden 1974.

53 Dagmar Glass/Geoffrey Roper, »Arabischer Buch- und Zeitungs-druck in der arabischen Welt«, in: Eva Hanebutt-Benz u. a. (Hg.), *Middle Eastern Languages and the Print Revolution. A Cross-Cultural En-counter,* Westhofen 2002, S. 177–226.

54 Ekmeleddin Ihsanoglu, »Some Remarks on Ottoman Science and its Relation with European Science & Technology up to the End of the Eighteenth Century«, in: ders. (Hg.): *Science, Technology and Lear-ning in the Ottoman Empire. Western Influence, Local Institutions and the Trans-fer of Knowledge,* Burlington 2004, S. 45–73, S. 47.

55 André Demeerseman, »Une etape décisive de la culture et de la psy-chologie islamique. Les données de la controverse autour du pro-blème de l'imprimerie«, in: *Institute de Belles-Lettres Arabes* 17 (1954), S. 1–48, S. 101–141, S. 31 f.

56 *The Beginnings of Printing in the Near and Middle East: Jews, Christians and Muslims,* hgg. vom Lehrstuhl für Türkische Sprache, Geschichte und Kultur, Universitätsbibliothek Bamberg, Staatsbibliothek Bamberg, Wiesbaden 2001, S. 9 f.

57 Ittai Joseph Tamari, »Zu den hebräisch-schriftlichen Drucken vom 15. bis 19. Jahrhundert«, in: Hanebutt-Benz u. a. (Hg.), *Middle Eastern Languages and the Print Revolution,* S. 33–52.

58 Lutz Berger, »Zur Problematik der späten Einführung des Buchdrucks in der arabischen Welt«, in: Ulrich Marzolph, *Das gedruckte Buch im Vorderen Orient,* Dortmund 2002, S. 15–28, S. 17.

59 Reinhard Schulze, »The Birth of Tradition and Modernity in 18th and 19th Century Islamic Culture – The Case of Printing«, in: *Cul-ture & History* 16 (1997), S. 29–72, S. 42.

60 George N. Atiye, »The Book in the Modern Arab World: The Case of Lebanon and Egypt«, in: derselbe (Hg.), *The Book in the Islamic World,* S. 233–253, S. 235.

61 Hartmut Bobzin, »Von Venedig nach Kairo: Zur Geschichte arabischer Korandrucke (16. bis frühes 20. Jahrhundert)«, in: Hanebutt-Benz u. a. (Hg.), *Middle Eastern Languages and the Print Revolution,* S. 151–176.

62 Geoffrey Roper, »Faris al-Shidyaq and the Transition from Scribal to Print Culture in the Middle East«, in: Atiyeh (Hg.), *The Book in the Islamic World,* S. 209–231, S. 213.

63 Atiye, »The Book in the Modern Arab World: The Case of Leba-

non and Egypt«, S. 244.

64 Salaheddine Boustany, *The Press During the French Expedition in Egypt 1798–1801,* Kairo 1952, S. 11.

65 Schulze, »The Birth of Tradition and Modernity in 18th and 19th Century Islamic Culture – The Case of Printing«, S. 50.

66 Bobzin, »Von Venedig nach Kairo: Zur Geschichte arabischer Korandrucke«, S. 170 f.

67 Terence Frederick Mitchell, *Colloquial Arabic. The Living Language of Egypt,* London 1962.

68 Charles Albert Ferguson, »Diglossia«, in: derselbe, *Sociolinguistic Perspectives: Papers on Language and Society 1969–1994,* Hg. Thom Huebner, New York/Oxford, 1996, S. 25–39; Joshua Fishman, »Bilingualism With or Without Diglossia; Diglossia With or Without Bilingualism«, in: *Journal of Special Issues* 23 (1967), S. 29–33.

69 Niloofar Haeri, *Sacred Language, Ordinary People. Dilemmas of Culture and Politics in Egypt,* New York 2003, S. 31 f.

70 Ebd., S. 39.

71 Bassam Tibi, *Nationalismus in der Dritten Welt am arabischen Beispiel,* Frankfurt a.M. 1971.

72 Haeri, *Sacred Language,* S. 18.

73 Yasir Suleiman, *The Arabic Language and National Identity: A Study in Ideology,* Washington D. C. 2003.

74 Haeri, *Sacred Language,* S. 150.

75 Ebd., S. 78 u. 126.

76 Benjamin Harshav, *Language in the Time of Revolution,* Berkeley 1993, S. 81–132.

77 Werner Weinberg, »Language Questions Relating to Moses Mendelssohn's Pentateuch Translation«, in: *Hebrew Union College Annual* 105 (1984), S. 197–242.

78 Alexander Altmann, *Moses Mendelssohn. A Biographical Study,* Philadelphia 1973, S. 374.

79 Weinberg, »Moses Mendelssohn's Pentateuch Translation«, S. 206, Anm. 36.

80 Altmann, *Moses Mendelssohn,* S. 381 f.

81 Nils Römer, *Tradition und Akkulturation. Zum Sprachwandel der Juden in Deutschland zur Zeit der Haskalah,* Münster/New York 1995, S. 116.

82 Charles Albert Ferguson, »Diglossia«, in: *Word* 15 (1959), S. 325–40.

83 Haeri, *Sacred Language,* S. 18.

84 Israel Gershoni/James P. Jankowski, *Egypt, Islam and the Arabs. The Search for Egyptian Nationhood 1900–1930,* New York/Oxford 1987.

85 Roel Meijer, *The Quest for Modernity. Secular Liberal and Left-Wing Political Thought in Egypt 1945–1958,* London 2002.

Aufstieg und Niedergang

1 Anthony Grafton/April Shelford/Nancy Siraisi, *New Worlds, Ancient Texts. The Power of Tradition and the Shock of Discovery,* Cambridge Mass./London 2000.

2 Adam Smith, *Eine Untersuchung über das Wesen und die Ursachen des Reichtums der Nationen,* Nachdruck der 4. Aufl. London 1786, übers. u. eingeleitet von Peter Thal, Bd. 2, Berlin 1975, S. 432.

3 *The Oldest Map of America, Drawn by Piri Reis,* Übers. Leman Yolac, Ankara 1954; Svat Soucek, »Piri Reis and Ottoman Discovery of the Great Discoveries«, in: *Studia Islamica* 79 (1994), S. 212–142.

4 Thomas D. Goodrich, *The Ottoman Turks and the New World. A Study of Tarih-i Hind-i Garbi and the Sixteenth-Century Ottoman Americana,* Wiesbaden 1990, S. 15.

5 Bernard Lewis, *The Muslim Discovery of Europe,* New York/London 1982, S. 196.

6 John Munro, »The Medieval Origins of the Financial Revolution: Usury, *Rentes,* and Negotiability«, in: *The International History Review* 25 (2003), S. 505–562.

7 David Hackett Fischer, *The Great Wave. Price Revolutions and the Rhythm of History,* Oxford/New York 1996, S. 65 ff.; Douglas Fisher, »The Price Revolution: A Monetary Interpretation«, in: *Journal of Economic History* 49 (1989), S. 883–902.

8 Jan de Vries, *The Economy of Europe in an Age of Crisis 1600–1750,* London/New York/Melbourne 1976, S. 21 ff.

9 Joseph Alois Schumpeter, *History of Economic Analysis,* Oxford 1954, S. 311 f.

10 Earl Jefferson Hamilton, *American Treasure and the Price Revolution in Spain 1501–1650,* Cambridge Mass. 1934; Fernand Braudel/Frank Spooner, »Prices in Europe from 1450–1750«, in: E. E. Rich/C. H. Wilson (Hg.), *The Cambridge History of Europe,* Bd. 4, *The economy of expanding Europe in the sixteenth and seventeenth century,* Cambridge 1967, S. 374–486.

11 Halil Inalcik, »The Ottoman State: Economy and Society 1300–1600«, in: Halil Inalcik/Donald Quataert (Hg.), *An Economic and Social History of the Ottoman Empire 1300–1914,* Cambridge 1994, S. 9–410, S. 98 f.

12 Benjamin Braude, »International Competition and Domestic Cloth in the Ottoman Empire 1500–1650. A Study in Underdevelopment«, in: *Review* 2,3 (1979), S. 437–54.

13 Cemal Kafadar, »The Question of Ottoman Decline«, in: *Harvard Middle Eastern and Islamic Review* 4 (1997/98), S. 30–75.

14 Eli F. Heckscher, »Mercantilism«, in: Donald C. Coleman (Hg.), *Revisions in Mercantilism,* London 1969, S. 19–34, S. 32.

15 George A. Moore (Hg.), *The Response of Jean Bodin to the Paradoxes of*

Malestroit and The Paradoxes, nach der 2. französischen Ausgabe Paris 1578, Washington 1946.

16 Cemal Kafadar, »Les troubles monétaires de la fin du XVIe siècle et la prise de conscience ottomane du déclin«, in: *Annales ESC* 43 (1991), S. 381–400.

17 Jan de Vries, *The Economy of Europe in an Age of Crisis 1600–1750,* Cambridge Mass. 1976, S. 84 ff.

18 Bruce A. Masters, *The Origins of Western Economic Dominance in the Middle East. Mercantilism and the Islamic Economy in Aleppo 1600–1750,* New York/London 1988, S. 186 ff.

19 Inalcik, »The Ottoman State: Economy and Society«, S. 48, 52 f.

20 Sevket Pamuk, *The Ottoman Empire and European Capitalism 1820–1913. Trade, Investment and Production,* Cambridge 1987, S. 41 ff.

21 Huri Islamoglu/Caglar Keydar, »Ein Interpretationsrahmen für die Analyse des Osmanischen Reiches«, in: Dieter Senghaas (Hg.), *Kapitalistische Weltökonomie. Kontroversen über ihren Ursprung und ihre Entwicklungsdynamik,* Frankfurt a.M. 1979, S. 201 ff.

22 Ömer Lütfi Barkan, »The Price Revolution of the Sixteenth Century: A Turning Point in the Economic History of the Near East«, in: *International Journal of Middle East Studies* 6 (1975), S. 3–28; Holm Sundhaussen, »Die ›Preisrevolution‹ im Osmanischen Reich während der zweiten Hälfte des 16. Jahrhunderts,« in: *Südost-Forschungen* 42 (1983), S. 169–181.

23 Janet L. Abu-Lughod, *Before European Hegemony. The World System AD 1250–1350,* Oxford 1989, S. 137 f.

24 Eliyahu Ashtor, *Levant Trade in the Later Middle Ages,* Princeton 1983.

25 Subhi Labib, *Handelsgeschichte Ägyptens im Spätmittelalter 1171–1517,* Wiesbaden 1965.

26 Daniel Goffman, *The Ottoman Empire and Early Modern Europe,* Cambridge 2002, S. 137 f.

27 Suraiya Faroqhi, *The Ottoman Empire and the World Around,* London/ New York 2004, S. 52.

28 Klaus Kreiser, *Der osmanische Staat 1300–1922,* München 2001.

29 Aron J. Gurjewitsch, *Das Weltbild des mittelalterlichen Menschen,* München 1980.

30 Carl Schmitt, *Der Nomos der Erde im Völkerrecht des Jus Publicum Europaeum,* Köln 1950, S. 151.

31 Abbas Hamdani, »Columbus and the Recovery of Jerusalem«, in: *Journal of the American Oriental Society* 99,1 (1979), S. 39–48.

32 Pauline Moffitt Watts, »Prophecy and Discovery: On the Spiritual Origins of Christopher Columbus's Enterprise of the Indies«, in: *American Historical Review* 90 (1985), S. 73–102.

33 Carlo M. Cipolla, *Guns, Sails and Empires: Technological Innovation and the*

Early Phases of European Expansion 1400–1700, New York 1965.

34 Dieter Rothermund, *Europa und Asien im Zeitalter des Merkantilismus,* Darmstadt 1978, S. 58.

35 Bailey Wallys Diffie/George Davison Winius, *Foundations of the Portuguese Empire 1415–1580,* Minneapolis 1977.

36 Halil Inalcik, »The Ottoman Economic Mind and Aspects of the Ottoman Economy«, in: M. A. Cook (Hg.), *Studies in the Economic History of the Middle East. From the Rise of Islam to the Present Day,* London/New York 1970, S. 207–218, S. 212.

37 Abbas Hamdani, »Ottoman Response to the Discovery of America and the New Route to India«, in: *Journal of the American Oriental Society* 101 (1981), S. 323–330.

38 Niels Steensgaard, *The Asian Trade Revolution of the 17th Century: The East India Companies and the Decline of the Caravan Trade,* Chicago/London 1974.

39 Abu-Lughod, *Before European Hegemony,* S. 131.

40 Inalcik, »The Ottoman Economic Mind«, S. 215.

41 Abu-Lughod, *Before European Hegemony,* S. 201.

42 Inalcik, »The Ottoman State: Economy and Society«, S. 345.

43 Halil Inalcik, »The Heyday and Decline of the Ottoman Empire«, in: Peter Malcolm Hold/Ann K. S. Lambton/Bernard Lewis (Hg.), *The Cambridge History of Islam,* Bd. 1 A, *The Central Islamic Lands from Pre-Islamic Times to the First World War,* Cambridge/London/New York 1977, S. 324–353, S. 329.

44 Inalcik, »The Ottoman Economic Mind«, S. 215.

45 Charles Issawi, »The Ottoman Empire in the European Economy 1600–1914. Some Observations and Many Questions«, in: Kemal H. Karpat (Hg.), *The Ottoman State and its Impact in World History,* Leiden 1974, S. 107–117.

46 Matthew S. Anderson, *Eastern Question,* London 1972.

47 Suraiya Faroqhi, »Crisis and Change 1590–1699«, in: Inalcik/Quataert (Hg.), *An Economic and Social History of the Ottoman Empire,* S. 433 ff.

48 Halil Inalcik, »Military and Fiscal Transformation in the Ottoman Empire 1600–1700«, in: *Archivum Ottomanicum* 6 (1980), S. 283–337.

49 Halil Inalcik, »The Socio-Economic Effects of the Diffusion of Fire-Arms in the Middle East«, in: Vernon John Parry/Malcolm Edward Yapp (Hg.), *War Technology and Society in the Middle East,* London 1975, S. 195–217.

50 Inalcik, »The Ottoman State: Economy and Society«, S. 47.

51 Inalcik, »The Ottoman Economic Mind«, S. 207.

52 Inalcik, »The Ottoman State: Economy and Society«, S. 46.

53 Cemal Kafadar, *When coins turned into drops of dew and bankers became robbers of shadows. The boundaries of Ottoman economic imagination at the end*

of the sixteenth century, Diss. McGill University, Montreal 1986, S. 153 ff.

54 Sevket Pamuk, *A Monetary History of the Ottoman Empire,* Cambridge 2000.

55 Inalcik, »The Ottoman Economic Mind«, S. 216 f.

56 Inalcik, »The Ottoman State: Economy and Society«, S. 47.

57 Gabriel Baer, »Administrative, Economic and Social Function of Turkish Guilds«, in: *International Journal of Middle Eastern Studies* 1 (1970), S. 28–50.

58 Inalcik, »The Ottoman Economic Mind«, S. 207 f.

59 Peter Kriedke/Hans Medick/Jürgen Schlumbohm, *Industrialisierung vor der Industrialisierung. Gewerbliche Warenproduktion auf dem Lande in der Formationsperiode des Kapitalismus,* Göttingen 1977.

60 Masters, *The Origins of Western Economic Dominance,* S. 209 f.

61 Timur Kuran, »Islamic Influence on the Ottoman Guilds«, in: Kemal Çiçek (Hg.), *Ottoman-Turkish Civilisation,* Bd. 2, Ankara 2000, S. 43–59.

62 Kafadar, *When coins turned into drops,* S. 88.

63 Ebd., S. 76 ff.

64 Ebd., S. 89.

65 Pamuk, *A Monetary History,* S. 135.

66 Cornell H. Fleischer, *Bureaucrat and Intellectuell in the Ottoman Empire. The Historian Mustafa Ali (1541–1600),* Princeton 1986, S. 242.

67 Faroqhi, »Crisis and Change«.

68 Pamuk, *A Monetary History,* S. 162.

69 Stanford Jay Shaw, *History of the Ottoman Empire and Modern Turkey,* Bd. 1: 1280–1808, Cambridge 1979, S. 193 f.

70 Bernard Lewis, »The Ottoman Observers of Ottoman Decline«, in: *Islamic Studies* 1 (1962), S. 71–87.

71 Cornell H. Fleischer, »Royal Authority, Dynastic Cyclism, and ›Ibn Khaldunism‹ in Sixteenth-Century Ottoman Letters«, in: *Journal of Asian and African Studies* 18 (1983), S. 198–220, S. 199.

72 Gottfried Hagen, *Ein osmanischer Geograph bei der Arbeit. Entstehung und Gedankenwelt von Katib Çelebis Gihannüma,* Berlin 2003.

73 Franz Babinger, *Die Geschichtsschreiber der Osmanen und ihre Werke,* Leipzig 1927.

74 Fleischer, *Bureaucrat and Intellectual,* S. 133.

75 Faroqhi, »Crisis and Change«, S. 419 f.

76 Timur Kuran, »The Islamic Commercial Crisis: Institutional Roots of Economic Underdevelopment in the Middle East«, in: *Journal of Economic History* 63 (2003), S. 414–446.

77 Büsra Ersanli, »The Ottoman Empire in the Historiography of the Kemalist Era: A Theory of Fatal Decline«, in: Fikret Adanir/Suraiya Faroqhi (Hg.), *The Ottoman Empire and the Balkans. A Discussion of Historiography,* Leiden/Boston/Köln 2002, S. 115–154.

78 Immanuel Wallerstein, *The Modern World System, Capitalist Agriculture, and the Origins of the European World Economy in the Sixteenth Century,* New York 1974.

79 Pamuk, *A Monetary History,* S. 112 ff.

80 Suraiya Faroqhi, »In Search of Ottoman History«, in: *Journal of Peasant Studies* 10,3–4 (1991), S. 211–241; dieselbe, »Crisis and Change«, S. 411–636.

81 Cemal Kafadar, »The Question of Ottoman Decline«, in: *Harvard Middle Eastern and Islamic Review* 4 (1997/98), S. 30–75.

82 Bruce McGowan, »The Age of the Ayans 1699–1812«, in: Inalcik/ Quataert (Hg.), *An Economic and Social History of the Ottoman Empire,* S. 637–758 ff.

83 Kemal H. Karpat, *An Inquiry into the Social Foundations of Nationalism in the Ottoman State: From Social Estates to Classes, from Millets to Nations,* Princeton University Research Monograph Nr. 39, 1973.

84 Roderic H. Davidson, »The Advent of the Principle of Representation in the Government of the Ottoman Empire«, in: William R. Polk/ Richard L. Chambers (Hg.), *Beginnings of Modernization in the Middle East,* Chicago 1968, S. 93 ff.

Herrschaft und Nutzen

1 Cornell H. Fleischer, »Royal Authority, Dynastic Cyclism, and ›Ibn Khaldunism‹ in Sixteenth-Century Ottoman Letters«, in: *Journal of Asian and African Studies* 18 (1983), S. 198–220.

2 Erwin Rosenthal, *Ibn Khalduns Gedanken über den Staat. Ein Beitrag zur Geschichte der mittelalterlichen Staatslehre,* München 1932.

3 Cemal Kafadar, *Between Two Worlds. The Construction of the Ottoman State,* Berkeley/Los Angeles 1995.

4 Bertold Spuler, *Geschichte der Mongolen. Nach östlichen und europäischen Zeugnissen des 13. und 14. Jahrhunderts,* Zürich/Stuttgart 1968.

5 David Ayalon, »Aspects of the Mamluk Phenomenon«, in: *Der Islam* 53 (1976), S. 196–225 und 54 (1977), S. 1–33.

6 Michael Dols, »The General Mortality of the Black Death in the Mamluk Empire«, in: Abraham Udovich (Hg.), *The Islamic Middle East 700–1900: Studies in Economic and Social History,* Princeton 1981, S. 397–428.

7 Walter Joseph Fischel, *Ibn Khaldun and Tamerlane. Their Historical Meeting in Damascus 1401,* Berkeley 1952; Tilman Nagel, *Timur der Eroberer und die islamische Welt des späten Mittelalters,* München 1993, S. 336 f.

8 Gustav E. v. Grunebaum, »Die islamische Stadt«, in: *Saeculum* 6 (1955), S. 138–153, S. 153.

9 Eugène Quatremère Silvestre de Sacy, *Les Prolegomenes,* Paris 1863–1868.

10 Arnold J. Toynbee, »The Ottoman Empire's Place in World History«, in: Kemal H. Karpat (Hg.), *The Ottoman State and its Place in World History,* Leiden 1974, S. 15 f. u. S. 24 f.

11 Maxime Rodinson, *Mohammed,* Luzern/Frankfurt a.M. 1975, S. 44.

12 Lawrence Krader, »Qan-Qayan and the Beginnings of Mongol King-Ship«, in: *Central Asiatic Journal* 1 (1955/56), S. 17 f.

13 Toynbee, »The Ottoman Empire's Place«, S. 25.

14 Krader, »Qan-Qayan and the Beginning of Mongol King-Ship«, S. 19.

15 John Andrew Boyle, *The Mongol World Empire 1206–1370,* London 1977.

16 Xavier de Planhol, *Kulturgeographische Grundlagen der islamischen Geschichte,* Zürich/München 1975, S. 26.

17 Henry Rosenfeld, »The Social Composition of the Military in the Process of State Formation in the Arabian Desert«, in: *Journal of the Royal Anthropological Institute of Great Britain and Ireland* 95 (1965), S. 75 ff., S. 174 ff., S. 185.

18 John Haldon, *The State and the Tributary Mode of Production,* London/New York 1993, S. 75 ff.

19 Karl August Wittfogel, »Die natürlichen Ursachen der Wirtschaftsgeschichte«, in: *Archiv für Sozialwissenschaften und Sozialpolitik* 67 (1932); derselbe, *Die orientalische Despotie,* Frankfurt a.M. 1977.

20 Arthur Herman, *How the Scots Invented the Modern World: The True Story of How Western Europe's Poorest Nation Created Our World and Everything in It,* New York 2001; Jonathan I. Israel, *Radical Enlightenment: Philosophy and the Making of Modernity 1650–1750,* Oxford 2001.

21 V. H. W. Dowson, »The Date and the Arab«, in: *Journal of the Royal Central Asian Society* 36 (1949), S. 34 f.

22 Joseph Henninger, »Das Eigentumsrecht bei den heutigen Beduinen Arabiens«, in: *Zeitschrift für vergleichende Rechtswissenschaft einschließlich ethnologischer Rechtsforschung und des Kolonialrechts* 61 (1956), S. 6 ff.

23 Hans Kruse, *Islamische Völkerrechtslehre,* Bochum 1979, S. 118.

24 Julius Wellhausen, *Das arabische Reich und sein Sturz,* Berlin 1902, S. 20.

25 Abdelaziz Duri, *Arabische Wirtschaftsgeschichte,* Zürich/München 1979, S. 33.

26 Duri, *Arabische Wirtschaftsgeschichte,* S. 188.

27 Carl Heinrich Becker, »Die Entstehung von Usr- und Harag-Land in Ägypten«, in: derselbe, *Islamstudien,* Bd. 1, Leipzig 1927, S. 218 ff., S. 226.

28 Carl Heinrich Becker, »Islam und Wirtschaft«, in: Ebd., S. 54 ff., S. 58.

29 Carl Heinrich Becker, »Der Islam als Problem«, in: Ebd., S. 1 ff., S. 18.

30 Janet L. Abu-Lughod, *Before European Hegemony. The World System A.D. 1250–1350,* New York/Oxford 1989, S. 185 f.

31 Gaston Wiet, *Baghdad: Metropolis of the Abbasid Caliphate,* Norman 1971, S. 75 f.

32 Eliyahu Ashtor, *A Social and Economic History of the Near East in the Middle Ages,* London 1976, S. 90.

33 Abraham L. Udovitch, *Partnership and Profit in Medieval Islam,* Princeton 1970, S. 190 f.

34 Andrew S. Ehrenkreuz, »Studies in the Monetary History of the Near East in the Middle Ages«, in: *Journal of the Economic and Social History of the Orient* 2 (1959), S. 139; Maurice Lombard, *Monnaie et histoire d'Alexandre à Mohamet,* Paris 1971, S. 158 f.

35 Claude Cahan, *Der Islam,* Bd. 1, Frankfurt a.M. 1968, S. 113.

36 Duri, *Arabische Wirtschaftsgeschichte,* S. 107.

37 Daniel Pipes, *Slave Soldiers and Islam: The Genesis of the Military System,* New Haven/London 1981.

38 Henry Rosenfeld, »The Social Composition of the Military«, S. 178 f.

39 Alois Musil, »Arabia Deserta«, in: *American Geographic Society, Oriental Exploration Studies* 2 (1972), S. 162 ff.

40 Patricia Crone, *Slaves on Horses. The Evolution of the Islamic Polity,* Cambridge/New York 1980, S. 74 ff.; Wilhelm Hoenerbach, »Zur Heeresverwaltung der Abbasiden«, in: *Der Islam* 29 (1950), S. 157 ff.

41 Crone, *Slaves on Horses,* S. 79.

42 Bryan S. Turner, *Weber and Islam,* London 1974, S. 86.

43 Charles Wendell, »Baghdad: *Imago Mundi,* and other Foundation-Lore«, in: *International Journal for Middle East Studies* 2 (1971), S. 99–129, S. 107.

44 Jacob Lassner, »The Caliph's Personal Domain. The City Plan of Baghdad Re-examinated«, in: Albert Habib Hourani/Samuel Miklos Stern (Hg.), *The Islamic City,* Oxford 1970, S. 103–118.

45 Becker, »Der Islam als Problem«, S. 13.

46 Reinhard Stewig, *Der Orient als Geosystem,* Opladen 1977, S. 168.

47 Stefano Bianca, *Architektur als Lebensform im islamischen Staatswesen,* Zürich 1979, S. 98 f.

48 Grunebaum, »Die islamische Stadt«, S. 146.

49 Hans Kruse, *Islamisches Völkerrecht,* Bochum 1979, S. 118.

50 Claude Cahan, »Y a-t-il eux des corporations professionelles dans le monde musulman classique?«, in: Hourani/Stern (Hg.), *The Islamic City.*

51 Janet L. Abu-Lughod, »The Islamic City – Historic Myth, Islamic Essence, and Contemporary Relevance«, in: *Journal for Middle Eastern Studies* 19 (1987), S. 155–176.

52 Oleg Graber, »The Architecture of the Middle Eastern City«, in: Ira M. Lapidus (Hg.), *Middle Eastern Cities,* Berkeley 1969, S. 19–46.

53 Hugh Kennedy, »From *Polis* to *Medina:* Urban Change in Late Anti-
    que and Early Islamic Syria«, in: *Past and Present* 106 (1985), S. 3–27.

54 Dietrich Claude, *Die byzantinische Stadt im 6. Jahrhundert,* München
    1969, S. 54 f.

55 Richard W. Bulliet, *The Camel and the Wheel,* Cambridge Mass. 1975,
    S. 216 ff. u. S. 227.

56 Shlomo Dov Goitein, »The Bourgeoisie in Early Islamic Times«, in:
    derselbe, *Studies in Islamic History and Institutions,* Leiden 1966, S. 217–
    241, S. 225 f.

57 Shlomo Dov Goitein, »The Rise of the Middle-Eastern Bourgeoisie
    in Early Islamic Times«, in: Ebd., S. 239 ff.

58 Ashtor, *A Social and Economic History,* S. 136, 134.

59 Maxime Rodinson, *Islam und Kapitalismus,* Frankfurt a.M. 1971, S. 315.

60 Udovitch, *Partnership and Profit,* S. 249 ff.

61 Goitein, »The Rise of the Middle-Eastern Bourgeoisie«, S. 236.

62 Hayyim J. Cohen, »The Economic Background and the Secular Oc-
    cupation of Muslim Jurisprudents and Traditionalists in the Classi-
    cal Period of Islam«, in: *Journal of the Economic and Social History of the
    Orient* 13 (1970), S. 16–6.

63 Albert Habib Hourani, *A History of the Arab Peoples,* Cambridge Mass.
    1991, S. 115 f.

64 Rodinson, *Islam und Kapitalismus,* S. 85 f.

65 Ann K. S. Lambton, *State and Government in Medieval Islam,* Oxford
    1981.

66 Maya Shatzmiller, *Labour in the Medieval Islamic World,* Leiden 1994.

67 Shlomo Dov Goitein, »The Main Industries of the Mediterranean
    as Reflected in the Records of the Cairo Geniza«, in: *Journal for the
    Economic and Social History of the Orient* 4 (1961), S. 168–197.

68 Abraham L. Udovitch, »Labor Partnership in Early Islam«, in: Mi-
    chael G. Morony (Hg.), *Manufactoring and Labour. The Formation of the
    Classical Islamic World,* Bd. 12, Hg. Lawrence I. Conrad, Aldershot/
    Burlington 2003, S. 307 ff. (64–80).

69 Gaston Wiet/Vladimeer Elisseeff/Philippe Wolff, »The Develop-
    ment of Techniques in the Medieval Muslim World«, in: Michael G.
    Morony (Hg.), *Manufacturing and Labour.*

70 Johannes Fabian, *Time and the Other,* New York 1983.

71 Jacques Le Goff, »Labor Time in the ›Crisis‹ of the Fourteenth Cen-
    tury«, in: derselbe, *Time, Work, and Culture in the Middle Ages,* Chicago
    1980, S. 45 f.

72 David S. Landes, *Revolution in Time. Clocks and the Making of the Modern
    World,* Cambridge Mass. 1983, S. 73 f.

73 Landes, *Revolution in Time,* S. 60 f.

74 Bernard Lewis, *What Went Wrong? Western Impact and Middle Eastern*

Responses, Oxford 2002, S. 125 f.

75 Michael Cook, *Forbidding Wrong in Islam. An Introduction,* Cambridge
2003, S. 26.
76 Ebd., S. 62.
77 Ebd., S. 63.
78 Ebd., S. 94.
79 Michael Cook, *Commanding Right and Forbidding Wrong in Islamic Thought,*
Cambridge 2001, S. 506 ff.
80 Ebd. S. 515.
81 Ebd., S. 514.
82 Ebd., S. 115.

Geschichte und Gesetz

1 Michael Cook, *Forbidding Wrong in Islam. An Introduction,* Cambridge
2003, S. 14 f.
2 Robert Brunschvig, »Le culte et le temps dans l'Islam classique«, in:
Revue de l'histoire des religions 177 (1970), S. 183–193.
3 Ernst Schulin, *Die weltgeschichtliche Erfassung des Orients bei Hegel und
Ranke,* Göttingen 1959, S. 125 ff. u. 270 ff.
4 Bernard Lewis/Peter Malcolm Hold (Hg.), *Historians of the Middle
East,* London 1962.
5 Franz Rosenthal, *A History of Muslim Historiography,* 2. revidierte Auflage, Leiden 1968, S. 8 f.
6 Ludwig Ammann, »Kommentiertes Literaturverzeichnis zu Zeitvorstellungen und geschichtlichem Denken in der islamischen Welt«, in:
Die Welt des Islams. International Journal for the Study of Modern Islam 37/1
(1997), S. 28–87, S. 45; Ulrike Freitag, »Notions of Time in Arab-Is-
lamic Historiography«, in: *Storia della Storiografia* (1995), S. 55-68.
7 R. Stephen Humphreys, *Islamic History. A Framework for Inquiry,* Minneapolis 1988; Aziz al-Azmeh, »Histoire et narration dans l'historiographie arabe«, in: *Annales ESC* (1986), S. 411–431; Tarif Khalidi,
Arabic Historical Thought in the Classical Period, Cambridge 1994.
8 Stichwort »Geschichte, Historie«, in: *Geschichtliche Grundbegriffe. Historisches Lexikon zur politisch-sozialen Sprache in Deutschland,* Hg. Otto
Brunner/Werner Conze/Reinhard Koselleck, Bd. 2, Stuttgart 1975,
S. 593–717.
9 Ebd., S. 648.
10 Karl Löwith, *Weltgeschichte und Heilsgeschehen. Die theologischen Voraussetzungen der Geschichtsphilosophie,* Stuttgart 2004, S. 125 f. (zuerst 1952).
11 Hans Blumenberg, *Die Legitimität der Neuzeit,* Frankfurt a.M. 1988.
12 Amos Funkenstein, *Theology and the Scientific Imagination,* Princeton
1986, S. 207.

13 Löwith, *Weltgeschichte und Heilsgeschehen,* S. 16 f.

14 Hermann Cohen, *Die Religion der Vernunft aus den Quellen des Judentums,* Leipzig 1919, S. 307 ff., zit. nach Löwith, *Weltgeschichte und Heilsgeschehen,* S. 28.

15 Stichwort »Geschichte, Historie«, S. 603.

16 Jack Goody, *Capitalism and Modernity. The Great Debate,* Cambridge 2004.

17 Blumenberg, *Legitimität der Neuzeit.*

18 Ulrich Haarmann, »Ein Missgriff des Geschicks«, in: Wolfgang Küttler/Jörn Rüsen/Ernst Schulin (Hg.), *Muslimische und westliche Standpunkte zur Geschichte der islamischen Welt im 18. Jahrhundert, Geschichtsdiskurs,* Bd. 2, *Anfänge modernen historischen Denkens,* Frankfurt a.M., S. 184–201. Reinhard Schulze, »Das islamische 18. Jahrhundert. Versuch einer historiographischen Kritik«, in: *Die Welt des Islams* 30 (1990), S. 140–159; Bernd Radke, »Erleuchtung und Aufklärung. Islamische Mystik und europäischer Rationalismus«, in: *Die Welt des Islams* 34 (1994), S. 48–66; Reinhard Schulze, »Was ist islamische Aufklärung?«, in: *Die Welt des Islams* 36 (1996), S. 276–325.

19 Werner Ende, *Arabische Nation und islamische Geschichte. Die Umayyaden im Urteil arabischer Autoren des 20. Jahrhunderts,* Beirut 1977, S. 191 ff.; Rainer Brunner, *Islamic Ecumenism in the 20th Century. The Azhar and Schism between Rapprochement and Restraint,* Leiden/Boston 2004, S. 1 ff.

20 Tilman Nagel, »Identitätskrise und Selbstfindung. Eine Betrachtung zum zeitgenössischen muslimischen Geschichtsverständnis«, in: *Die Welt des Islams* 19 (1984), S. 74–97.

21 Angelika Hartmann, »Zyklisches Denken im Islam. Zum Geschichtsbild des Ibn Haldun«, in: Ernstpeter Ruhe (Hg.), *Europas islamische Nachbarn,* Würzburg 1993, S. 125–158.

22 Aziz al-Azmeh, *Ibn Khaldun in Modern Scholarship. A Study in Orientalism,* London 1981.

23 Heinrich Simon, *Ibn Khalduns Wissenschaft von der menschlichen Kultur,* Leipzig 1959.

24 Peter von Sivers, *Khalifat, Königtum und Verfall. Die politische Theorie Ibn Khalduns,* München 1968, S. 9 ff.

25 Jörg Fisch, »Kausalität und Physiognomik. Zyklische Geschichtsmodelle bei Ibn Khaldun und Oswald Spengler«, in: *Archiv für Kulturgeschichte* 67 (1985), S. 263–309.

26 Rotraut Wielandt, *Offenbarung und Geschichte im Denken moderner Muslime,* Wiesbaden 1971, S. 20 ff.

27 Bertold Spuler, »Islamische und abendländische Geschichtsschreibung. Eine Grundsatz-Betrachtung«, in: *Saeculum* 6 (1955), S. 125–137.

28 Wielandt, *Offenbarung und Geschichte,* S. 36 f.

29 Rosenthal, *Muslim Historiography,* S. 205 ff.

30 Sivers, *Khalifat, Königtum und Verfall*, S. 39.

31 Bernd Radke, »Das Wirklichkeitsverständnis islamischer Universal-historiker«, in: *Der Islam* 62 (1985), S. 59–70.

32 Ludwig Ammann, »Geschichtsdenken und Geschichtsschreibung von Muslimen im Mittelalter«, in: Jörn Rüsen/Michael Gottlob/Achim Mittag (Hg.), *Die Vielfalt der Kulturen. Erinnerung, Geschichte, Identität*, Bd. 4, Frankfurt a.M. 1998, S. 191–216, S. 201.

33 Franz Rosenthal (Übers.), *The Muqqadima. An Introduction to History*, 3 Bde., Princeton 1967, Bd. 1, S. 11.

34 Jacob Neusner/Tamara Sonn, *Comparing Religions Trough Law. Judaism and Islam*, London/New York 1999, S. 236 f.

35 Mircea Eliade, *Das Heilige und das Profane. Vom Wesen des Religiösen*, Frankfurt a.M. 1998, S. 63 f.

36 James R. Lewis, »Some Aspects of Sacred Space and Time in Islam«, in: *Studies in Islam* 29,3 (1982), S. 167–178.

37 Neusner/Sonn, *Comparing Religions Through Law*, S. 168 f.

38 Louis Gardet, *La cité musulman. Vie sociale et politique*, Paris 1981, S. 28.

39 Sylvie Anne Goldberg, *La Clepsydre. Essai sur la pluralité des temps dans le judaisme*, Paris 2000, S. 309 ff.

40 Rémi Brague, *La loi de dieu. Histoire philosophique d'une alliance*, Paris 2005, S. 82 f.

41 Nomi Maya Stolzenberg/David N. Myers, »Community, Constitution, and Culture: The Case of the Jewish *Kehilah*«, in: *University of Michigan Journal of Law Reform* 25 (1992), S. 633–670.

42 Francesco Maiello, *Histoire du calendrier de la liturgie à l'agenda*, Paris 1993. Dan Diner, »Ubiquität in Zeit und Raum. Annotationen zum jüdischen Geschichtsbewusstsein«, in: derselbe (Hg.), *Synchrone Welten. Zeitenräume jüdischer Geschichte*, Göttingen 2005, S. 13–36.

43 André Neher, *Jewish Thought and the Scientific Revolution: David Gans and His Times*, Oxford 1986, S. 216 ff.

44 Yosef Hayim Yerushalmi, *Zakhor. Jewish History and Jewish Memory*, Seattle/London 1982, S. 77–105.

45 David N. Myers, *Resisting History. Historicism and the Discontents in German-Jewish Thought*, Princeton 2003.

46 Shmuel Feiner, *Haskalah and History. The Emergence of a Modern Jewish Historical Consciousness*, Oxford/Portland 2002, S. 26 ff.

47 Leon Wieseltier, »»Etwas über die jüdische Historik‹. Leopold Zunz and the Inception of Modern Jewish Historiography«, in: *History and Theory* 20 (1984) S. 135–149.

48 Andreas Gotzmann, *Eigenheit und Einheit. Modernisierungsdiskurse des deutschen Judentums der Emanzipationszeit*, Leiden 2002, S. 227 f.

49 Martin Kramer, »Introduction«, in: ders. (Hg.), *The Jewish Discovery of Islam*. Studies in Honor of Bernard Lewis, Tel Aviv 1999, S. 1–48.

50 Susannah Heschel, *Der jüdische Jesus und das Christentum. Abraham Geigers Herausforderung an die christliche Theologie,* Berlin 2001, S. 97–118.

51 Jacob Lassner, »Abraham Geiger: A Nineteenth-Century Jewish Reformer on the Origins of Islam«, in: Kramer (Hg.), *Jewish Discovery of Islam,* S. 103–135, S. 107.

52 Norman Daniel, *Islam and the West. Making of an Image,* Edinburgh 1980, S. 79 ff.

53 Róbert Simon, *Ignác Goldziher: His Life and Scholarship as Reflected in his Works and Correspondence,* Budapest/Leiden 1986.

54 Martin Kramer, »The Road from Mekka: Muhammad Asad (born Leopold Weiss)«, in: derselbe (Hg.), *Jewish Discovery of Islam,* S. 225–248.

55 Günther Windhager, *Leopold Weiss alias Muhammad Asad: Von Galizien nach Arabien 1900–1927,* Wien 2002.

56 Muhammed Asad, *Der Weg nach Mekka,* Berlin 1955.

57 Reinhard Schulze, »Anmerkungen zum Islamverständnis von Muhammad Asad (1900–1992)«, in: Rainer Brunner u. a. (Hg.), *Islamstudien ohne Ende*. Festschrift für Werner Ende, Würzburg 2002, S. 429–447.

58 Bernard Lewis, »The Pro-Islamic Jews«, in: derselbe, *Islam in History: Ideas, People, and Events in the Middle East,* neue, revidierte Ausgabe, Chicago 1993, S. 142 f.; derselbe, »The Study of Islam«, in: ebd., S. 12 f.

59 Joel L. Kraemer, »The Death of an Orientalist: Paul Kraus from Prague to Cairo«, in: Kramer (Hg.), *Jewish Discovery of Islam,* S. 181–223.

60 Paul Kraus, *Gesammelte Aufsätze. Alchemie, Ketzerei, Apokryphen im frühen Islam,* Hg. Rémi Brague, Hildesheim 1994.

61 Kraemer, »The Death of an Orientalist«, S. 192 f.

62 Rémi Brague, »Leo Strauss and Maimonides«, in: Alan Udoff (Hg.), *Leo Strauss's Thought. Toward a Critical Engagement,* Boulder/London 1991, S. 93–114, S. 103.

63 Heinrich Meier, *Das theologisch-politische Problem. Zum Thema Leo Strauss,* Stuttgart/Weimar 2003, S. 11–48.

64 Kenneth Green, *Jew and Philosopher. The Return to Maimonides in the Jewish Thought of Leo Strauss,* New York 1993, S. 15.

65 Leo Strauss, *Die Religionskritik Spinozas als Grundlage seiner Bibelwissenschaft: Untersuchungen zu Spinozas Theologisch-Politischem Traktat,* Berlin 1930.

66 Lawrence Berman, »Maimonides, the Disciple of Alfarabi«, in: *Israel Oriental Studies* 4 (1974), S. 154–178.

67 Green, *Jew and Philosopher,* S. 13.

68 Alfred L. Ivry, »Leo Strauss on Maimonides«, in: Udoff (Hg.), *Leo Strauss's Thought,* S. 75–92, S. 77.

69 Abdurrahman Badawi, *La Transmission de la philosophie grecque au monde arabe,* Paris 1987.

70 Leo Strauss, *Philosophie und Gesetz – Frühe Schriften,* Hg. Wiebke Meier/ Heinrich Meier. Leo Strauss, Gesammelte Schriften, Hg. Heinrich Meier, Bd. 2, Stuttgart/Weimar 1997, S. 46.

71 Sarah Stroumsa, »Elisha Ben Abuya and Muslim Heretics in Maimonides' Writings«, in: *Maimonidean Studies* 3 (1995), S. 173–193.

72 Friedrich Niewöhner, »Are the Founders of Religion Imposters?«, in: Shlomo Pines/Yermiyahu Yovel (Hg.), *Maimonides and Philosophy,* Dordrecht 1986, S. 233–245.

73 Brague, »Strauss und Maimonides«, S. 103.

74 Josef Stern, »The Idea of *Hoq* in Maimonides' Explanation of the Law«, in: Pines/Yovel (Hg.), *Maimonides and Philosophy,* S. 92–130.

75 Brague, »Strauss and Maimonides«, S. 96.

76 Ivry, »Leo Strauss on Maimonides«, S. 79.

77 Green, *Jew and Philosopher,* S. 135.

78 Strauss, *Philosophie und Gesetz,* S. 38.

79 Strauss, *Philosophie und Gesetz,* S. 58.

80 Muhammad Asad, *The Principles of State and Government in Islam,* Berkeley 1961.

81 Schulze, »Anmerkungen zum Islamverständnis von Muhammad Asad«, S. 439 f.

82 Abu l'Ala Maududi an Maryam Jameelah, 25. Februar 1961. Vgl. Briefwechsel Jameelah/Maududi (engl. Ausgabe), Jaddah 1992, S. 18.

83 Schulze, »Anmerkungen zum Islamverständnis von Muhammad Asad«, S. 440.

PERSONENREGISTER

»Deutschland ist ein Freilichtmuseum,
vollgestellt mit Ausstellungsstücken aus der Zeit
des Terrors.« taz

Jahrzehntelang wurden viele Stätten nationalsozialistischer Selbstinszenierung ausgeblendet, tabuisiert oder gar umdefiniert – wie Hitlers Berghof bei Berchtesgaden, Prora auf Rügen oder der »Führerbunker« in Berlin. Wie kann ein erhellender Umgang mit solchen Orten aussehen, der weder verharmlost noch abschließt, sondern stets aufs neue zu irritieren vermag?

In zehn exemplarischen Erkundungen versuchen die Autoren dieses Buches, den Möglichkeiten eines ebenso furchtlosen wie taktvollen Gedenkens nachzugehen.

Stephan Porombka
Hilmar Schmundt
(Hrsg.)
Böse Orte

Stätten national-
sozialistischer
Selbstdarstellung – heute

ISBN-13: 978-3-548-60649-1
ISBN-10: 3-548-60649-0

List Taschenbuch